I0816347

GUERREROS, REBELDES Y SANTOS

MOSHIK TEMKIN

GUERREROS, REBELDES Y SANTOS

De Maquiavelo a Gandhi, un viaje histórico por el arte del liderazgo

Traducción de Juan Pascual Martínez Fernández

Obra editada en colaboración con Editorial Planeta – España

Título original: *Warriors, Rebels, and Saints*

Corrección de estilo de cargo de Harrys Salswach
Composición: Realización Planeta

Bajo el sello editorial PLANETA M.R.
Avenida Presidente Masarik núm. 111,
Piso 2, Polanco V Sección, Miguel Hidalgo
C.P. 11560, Ciudad de México
www.planetadelibros.com.mx

Primera edición impresa en España: abril de 2024
ISBN: 978-84-9998-994-5

Primera edición en formato epub: octubre de 2024
ISBN: 978-607-39-2066-7

Primera edición impresa en México: octubre de 2024
ISBN: 978-607-39-1900-5

Impreso en los talleres de Corporación en Servicios
Integrales de Asesoría Profesional, S.A. de C.V.
Calle E #6, Parque Industrial Puebla 2000, C.P. 72225, Puebla, Pue.
Impreso en México – *Printed in Mexico*

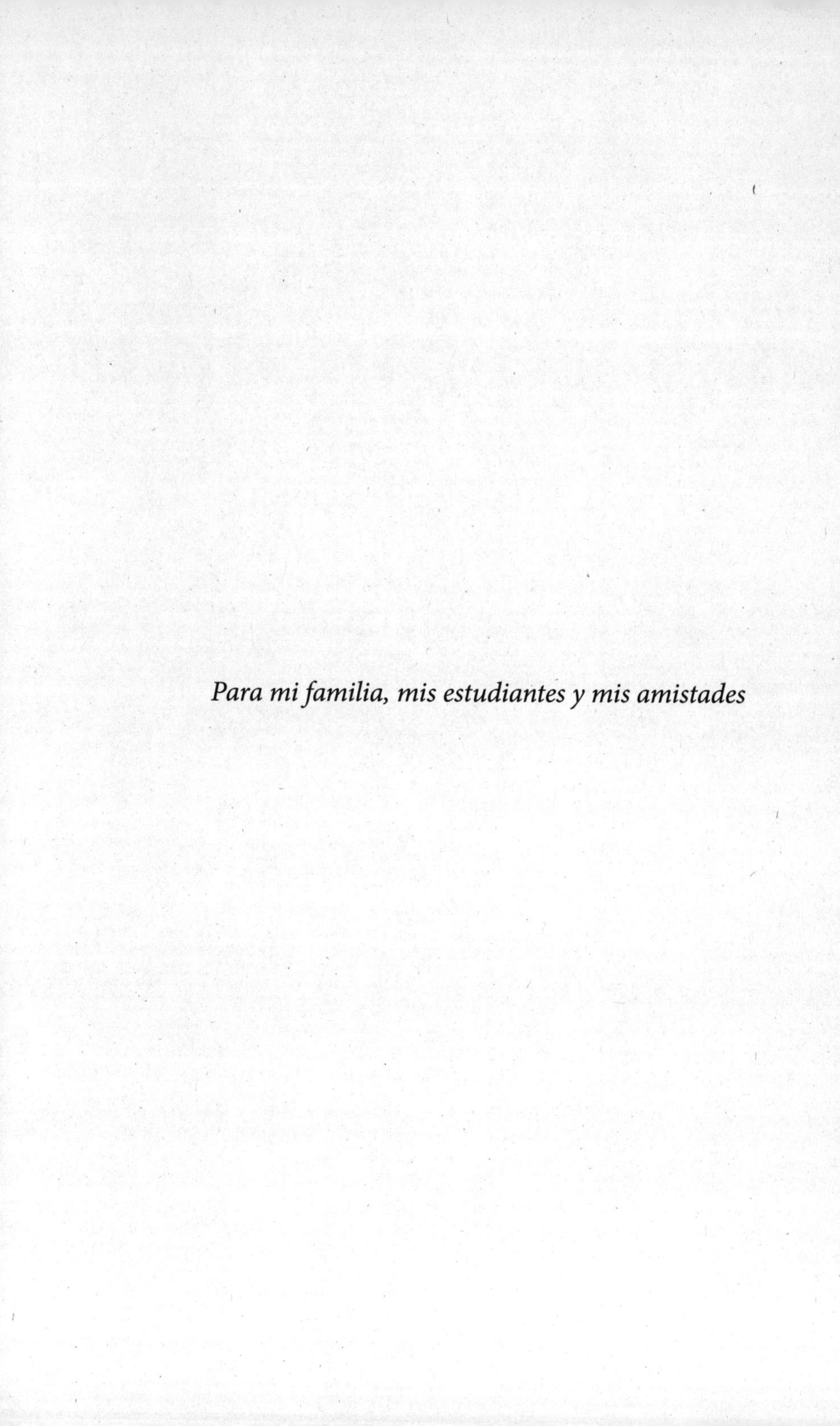

Para mi familia, mis estudiantes y mis amistades

ÍNDICE

NOTA DEL AUTOR

Un bonito día de septiembre, hace ya más de diez años, entré en el aula de la Kennedy School of Government de Harvard donde tenía previsto impartir clases, y donde me esperaba una escasa asistencia. Quedé sorprendido cuando me encontré con varias docenas de estudiantes amontonados adentro que me miraban intrigados. No había sitio para todo el mundo. Mucha gente se quedó de pie cerca de la entrada. Pensé que me había equivocado de aula. Pero no. Todos se habían inscrito en un nuevo curso que había llamado, simplemente, «Líderes y liderazgo en la historia». El curso era una especie de experimento: un intento de que los estudiantes de Política Pública, de diferentes edades, condiciones sociales y partes del mundo, vieran cómo el estudio de la historia podría resultarles relevante. Fue en esa primera clase cuando les planteé a mis alumnos una pregunta que me había venido a la cabeza: ¿los líderes hacen la historia o la historia hace a los líderes? Desde entonces, he formulado esta pregunta al comienzo de este mismo curso, dondequiera que lo imparta.

La primera vez que empecé el curso no sabía muy bien qué esperar. Muchos de mis estudiantes de Política Pública estaban condicionados para que pensaran que casi todo se puede cuantificar y medir, y la teoría económica dominaba su plan de estudios. Los cursos de Historia no eran obligatorios para los estudiantes y, cuando se impartían, no solían tener mucha asistencia. A lo mejor no soy objetivo, pero pensé que las escuelas de Política Pública que pretenden enseñar a los aspirantes a funcionarios cómo funciona el mundo deberían hacer hincapié en el estudio de la historia. Sin embargo, la historia, por sí misma, no era suficiente. Había que enseñarla de un modo que hiciera que a esos estudiantes les importara. Buena parte de quienes asistían querían aprender a ser líderes o a entender qué era un buen liderazgo. Pero estas cosas no son fórmulas o abstracciones, que es como suelen enseñarse. ¿Cómo se puede entender el ascenso o la caída de los líderes, cuál es la base de su autoridad, la cultura de su gobierno o los costos de las decisiones que toman sin un conocimiento profundo de las circunstancias históricas en las que intervienen? En otras palabras, ¿qué mejor manera hay de aprender sobre los líderes y el liderazgo que a través de ejemplos concretos de la historia?

Así que organicé el curso de la manera habitual. A lo largo del semestre, les planteé a mis alumnos una serie de casos que nos permitieron explorar cuestiones básicas y universales sobre los líderes y el liderazgo. En el transcurso de ese primer año, y en los años siguientes, la asistencia no paró de aumentar. Eso me planteó nuevos retos: mis alumnos tenían edades comprendidas entre los dieciocho y los ochenta años, y procedían de todos los ámbitos sociales, culturales y religiosos imaginables. Algunos ya habían estudiado Historia en la universidad y en otros estudios superiores, mientras que otros nunca dejaron de aprender historia después de la preparatoria o incluso la escuela primaria. Desde luego, nada que no fuera la historia básica de su propio país. Había policías, políticos, activistas, pilotos, obreros, funcionarios, médicos, capitalistas de riesgo, científicos, artistas, diseñadores, licenciados, refugiados y abogados. Muchas de esas personas hablaban inglés como segunda lengua, a veces tercera. Había gente licenciada de la Ivy League y también estudiantes sin título universitario. Había descendientes de la realeza, y otros eran las primeras personas de su familia que habían ido a la universidad.

Cuando empecé a impartir el curso, esperaba que fuera un buen modo de despertar el interés de estudiantes de todos los orígenes y de todo el mundo por lo que la historia podía ofrecerles como futuros funcionarios públicos. Lo que no esperaba era el enorme interés que suscitó en todas partes. En los estudiantes que asistieron a la clase encontré una gran curiosidad y un ansia de saber sobre la naturaleza de la autoridad, el buen gobierno, el liderazgo audaz y la toma de decisiones acertadas. A lo largo de los años que llevo enseñando esta asignatura, todas estas cuestiones parecen haber adquirido un nuevo cariz urgente (e inquietante) mientras nos esforzamos por comprender el mundo en rápido cambio que nos rodea, y lo que la política (y el liderazgo) podrían significar para la gente y las comunidades en las que vivimos en los años venideros. Siempre fui muy consciente de los dramas del pasado, pero como historiador profesional en un entorno académico de élite, me había centrado sobre todo en una comprensión racional de lo ocurrido a través de la investigación académica y el intercambio historiográfico. No había previsto que enseñar Historia de esta manera, a estos estudiantes, nos conmocionaría de este modo, tanto a ellos como a mí. Aprendí, relativamente tarde en mi carrera académica, que enseñar Historia puede ser emocionalmente poderoso, además de intelectualmente estimulante. La experiencia me devolvió a la razón por la que quería ser historiador.

Lo que quería en mi curso era que los asistentes se imaginaran lo que significaba tomar decisiones en las peores circunstancias, que se pusieran en la piel de un líder que lucha contra viento y marea ante la desesperación o la muerte; o, alternativamente, que se imaginaran intentando sobrevivir en un mundo de corrupción o tiranía (una situación que, para algunos de ellos, no era descabellada). Vi la oportunidad de utilizar el arte, incluidas la literatura y el cine, para realzar la emoción del pasado. Siempre he creído que los mejores exponentes de la ciudadanía y del liderazgo se ven afectados por el arte transformador, conmovedor. Por eso, para mi curso, seleccioné películas y novelas que pocos asistentes conocían, e hice de estas obras los temas de nuestro estudio. Para que comprendieran las duras opciones a las que se enfrentaba la gente común que vivía bajo la ocupación nazi de Francia, les hice ver la película de Jean-Pierre Melville, *El ejército de las sombras*, de 1969. Para subrayar la violenta rectitud de las luchas anticoloniales del siglo XX, vieron la película *La batalla de Argel*, de 1966, de Gillo Pontecorvo. Para que reflexionaran sobre lo que significaba desafiar el poder absoluto de un dictador despiadado, les asigné la lectura de *La fiesta del chivo*, de Mario Vargas Llosa, sobre la República Dominicana bajo el régimen de Rafael Trujillo.

Para que se dieran cuenta de la locura de la guerra de Estados Unidos en Vietnam y el papel desempeñado por los «mejores y más brillantes» del país, elegí el documental de Errol Morris sobre la vida de Robert McNamara, *Sob a niebla de guerra*. Ninguna de estas obras era perfecta. Todas mostraban errores como fuente histórica, pero eran importantes por distintos motivos y hacían que la historia pareciera atractiva. Mi enseñanza se basó en el modo en el que estas obras hacían que los acontecimientos parecieran vívidos y reales. Quería canalizar su poder.

A lo largo de un semestre, nuestros debates fueron desde el rey David a las sufragistas del siglo XIX, desde Franklin Roosevelt a la Resistencia francesa, desde Malcolm X a Margaret Thatcher, desde Mahatma Gandhi a Fela Kuti. Prestamos una atención especial a la forma en que los líderes actuaban dentro de las limitaciones de su tiempo, o se oponían a ellas. Nos dimos cuenta de cómo los arraigados marcos de toma de decisiones condujeron a resultados trágicos que habían parecido inevitables. Abordamos las nociones de lealtad, desafío, responsabilidad y sacrificio. A buena parte de mis alumnos les resultaban familiares los ejemplos que estudiábamos, bien porque se trataba de la historia de su propio país o, con más frecuencia, porque los albergaban en sus recuerdos o experiencias. Algunos de los asistentes habían vivido revoluciones, guerras civiles, desplazamientos, ocupaciones militares y otros desastres. Otros muchos trabajaban en el gobierno o en la administración pública y se habían enfrentado a situaciones difíciles que no eran tan diferentes de las que estábamos estudiando. Unos pocos procedían de países autoritarios y se enfrentaban al dilema de trabajar en una dictadura, luchar contra ella o intentar escapar. Algunos se llevaban al aula unos intensos sentimientos nacionales y les resultaba difícil participar en un debate desapasionado sobre los días más oscuros del pasado de su país. Me describieron la desorientadora experiencia de darse cuenta de que no sabían nada de la historia que estábamos aprendiendo, o de que lo que creían saber sobre ella era erróneo, mientras que otros alumnos sentían que lo que se les había enseñado antes no era más que pura propaganda. Pero la respuesta más frecuente por su parte fue darse cuenta de que formaban parte de la historia, de que el mundo en el que vivían estaba moldeado por la historia, de que los acontecimientos del pasado tienen su eco en los acontecimientos del presente, de que ellos mismos son actores históricos con capacidad para moldear el futuro, para bien o para mal.

El objetivo de este libro es dar a conocer el liderazgo en el pasado y reflexionar sobre el liderazgo en nuestros días, y captar la misma energía, emoción y espíritu de investigación que animaron los debates en mi aula. Espero que ayude a quienes lo lean a responder a la siguiente pregunta: ¿qué nos enseña la historia sobre el tipo de líderes y el liderazgo que se necesita para abordar los problemas reales a los que se enfrenta nuestro mundo hoy en día? Al mismo tiempo, quiero evitar una exaltación fácil de algunos líderes y su liderazgo. En su lugar, propongo una visión crítica, incluso escéptica, del liderazgo. Espero mostrar cómo se puede identificar, o ser, un buen líder, pero también quiero que quienes me lean salgan con confianza en su capacidad para desafiar el liderazgo establecido, para desconfiar de sus líderes, incluso para aspirar a sustituirlos. Aprender del liderazgo no es solo tener éxito. Podemos aprender tanto (y a veces, más) del fracaso.

La historia está llena de momentos sombríos y difíciles. En muchos sentidos, nos encontramos en un momento así. Es el arte del liderazgo en estos momentos lo que más me interesa, y lo que aparece en este libro. Es cuando los tiempos son arduos, incluso desesperados, cuando con frecuencia vemos surgir como líderes a personas improbables, a veces trascendentes o importantes. Este libro aborda muchos acontecimientos impactantes, y al hacerlo refleja la realidad de nuestro mundo. No trata de evadir o negar esa realidad centrándose sobre todo en los aspectos positivos y alegres de la historia. Las historias no siempre tienen un final feliz. Más bien, mi objetivo es que los lectores se enfrenten a los problemas y retos de nuestro mundo de frente, una vez que hayan terminado de leer, y encuentren inspiración en lugares improbables o sorprendentes. Al analizar con honestidad a los líderes y el liderazgo en la historia, este libro pretende mostrar a quienes lo lean que todo el mundo vive a través de la historia y que, aunque somos productos del pasado, también somos quienes creamos el futuro.

1
EL REY, EL PRÍNCIPE Y EL LÍDER QUE TENEMOS EN MENTE

Si uno entra en una librería y busca libros sobre líderes famosos de la historia, lo más probable es que se encuentre con un catálogo repetido de personajes que lo miran fijamente desde las rimbombantes portadas de los más vendidos: Winston Churchill, Napoleón Bonaparte, Abraham Lincoln, Gengis Kan, Mao Zedong. Con frecuencia serán líderes militares o imperiales, a caballo o con uniforme o armadura, que triunfaron en grandes guerras o guiaron a su nación a través de una crisis, y que suelen ser hombres.

Si se sigue buscando, se encontrará rápidamente otra variante de esta literatura, protagonizada por hombres (y a veces mujeres) destacados del mundo empresarial o corporativo: Bill Gates, Warren Buffett, Carlos Slim, Jeff Bezos. Con distintos grados de sofisticación o matiz, a estos hombres (y a veces mujeres) se les trata como si fueran héroes, un modelo a seguir y una inspiración. Son presentados como individuos con un poder único, capaces de superar los obstáculos a los que se enfrentaron gracias a su fuerza de voluntad o a su inteligencia despiadada. Estos libros son celebraciones de la individualidad. Por lo general, se lee poco en ellos sobre todas las cosas que sirvieron de base a esas historias de éxito pero con las que los protagonistas no tuvieron nada que ver personalmente, como el hecho de haber nacido de padres ricos en un país social y económicamente estable con innumerables oportunidades educativas y empresariales. El mensaje de esta industria literaria artesanal es que donde hay voluntad, hay un camino. Los líderes se construyeron a sí mismos, casi siempre por su cuenta, y alcanzaron la grandeza gracias a sus cualidades únicas. Hicieron su propia historia.

Es difícil escapar a esta visión de los líderes y el liderazgo. Se encuentra a todo nuestro alrededor, en la cultura popular y en los programas escolares. Tendemos a enseñar y estudiar a los «Grandes Hombres». A lo largo de todo el mundo, la gente busca figuras que puedan guiarla para sobrevivir a las crisis y las catástrofes. Sin embargo, también en todo el mundo, la gente se siente defraudada una y otra vez por sus líderes. Quizá por eso los líderes de un pasado supuestamente glorioso siguen siendo tan importantes en el sombrío presente. Pero por qué se asocia a determinadas figuras con el «liderazgo», y si fueron realmente tan grandes como imaginamos, y cuáles de sus actos o cualidades resultaron esenciales para su popularidad a lo largo del tiempo, tiene tanto que ver con nosotros y con la forma en que pensamos sobre el liderazgo como con ellos. Aportamos nuestros propios prejuicios e ideas preconcebidas al tema: los líderes que adoptamos reflejan tanto nuestros tiempos y lugares específicos como las virtudes supuestamente eternas.

Sin embargo, existe un acervo común de ideas sobre los líderes y en el pilar de nuestras culturas en todo el mundo: la mitología. Los primeros textos escritos de la historia de la humanidad nos hablan de reyes, dioses, guerras y nuestros propios orígenes. Por poner un ejemplo importante, para miles de millones de personas de todo el mundo la Biblia no es solo un libro, ni siquiera solo un libro sagrado, sino la fuente de cómo pensar sobre el mundo, cómo debemos vivir en él y cómo debe gobernarse. Esto se cumple tanto si uno es religioso y venera el texto bíblico como palabra de Dios como si rechaza su autoridad. Tanto la persona religiosa como la secular son productos de una civilización que se vio moldeada (entre otras cosas) por la Biblia y sus valores. Por esa razón, las ideas que presenta la Biblia, la imagen que da de los líderes y las lecciones sobre liderazgo que se supone que debemos extraer de ella son la base de la forma en que muchas personas de todo el mundo piensan sobre el liderazgo, para bien y para mal.

Los capítulos del 11 a 18 del Libro de los Reyes narran la que quizá sea la historia más dramática, sangrienta y desgarradora del Antiguo Testamento. Comienza con el rey David, sentado en su palacio de Jerusalén, desde donde contempla perezosamente a una mujer que se baña en una casa cercana. El rey ordena a sus sirvientes que la lleven a su presencia. La mujer, Betsabé, está casada con un hitita llamado Urías, un soldado del ejército israelita, que está luchando contra los amonitas en una de las interminables guerras de conquista que habían ayudado a David a convertirse en un rey poderoso y rico. David se acuesta con Betsabé (el lector antiguo podría haberlo considerado como una seducción, el lector moderno lo reconocerá como algo más feo) y de esta cita Betsabé queda embarazada. El rey, deseoso de ocultar su indiscreción, convoca a Urías desde el campo de batalla. Después de agasajarlo en palacio, lo envía a tener una visita conyugal con su esposa para que se suponga que es el padre del hijo de David. Pero Urías le estropea el plan a David cuando se niega a ir a su casa y duerme ante la puerta del rey. Le explica a David que no es posible que duerma con su mujer y sienta los placeres del hogar mientras sus compañeros están sumidos en la batalla: «El arca, Israel y Judá están en tiendas, y mi señor Joab y los siervos de mi señor están acampados en los campos abiertos; ¿entraré yo en mi casa para comer y beber y acostarme con mi mujer? Por tu vida y la de tu alma, no haré esto».[1]

El honor y la integridad de Urías obligan al rey David a una mayor hipocresía: recompensa a Urías enviándolo de vuelta al campo de batalla con un mensaje privado para entregar al general de David, Joab. El mensaje ordena al general que coloque a Urías en primera línea de batalla, donde es probable que lo maten. Y así sucede. Urías el hitita muere en la batalla a causa de una nota que se le ordenó llevar a su comandante sin conocer su contenido. En Jerusalén, la desgraciada (y embarazada) Betsabé llora la muerte de su esposo, pero no durante mucho tiempo: David manda a buscarla y la convierte en la más reciente de sus muchas esposas.

David es una figura sagrada para judíos, cristianos y musulmanes: un favorecido de Dios, el modesto pastor de la tribu de Judea que el mismo Dios dispuso que fuera rey; que abatió al poderoso guerrero filisteo Goliat con solo una honda y una piedra; que tocó el arpa para el atribulado y atormentado primer rey de los israelitas, Saúl; que vio el rostro de Dios, y habló con Dios, y según la tradición judía, escribió los salmos; y cuya casa sería reyes de Israel a perpetuidad, y el Mesías vendría de su linaje. En el Libro de los Reyes, David asciende a un gran poder y expande su reino triunfando en las guerras, protegido y amado por Dios, y siempre con rectitud.

Pero en lo que se refiere a su comportamiento hacia Betsabé y Urías el hitita, David es humano, no piadoso, incluso mezquino e inmoral y perezoso. Ya no dirige a los hombres en el campo de batalla ni da un ejemplo personal de modestia y valentía, sino que se contenta con sentarse en un lujoso palacio, un gato gordo, un fisgón, mientras otros luchan y mueren en su nombre. Es una imagen chocante para quienes solo conocen a David por su reputación, como ícono, filtrado por la mitología o las creencias. Pero las cosas van a empeorar todavía más.

Poco después de la muerte de Urías, el profeta Natán visita al rey David. Los profetas, en la antigua tradición bíblica, tienen un papel crucial: al tener el poder de la profecía, son portadores de la palabra de Dios y sirven como autoridades espirituales y consejeros. Natán es, por tanto, una de las pocas personas que pueden hablarle de forma directa y libre a David, sin miedo. Natán le cuenta una historia, una parábola:

> Había en cierta ciudad dos hombres, uno rico y otro pobre. El rico tenía muchas ovejas y ganado, mas el pobre no tenía más que una sola cordera, que él había comprado y criado, y que había crecido con él y con sus hijos juntamente, comiendo de su bocado, y bebiendo de su vaso, y durmiendo en su seno: y teníala como a una hija. Y vino uno de camino al hombre rico; y él no quiso tomar de sus ovejas y de sus vacas, para guisar al

caminante que le había venido, sino que tomó la oveja de aquel hombre pobre, y aderezóla para aquel que le había venido.[2]

La Biblia nos cuenta que, al oír esta historia, «Entonces se encendió el furor de David en gran manera contra aquel hombre», y dijo a Natán: «Vive Jehová, que el que tal hizo es digno de muerte, y que él debe pagar la cordera con cuatro tantos, porque hizo esta tal cosa, y no tuvo misericordia». La respuesta de Natán a David fue: «Tú eres ese hombre». Y Natán continúa:

> Así ha dicho Jehová, Dios de Israel: «Yo te ungí por rey sobre Israel... Te di la casa de Israel y de Judá. Además de esto te di la casa de Israel y de Judá; y si todo esto hubiera sido poco, te habría dado aún más. ¿Por qué despreciaste la palabra del Señor haciendo lo que es malo a sus ojos? Mataste a Urías el hitita con la espada y tomaste a su mujer como tuya. Lo mataste con la espada de los amonitas. Ahora, pues, la espada nunca se apartará de tu casa, porque me despreciaste y tomaste para ti a la mujer de Urías el hitita». Esto es lo que dice el Señor: «De tu propia casa voy a hacer caer la calamidad sobre ti».

Al oír las palabras de Natán, David se derrumba de culpa, y exclama: «Pequé contra el Señor», pero Natán le tranquiliza diciéndole que Dios le perdonará la vida. Esto apenas resulta ser un consuelo. A partir de ese momento, y durante un largo periodo, David y su familia experimentan una impresionante serie de tragedias, que hacen que David desee que Dios lo hubiera castigado con la muerte.

Primero, el bebé de Betsabé, el hijo de David, Jededías, enferma gravemente. David y sus sirvientes rezan, lloran y ayunan, pero es en vano: el bebé muere. (Después de esto, Betsabé vuelve a quedarse embarazada, esta vez de Salomón, a quien Dios ama, según se nos dice, y que acabaría sucediendo a David como rey).

A continuación, el autor bíblico relata el sombrío episodio en el que se ven envueltos tres de los descendientes mayores de David: Amnón, Tamar y Absalón. Estos funestos sucesos inspiraron grandes obras de arte y polémicos debates teológicos y han echado a perder la inocencia de generaciones de niños estudiosos de la Biblia. Amnón se obsesiona con su hermanastra Tamar; por consejo de su amigo, finge estar enfermo y pide que envíen a Tamar a su casa para alimentarlo. David ordena a Tamar que vaya. Ella lo hace, y amablemente hornea y se ofrece a dar de comer a Amnón pasteles de carne, pero él rehúsa, pidiéndole en cambio que se acueste con él. Cuando ella se horroriza ante la idea e intenta aplacarlo diciéndole que hable de su deseo con su padre, él la ataca y la viola, a pesar de que ella le ruega que se detenga. Una vez que termina, se consume de «odio» hacia ella y la corre de su casa con ira, a lo que ella responde: «¡No! Correrme sería un agravio mayor que lo que ya me hiciste».[3]

La devastada Tamar acude a su hermano Absalón, quien al enterarse de lo sucedido no vuelve a hablar con su hermanastro Amnón; se nos dice que «odiaba a Amnón por lo que le había hecho a su hermana Tamar».[4]

Transcurren dos años más. Absalón parece haber pasado página (no se nos dice nada de Tamar). Pero entonces, con engaños, consigue reunir a todos los hijos del rey, sus hermanos y medio hermanos, y ordena a sus siervos que asesinen a Amnón como venganza por la violación de Tamar. Cuando se entera el rey David (que había rechazado la invitación de

Absalón a unirse a la reunión), al principio se ve engañado enormemente al creer que Absalón mató a todos sus hermanos varones, los hijos de David. Absalón huye de Jerusalén y se dirige a Guesur, donde permanece tres años. A David se le describe mucho más triste que enojado; «deseaba ir a ver a Absalón, pues se sentía consolado respecto a la muerte de Amnón».[5]

El resto del episodio es conmovedor e impactante. Absalón y David se reconcilian después de tres años de distanciamiento, un tierno gesto que inspiró grandes obras de artistas como Rembrandt o Marc Chagall, mostrando el poderoso vínculo entre padre e hijo. Pero, al final, Absalón se ve vencido una vez más por sus demonios y comienza una rebelión a gran escala contra su padre, que se ve obligado a huir de su palacio en Jerusalén por miedo a su propio hijo. Finalmente, tras una sangrienta guerra entre el ejército de Absalón y los soldados que se mantienen leales a David, Absalón acaba asesinado de forma espantosa: cuando la cabeza le queda atrapada por la melena entre las ramas de un roble al pasar por debajo la mula que montaba durante la batalla, Joab y sus hombres ejecutan al hijo rebelde a sangre fría con tres flechas en el corazón. David, al enterarse de la muerte de Absalón (pero no de cómo murió), no celebra su victoria en la guerra y su restauración en el trono; por el contrario, queda destrozado, y el episodio termina con una nota de dolor, con David lamentándose desconsolado: «¡Oh, hijo mío, Absalón, hijo mío, hijo mío, Absalón! Ojalá hubiera muerto yo en tu lugar, ¡oh, Absalón, hijo mío, hijo mío!».[6]

Este horrible relato con moraleja inspiró e impactó a grandes artistas, pensadores profundos y gente corriente a lo largo de los siglos. Representa una concepción teológica del liderazgo: David es rey por derecho divino. Esta poderosa idea persiste en la era moderna: todavía hay monarcas y otros gobernantes en el mundo que afirman contar con el apoyo de Dios. En el Antiguo Testamento, David es el rey porque Dios lo facultó para serlo. Anteriormente, los hebreos eran un pueblo errante con «jueces» que los guiaban, temporalmente, a través de diferentes dificultades y crisis. Casi todos eran hombres, pero hubo una jueza (Débora). No eran gobernantes absolutos con poder absoluto, sino más bien guías o líderes militares en un momento de emergencia. Como gran parte de lo que aparece en la Biblia, esta es la versión mitológica de un fenómeno histórico anterior al surgimiento de las grandes civilizaciones e imperios, cuando los pueblos vivían de forma nómada formando clanes y tribus y se unían

David llora la muerte de Absalón, Gustave Doré, 1866. (Prisma Archivo/ Alamy Stock Photo)

cuando se veían amenazados por otras tribus o pueblos. Pero, bajo el ataque constante de sus enemigos, especialmente los filisteos, y conscientes de los grandes imperios (como Egipto) que dominaban su región, los israelitas le dicen al profeta Samuel que pida a Dios que les dé un rey, como habían hecho sus vecinos y enemigos. Samuel ofrece al pueblo una advertencia sobre lo que hacen los reyes:

> Estos serán los caminos del rey que reinará sobre ustedes: tomará a sus hijos y los destinará a sus carros y a ser sus jinetes y a correr delante de sus carros. Y señalará para sí comandantes de millares y comandantes de cincuenta, y algunos para arar su tierra y segar su mies, y para hacer sus artilugios de guerra y el equipo de sus carros. Tomará a sus hijas para que sean perfumistas, cocineras y panaderas. Tomará lo mejor de sus campos, viñedos y olivares y se lo dará a sus siervos. Tomará la décima parte de su grano y de sus viñas y se la dará a sus oficiales y a sus siervos. Tomará a sus siervos y siervas, a los mejores de sus jóvenes y a sus doncellas, y los pondrá a trabajar para él. Tomará la décima parte de sus rebaños, y serán sus esclavos. Y en aquel día clamarán a causa de su rey, a quien han elegido para ustedes, pero el Señor no les responderá en aquel día.[7]

En otras palabras, Dios le dice al pueblo elegido: una vez que tengan un rey, ya no habrá vuelta atrás. El pueblo, sin inmutarse por la sombría profecía de Samuel (que se cumplió con creces), decide que un rey gobierne sobre ellos. Y una vez que lo hacen, como Dios les advirtió a través de Samuel, ese poder no está destinado a ser desafiado por otros hombres, porque el rey es la elección de Dios. Al mismo tiempo, la aparición de un rey con poder terrenal, pero aún bajo la autoridad de Dios, es una concepción del liderazgo constreñida por una especie de moral, anterior a la existencia de esos términos. El rey David abusa de su poder, y se da a entender que las penas y la violencia que siguen son el castigo de Dios por el pecado original contra Urías el hitita. Tanto los éxitos como los sufrimientos de David están guiados por Dios. De hecho, los dos Libros de los Reyes relatan los ascensos o caídas de un flujo constante de gobernantes que triunfan o fracasan basándose casi exclusivamente en un único factor: si hicieron bien o mal «a los ojos del Señor». Tenemos claro que David conoce bien esta dinámica, y por eso no mata simple y descaradamente a Urías el hitita y toma para sí a Betsabé. David hace lo que hace de forma indirecta y engañosa porque sabe que tiene algo que debe ocultar. Pero olvida que no puede esconderse de un Dios que todo lo ve.

¿Por qué escribieron esta historia de esta manera? Una persona religiosa creerá que la Biblia nos proporciona la Palabra literal de Dios y que es simplemente un hecho. Pero desde una perspectiva secular, vemos la Biblia como el producto de seres humanos con intenciones humanas. Entendemos que la gente siempre ha encontrado formas tanto de dar poder a ciertas personas para que sean líderes, a veces con gran autoridad, como de limitarlo a sus gobernantes. Por un lado, la concepción del liderazgo que encontramos en esta historia bíblica otorga al líder un poder casi ilimitado. Pero, por otro lado, implica que hay una línea que ni siquiera él puede cruzar. No puede hacer lo que quiera. Siempre está supeditado al poder superior de Dios, que hace las veces de sustituto de un código moral. Y así, aunque la gente corriente no pueda controlar a sus líderes, Dios sí puede. Y la fe en

Dios, adorar a Dios, hacer la obra de Dios, significa que el pueblo puede estar seguro de su protección frente a un líder que abusa de su poder; incluso el poderoso rey está bajo la misma autoridad divina que el más bajo de sus súbditos, lo que lo sitúa a él y a ellos en un mismo nivel ante Dios, que somete a todos, desde el fuerte al débil, a la misma norma moral.

Es imposible saber qué fue primero: la aparición de un líder o la descripción de lo que debe ser un líder ideal. La Biblia, como otras fuentes fundacionales de las civilizaciones, establece expectativas de liderazgo y también exige que nos sometamos, y que aceptemos, la autoridad de un líder. Al mismo tiempo, y quizá es lo más importante, la gente encontró formas de limitar el poder de sus gobernantes, si no por medios seculares, como en la era moderna, sí por medios de inspiración divina. Ahí radica la tensión central de esta construcción del liderazgo: por un lado, otorga al líder (en realidad, a un gobernante) un poder casi ilimitado, afirmado por derecho divino. Cualquier revuelta contra él es una revuelta contra Dios. Por otro lado, siempre hay supervisión, en la forma de Dios. Ni siquiera el líder terrenal más poderoso puede superar el poder y la autoridad de Dios.

Por supuesto, este es solo un episodio bíblico, y la Biblia en sí no es más que un ejemplo de mitología fundacional: los textos e historias que dieron a nuestros antepasados una idea de sí mismos, de su mundo y de su historia. Pero se trata de algo representativo. Los seres humanos siguieron organizando sus sociedades de forma principalmente religiosa y monárquica durante siglos; para los cristianos, esto giraba en torno al hombre que creen que no solo era el hijo de Dios, sino el descendiente directo del rey David: Jesucristo.

A lo largo de la era moderna se produjeron grandes cambios en la forma en que las sociedades (y los Estados) se gobernaban a sí mismos (aunque la forma religiosa, monárquica y hereditaria de liderazgo siguió existiendo). Esta historia es compleja, aunque solo nos fijemos en Occidente, porque representa el momento en que el liderazgo empieza a independizarse de Dios. Cuando la autoridad divina disminuye, el liderazgo debe explicarse y justificarse en nuevos términos. En lo que se refiere a esto, en la historia de la forma en que los seres humanos consideraron el liderazgo, tal vez nadie tuvo más impacto que Nicolás Maquiavelo.

Maquiavelo es más conocido por ser el autor de *El Príncipe*, que escribió en 1513, pero que no se publicó hasta 1532.[8] De Maquiavelo aprendemos a pensar no solo sobre el liderazgo, sino sobre la propia investigación histórica. Tal vez la declaración más incisiva y reveladora de Maquiavelo sobre las recompensas y el significado de dedicarse al estudio de la historia se encuentre en su «Carta a Francesco Vettori»:

> Cuando llega la noche, vuelvo a casa y entro en mi estudio. En el umbral me despojo de mis ropas de trabajo, sudorosas y llenas de lodo, y me pongo las ropas de la corte y del palacio, y con este vestido más grave entro en las antiguas cortes de los antiguos y soy recibido por ellos, y allí pruebo la comida que solo me pertenece a mí, y para la que nací. Y allí me atrevo a hablarles y preguntarles los motivos de sus acciones, y ellos, en su humanidad, me responden. Y durante cuatro horas, olvido el mundo, no recuerdo ninguna vejación, no temo más a

la pobreza, no tiemblo más ante la muerte: en efecto, paso a su mundo.[9]

Estas palabras, que Maquiavelo escribió durante uno de los periodos más lúgubres de su vida, expresan de forma contundente lo que significa enfrentarse a la historia, buscar el conocimiento y la inspiración en el pasado (aunque quizá nunca sepamos por qué fijó la cantidad de tiempo en cuatro horas exactas). Nosotros estamos aquí para hacer lo mismo. Al igual que la Biblia, *El Príncipe* es una obra fundacional; tanto si se leyó como si no, vivimos en un mundo al que ha contribuido a dar forma, directa o indirectamente, para bien o para mal.[10]

Mucha gente utiliza el término «maquiavélico» para describir las intrigas inmorales, incluso diabólicas, que se utilizan para conseguir el poder. Pero eso es una gran exageración, e incluso un malentendido, de *El Príncipe*. Maquiavelo escribió el libro en unas circunstancias personales difíciles y estresantes: no tenía trabajo y no gozaba del favor del nuevo poder que había en Florencia, la familia Médicis. Después de servir catorce años como alto funcionario de la república florentina bajo el régimen anterior, Maquiavelo se vio despojado de todo poder y responsabilidad, desterrado de la vida pública, incluso encarcelado y torturado. Pero siguió apasionadamente interesado por la política y, basándose en su experiencia y sus reflexiones a lo largo de una década y media de tumultuosos acontecimientos, escribió *El Príncipe* como una especie de guía para cualquier líder que quisiera tener éxito, quizá con la idea y el objetivo de ganarse la simpatía de los gobernantes de su ciudad. Maquiavelo hizo circular el manuscrito entre sus amigos, pero no se publicó hasta después de su muerte. En vida fue más conocido por sus obras de teatro y otros escritos, y aunque *El Príncipe* empezó a labrarse una gran reputación antes de su publicación, eso no ayudó a su autor, y Maquiavelo nunca volvió a acercarse al poder.

La intriga de la política florentina en la época de Maquiavelo es interesante, y su vida estuvo llena de dramas, pero creo que es más importante el contexto histórico general en el que escribió sus ideas. Aunque Maquiavelo vivía en una Italia sumergida en un periodo de inestabilidad y conflicto, y donde, de forma algo excepcional, había más gobiernos republicanos y reinos más pequeños que en otras partes de Europa y del mundo, el siglo XVI en Europa (como en otras partes) fue, en general, una época de monarcas cada vez más poderosos que gobernaban estados y sociedades cada vez más grandes. Y casi dos milenios después de que se escribiera la historia bíblica de David, Betsabé y Urías, *El Príncipe* seguía formando parte de un mundo en el que la existencia de Dios era tan real para casi todos los europeos como el sol y la luna. Maquiavelo no desafió la autoridad de los gobernantes monárquicos ni negó la existencia de Dios; era algo irrelevante para lo que intentaba hacer. Pero como pensador, o teórico, del poder y el liderazgo, llevó a sus lectores en una dirección secular, sobre todo observando y explicando que los hombres (y seguimos hablando de hombres) tienen cierto control individual sobre el éxito o el fracaso que tendrán como gobernantes o líderes. Maquiavelo reconocía que Dios desempeñaba algún papel en los asuntos humanos; en varios momentos de *El Príncipe*, parece dar por sentada la idea de que los gobernantes ascendían y caían, al menos en parte, debido a la voluntad de Dios, y por la «fortuna» (que él enlazaba con «Dios»). Pero también afirmaba que existía el «libre albedrío» y que, aunque «la fortuna es el árbitro de la mitad de nuestras acciones», «todavía nos deja dirigir la otra mitad, o quizá un poco menos».[11] En otro escrito, Maquiavelo relata varios milagros y castigos de los que Dios era responsable, y con los que dirigía lo que ocurría en el mundo, pero añade que «Dios no está dispuesto a hacerlo todo, y quitarnos así nuestro libre albedrío y la parte de gloria que nos pertenece».[12]

Los alumnos a los que se les asigne *El Príncipe* pero que nunca hayan leído a Maquiavelo puede que hayan oído hablar de algunas frases asociadas a él, como «es mejor ser temido que amado». Esta frase recuerda los conceptos más conocidos sobre el maquiavelismo. Pero el propio texto revela todos los matices de su pensamiento, que no consiste en comportarse inmoralmente, sino en forjar el propio destino. En el capítulo 17 de *El Príncipe*, titulado «De la crueldad y la clemencia; y si es mejor ser amado que temido, o ser temido que amado» (en cierto modo, la pieza central de su tratado), Maquiavelo explica que, si bien el amor asegura una lealtad temporal, la naturaleza humana es tal que esta lealtad por amor es voluble y puede corromperse o desecharse; pero el miedo (al castigo) asegura una lealtad permanente, que es lo que realmente necesita el gobernante. Al mismo tiempo, y en contra de la idea de que está abogando por un comportamiento malvado o inmoral, Maquiavelo advierte al Príncipe que no ejerza un castigo arbitrario o excesivamente cruel, de tal manera que se granjee el odio público, porque eso podría ser su ruina una vez que las partes sometidas tuvieran la oportunidad de vengarse. Este punto de vista no solo muestra el énfasis de Maquiavelo en la apariencia y las percepciones, su negativa a mantener absolutos morales, sino también su conciencia de los límites del poder y, sobre todo, su cautela ante el poder exagerado. Ser odiado, según Maquiavelo, no es malo porque sea el resultado de actos inmorales, sino porque impide los objetivos del Príncipe.

El Príncipe de Maquiavelo existe de manera clara en una unidad mental totalmente nueva a la del segundo Libro de los Reyes, en la que el liderazgo no está vinculado a lo sobrenatural o a la moralidad, sino a los objetivos. La cruda parábola del profeta Natán sobre el hombre rico y el hombre pobre y su oveja cambiaría según Maquiavelo: el Príncipe no debería evitar llevarse la única oveja del pobre porque es un acto inmoral y enfurecería a Dios; debería evitarlo porque al hacerlo se haría odiar y el odio de la gente frustraría sus ambiciones. Por otra parte, como «es mejor ser temido que amado», está bien, e incluso es deseable, que los que están bajo el mando del Príncipe sepan que es perfectamente capaz de quitarles sus ovejas (por así decirlo) si no hacen lo que él les dice, y que lleve a cabo este castigo cuando sea necesario y esté justificado. En el mundo de Maquiavelo, el fingimiento y la apariencia son tan importantes como la intención y las leyes. «El Príncipe» no es una posición hereditaria de liderazgo; no es elegido por Dios. El liderazgo no viene dado desde arriba ni es una cuestión de destino. Es algo que se puede trabajar, mejorar, pulir. El líder puede alcanzar el éxito no siguiendo la voluntad de Dios, sino adoptando el consejo adecuado, idealmente el de Maquiavelo. Se trata de una forma del todo nueva de concebir el liderazgo, porque proporciona al aspirante a líder una guía basada no en lo que es moralmente correcto, sino en cómo funciona la política en el mundo real. Maquiavelo, en ese sentido, nos lleva del viejo mundo al nuevo, donde todo parece posible, y en el que el líder no solo forja su propio destino, sino también la historia.

Sin embargo, incluso en el nuevo mundo feliz de Maquiavelo, en el que los líderes en teoría pueden forjar sus propios destinos y tomar sus decisiones basándose no en la voluntad divina predeterminada, sino en la estrategia, las tácticas y los objetivos, no todo es posible. Aunque estén liberados (conceptualmente) de los grilletes de la moralidad y del poder superior, los líderes aún deben enfrentarse a cosas bastante poderosas y resistentes. Estructuras. Sistemas. Instituciones. Otros líderes. Otras partes de la sociedad. Oponentes. Adversarios. Enemigos. En un mundo maquiavélico, quizá el reto más desalentador al que se enfrentan los gobernantes es que otras personas se den cuenta de que el poder del gobernante no está garantizado ni protegido por la autoridad divina, por lo que puede acabar desplazado, y sin incurrir en la ira de Dios.

La lectura de Maquiavelo nos lleva a la pregunta: ¿el líder hace la historia o la historia hace al líder? Si queremos entender el liderazgo y cómo funciona en el mundo, ¿deberíamos fijarnos sobre todo en cómo el líder cambió el mundo? ¿O deberíamos centrarnos en las formas en que el mundo produjo, y luego limitó, al líder?

Algunas personas se centran en los individuos. Otros se centran más en la sociedad. Karl Marx, que es posible que sea el pensador más influyente y políticamente más importante del siglo XIX, se interesaba por los individuos, pero prefería un análisis estructural de la historia. Durante los últimos años de la Guerra Fría, al menos en Occidente, la reputación de Marx sufrió un serio declive. Pero más recientemente, debido al estado cada vez más distópico de la economía política mundial, ha tenido un cierto resurgimiento. En el debate sobre si lo más importante es la historia o el líder, Marx se decantaría por la primera opción. En su *Decimoctavo Brumario sobre Luis Napoleón* (1852), escribió: «Los hombres hacen su propia historia, pero no la hacen a su antojo; no la hacen bajo circunstancias elegidas por ellos mismos, sino bajo circunstancias ya existentes, dadas y transmitidas desde el pasado».[13]

Marx escribía en 1851 concretamente sobre el dictador francés posrevolucionario Luis Bonaparte y su ascenso al poder, pero su comentario es una reflexión intemporal sobre la cuestión de lo que pueden hacer los líderes individuales, su importancia (si la tienen) para hacer avanzar la historia y hasta qué punto son capaces de moldear o cambiar la realidad en la que actúan. Marx creía que la agencia individual (un término que no utilizaba) era limitada, porque la historia (esas «circunstancias... transmitidas desde el pasado», como él decía) restringía la capacidad de cualquier individuo para crear un cambio, incluso con un gran poder. Por supuesto, Marx nunca excluyó la posibilidad de que los líderes pudieran cambiar el mundo; de hecho, el objetivo de la teoría marxista es que el pueblo puede y debe llevar a cabo una revolución que (en su caso) derroque al capitalismo y cambie el curso de la historia. Para Marx, el objetivo no es imaginar un mundo diferente, sino hacerlo realidad. Como él mismo dijo: «Los filósofos solo han interpretado el mundo de diversas maneras; la cuestión, sin embargo, es cambiarlo».[14]

En su libro *Machiavelli's Children*, el politólogo Richard Samuels examinó la siguiente cuestión: ¿qué pueden hacer los líderes en el poder, dadas las limitaciones a las que inevitablemente se enfrentan?[15] Samuels reconoce que los líderes

Retrato de Nicolás Maquiavelo, obra de Galgano Cipriani. (Incamerastock/Alamy)

Retrato de un joven Karl Marx. (Science History Images/Alamy)

individuales no operaban en el vacío, que se enfrentaban a lo que él denominaba «grandes fuerzas», y, no obstante, cree que «las limitaciones pueden ser mayores en la narración del historiador que en el mundo real, donde las fuerzas sociales, políticas y económicas pueden inclinarse hacia la balanza para favorecer el plan del líder». Los líderes de importancia pueden hacer algo que él denomina «estirar las restricciones», es decir, aunque no se liberen completamente de factores estructurales como los roles sociales, las influencias culturales, los sistemas económicos y los paradigmas mentales, el líder aún puede resistirse a ellos y manipularlos lo suficiente como para crear una auténtica diferencia.

Por lo tanto, el debate en este caso se encuentra entre aquellos (como Maquiavelo) que creen que los líderes hacen (y superan) la historia y aquellos (como Marx) que creen que la historia hace (y constriñe) a los líderes. Samuels se decanta por el primer bando. Siguiendo el modelo de Maquiavelo sobre la capacidad del Príncipe para lograr un liderazgo eficaz tomando las decisiones correctas e imponiendo su voluntad al mundo, Samuels ofrece algunos ejemplos convincentes: Churchill, Thatcher, Mao, Gandhi... líderes individuales que cambiaron sus países e incluso el mundo. Pero hay muchos casos en los que es mucho más difícil sostener este argumento, y en los que las palabras de Marx sobre las «circunstancias» a las que se enfrenta el líder parecen especialmente sabias.[16]

Un componente del liderazgo es la autoridad: puede ser política, económica, social o moral. A veces, un líder tendrá autoridad sobre personas que lo siguen por miedo, amor, lealtad o apego. El modelo maquiavélico probablemente se aplica mejor a los líderes que ejercen un poder superior o que tienen muchas ventajas incorporadas. Si, por ejemplo, eres un líder político en una democracia que funciona y fuiste elegido, tienes una amplia legitimidad. Si es un dictador respaldado por el ejército y otras instituciones estatales de su país, cuenta con un fuerte apoyo y tal vez pueda «estirar» mucho las «limitaciones». Si eres el director general de una gran empresa en un país con una economía política diseñada para servir a los intereses de las grandes empresas y sus directores generales, lo más probable es que tengas muchas opciones sobre cómo «liderar».

Pero ¿cómo se aplica esta visión de confianza en los líderes y su capacidad para moldear la realidad a los líderes que se *oponen* al poder? A veces, un líder debe actuar cuando *es* la fuente de la limitación del liderazgo de otra persona, o de otra cosa, y cuando nosotros, como observadores o ciudadanos, *queremos* que esa limitación supere al líder. Los líderes son a veces jefes de Estado o dirigentes de empresa, pero otras veces son activistas de movimientos sociales que se enfrentan a los gobernantes oficiales de su país, o miembros de un grupo clandestino que lucha por derrocar a un dictador brutal. Tanto los movimientos sociales como los grupos de resistencia pueden suponer una importante limitación para los líderes en el poder. Pero la cuestión de a quién apoyamos (por así decirlo), al líder o al obstáculo, depende, en cada caso, de nuestra visión del mundo, nuestro sentido de la justicia, nuestros ideales políticos y nuestro temperamento social. Los reyes y los príncipes solo representan un tipo de liderazgo bastante limitado. Por eso, los líderes que vamos a estudiar, los que pueden proporcionarnos más perspicacia e inspiración, pueden no tener poder o autoridad formales. Puede que ni siquiera sean famosos. Pueden ser guerreros que luchan por una causa difícil pero noble. Puede que sean rebeldes, que intentan vencer un sistema opresivo corriendo grandes riesgos. Pueden ser santos que se sacrifican por un bien mayor. Puede que no triunfen y puede que no ganen. Pero estos guerreros, rebeldes y santos son los líderes que nos impresionan de forma duradera, y los que más nos impactan.

2
¿QUÉ LÍDERES BUSCAMOS EN UNA CRISIS?

Incluso quienes sostienen que los líderes hacen la historia, y no al revés, deberían saber que el liderazgo nunca se crea en el vacío. Tampoco es una cualidad que pueda diseñarse o una fórmula que pueda enseñarse. Tanto si estamos en el mundo bíblico como en el de Maquiavelo o en el nuestro, e incluso si uno cree que Dios o la fortuna intervienen en la formación de un líder, cualquier rápido repaso a la historia demuestra que los líderes verdaderamente importantes surgen en tiempos de crisis. Es durante una crisis cuando prestamos más atención a los líderes que tenemos y decidimos si esos son los que queremos o si queremos que otros ocupen su lugar, o si nosotros mismos nos convertiremos en líderes cuando antes ni lo habríamos soñado.

En las épocas tranquilas, de paz y prosperidad económica (pero sin desigualdades económicas drásticas), los líderes pueden hacerlo bien, pero su función principal es la gestión: asegurarse de que las cosas se mantienen estables y de que no se cometen errores graves. Cuando se produce una crisis es el momento en el que se pone a prueba a esos líderes; cuando se les pone a prueba, descubrimos que algunos líderes están hechos para ocupar sus cargos en tiempos de paz y estabilidad, pero no en tiempos de crisis, mientras que otros líderes no destacan o impresionan en tiempos de estabilidad, pero revelan sus puntos fuertes cuando llega la crisis.

Cuando debemos determinar quiénes de entre los líderes actuales o potenciales nos ayudarán y quiénes abusarán de nuestra confianza es durante una auténtica crisis, cuando veremos quiénes abordarán nuestros problemas y sufrimientos y quiénes los explotarán, quiénes canalizarán la rabia pública para el bien público y quiénes para el beneficio personal. La Gran Depresión de los años treinta, probablemente la peor crisis económica que ha vivido el mundo capitalista moderno, es una oportunidad única para averiguar qué líderes buscamos en una crisis. Nos muestra a quién recurre la gente (y a quién rechaza) cuando llegan el caos y la inestabilidad. Tiene mucho que enseñarnos sobre lo que se necesita para que un líder que se enfrenta a una crisis tenga éxito, tanto para el público en general como para el propio líder.

Para la mayoría de los estadounidenses, la crisis comenzó a finales de 1929 con el hundimiento de Wall Street: el colapso de la Bolsa de Nueva York. Durante la década de 1920 se había animado a millones de estadounidenses a invertir sus ahorros en el mercado de valores, haciéndoles creer que los haría ricos. Pero era un equivalente apenas regulado de un gigantesco esquema Ponzi. Este colapso condujo a una serie de quiebras bancarias que arruinó a millones de familias estadounidenses de forma prácticamente instantánea.[1]

Fue algo desastroso para la clase trabajadora y destruyó a los agricultores. Afectó a casi toda la comunidad mundial, revelando de la forma más cruda (y para muchos, la más horripilante) lo íntimamente conectadas que habían quedado las economías nacionales, y cómo el bienestar de cientos de millones de personas dependía de si las ininteligibles finanzas del Bajo Manhattan subían o bajaban. Las personas vulnerables fueron las que más sufrieron, y las que estuvieron menos protegidas. Existe el estereotipo de que los años veinte había sido la «Era del Jazz», años de licores caseros y de mujeres fiesteras, pero también fue una época de graves desigualdades, y los miembros más pobres de la sociedad lucharon por sobrevivir con escasas protecciones sociales en una economía de mercado que era una jungla. Para todas estas personas, la Gran Depresión empeoró aún más las cosas; para los afroamericanos pobres fue especialmente devastadora.

En el punto culminante (o profundo) de la Gran Depresión, Estados Unidos registró un desempleo oficial del 25%. En otros países la situación era aún peor: Canadá tenía un 27% de desempleo oficial; Australia, un 29%; Alemania, alrededor de un 30%, es decir, casi un tercio de su población activa. El impacto político global fue inconmensurable: el colapso económico y la inflación galopante de la Alemania de Weimar fueron el preludio directo del ascenso de Adolf Hitler. En los países iberoamericanos, cuyas economías estaban íntimamente ligadas a la estadounidense, los efectos de la Depresión fueron en especial duros y profundos. La economía japonesa se contrajo más de un 10% en un año; más tarde, a lo largo de la década de 1930, Japón se recuperó de la misma forma que lo harían los alemanes (y, más tarde, los estadounidenses): mediante una concentración militar masiva y una apuesta por el dominio mundial. Las consecuencias de ello las veremos más adelante. La Gran Depresión cambió por completo la faz de la política en Estados Unidos y en todo el mundo.

En el país de origen de la Depresión, Estados Unidos, hubo una ruina inmensa, incluso hambruna. Hubo dislocación social y disolución, incluida la ruptura de las familias. Los hombres con frecuencia abandonaban el hogar, si es que había un hogar, en busca de trabajo. Pero no había trabajo. Así que se alejaban cada vez más y acababan convirtiéndose en vagabundos que nunca volvían a ver a sus familias (y millones de hombres y mujeres jóvenes no tuvieron la oportunidad de tener una familia). En esta situación, cuando se destruyen familias enteras, cuando los niños pasan hambre, cuando los adultos no pueden mantener a su gente, cuando los pobres que antes solo vivían con lo básico caen en la indigencia y dependen de la caridad, y cuando todo esto sucede por razones que las víctimas más desfavorecidas no pueden entender, que tienen que ver con las maquinaciones de élites distantes que luego escapan a la rendición de cuentas e incluso siguen prosperando, la gente se desespera. Se enojan. Exigen soluciones drásticas. Y buscarán líderes que prometan mejorar su situación y castigar a aquellos a quienes culpan de su sufrimiento. Mirarán con lupa a los líderes que tienen; después de eso, quizá busquen líderes en otra parte. A veces se les ocurrirán alternativas fantasiosas, inspiradas o grotescas.

Cuando la Depresión golpeó al pueblo estadounidense, su presidente era el republicano Herbert Hoover, que había comenzado su presidencia como una figura muy apreciada, con un historial de brillante ingeniero y gestor con muchos conocimientos económicos. Hoover era considerado un humanitario y emprendedor que había descubierto la manera de llevar alimentos a las zonas catastróficas de Europa tras la Primera Guerra Mundial durante su mandato al frente de la Administración Alimentaria. Aunque nunca había sido elegido para un cargo público, ganó con facilidad las elecciones de 1928.

Por todo ello, sorprende (y consterna) pensar en la trayectoria política general de Hoover. Muchos presidentes estadounidenses experimentaron altibajos en su popularidad, pero es difícil pensar en una caída pública tan dramática como la de Hoover, que pasó de entrar en la Casa Blanca como una figura ampliamente admirada a abandonarla pocos años después, tras un mandato, desacreditado por completo, como el presidente menos popular de la historia moderna de Estados Unidos (hasta que ese récord fue superado, en noviembre de 2008, por el presidente saliente George W. Bush, que llevaba dos mandatos). La derrota de Hoover en 1932 frente a Franklin D. Roosevelt fue la mayor victoria aplastante en la historia electoral de Estados Unidos (aunque Roosevelt batiría ese récord en las siguientes elecciones, en 1936). El Partido Republicano fue incapaz de recuperar la presidencia durante veinte años, y cuando volvió al poder lo hizo de una forma muy diferente, y en un contexto totalmente distinto.

Es importante señalar que, aunque ahora llamamos a este periodo «la Gran Depresión», muchos estadounidenses de la época la llamaron «la Depresión Hoover». La gente asociaba directamente su sufrimiento y desesperación con el propio presidente. Los que tenían que vivir en campamentos miserables y colonias populares los llamaban «Hoovervilles» y enarbolaban pancartas que exhortaban a los transeúntes a ayudar porque «los tiempos difíciles se ciernen (*hoovering*) sobre nosotros».

Los historiadores debaten de manera acalorada hasta qué punto eran justas estas críticas a Hoover, dado que él no provocó personalmente la quiebra de Wall Street y no podía solucionar por sí solo los profundos problemas del sistema económico que causaron la Depresión. Pero no cabe duda de que Hoover no abordó, ni siquiera tuvo realmente en cuenta, el sufrimiento del pueblo estadounidense. Su respuesta a la Depresión sugiere que nunca llegó a comprender lo que había sucedido o lo que significaba. La crisis pareció paralizarlo. Cualquier análisis del liderazgo, y cualquiera que intente comprender qué hace que los líderes políticos triunfen o fracasen en tiempos de crisis, debe explicar el fracaso (y fue un claro fracaso) de este hombre con un talento y una capacidad tan aparentes.

Hoover tenía sus cualidades como ejecutivo, pero a la hora de hacer frente a la Gran Depresión, era el hombre equivocado en el momento equivocado para el trabajo equivocado. No ayudó, por ejemplo, que fuera del todo inflexible. El dogmatismo no es necesariamente malo, ¡depende del dogma! Este no fue el caso de Hoover, que se negó siquiera a contemplar la posibilidad de que la gravedad de la Depresión pudiera tener algo que ver con el sistema económico de Estados Unidos, o con las prácticas de Wall Street, o con las políticas de su propio gobierno, o con el comportamiento de la comunidad empresarial. Incapaz o reacio a reconocer o admitir los problemas estructurales de la economía, la respuesta de Hoover a la crisis fue una combinación de displicencia y labia, y no tenía la habilidad política ni el carisma personal para lograrlo. Su administración sí que tomó medidas, la mayoría a favor de los bancos, y no fue un presidente totalmente inactivo, pero lo que él y su administración hicieron no fue suficiente y no se involucró todo lo que debía y con el alcance necesario, porque no se dio cuenta de lo que debía involucrarse y del alcance que debía tener. Insistió en que la incapacidad para salir de la Depresión era el resultado de una «crisis de confianza», lo que significaba que todos, desde las grandes empresas hasta los ciudadanos de a pie, seguían confundidos y temerosos de invertir su dinero, y definió esto como «miedo y aprensión». Tratando de minimizar la Depresión, hizo declaraciones optimistas, como «la prosperidad está a la vuelta de la esquina». Pero su optimismo nunca llegó a convencer. Más bien al contrario, parecía insensible e indiferente.[2]

Hoover, incapaz de ver los defectos del sistema económico estadounidense, estaba convencido de que la crisis tenía todo que ver con el sistema financiero internacional, y se sintió reivindicado en su opinión cuando las economías europeas se hundieron en 1931. No se equivocaba del todo, pero a los estadounidenses en apuros no les servía de nada que a la gente de Europa o Iberoamérica también le fuera mal. Los europeos no podían protegerse porque habían vinculado sus economías, como el resto del mundo capitalista, a Wall Street.[3]

Hoover apenas se dio cuenta de todo esto y entendió aún menos. Para él, el papel de un presidente en una crisis de este tipo era «ayudar a la economía», pero no convertirse en un actor de pleno derecho en ella. En este sentido, era una figura política convencional de su época. Un conservador típico, creía que mantener un presupuesto equilibrado era la base de una economía sana y una cuestión de «confianza pública», y se negó a apartarse de este principio. Pero era un principio equivocado al que aferrarse. No hace falta ser un economista keynesiano para comprender que el gobierno federal de Estados Unidos era entonces demasiado pequeño para proporcionar la ayuda y la intervención que la economía necesitaba desesperadamente.

Hoover, a pesar de todos sus conocimientos, carecía de una comprensión básica del funcionamiento de la economía moderna. Desde una perspectiva comparativa, cuando se produjo la reciente crisis financiera de 2008-2009, los responsables políticos y los expertos contaban con la experiencia de la Gran Depresión, y la profesión económica, las personas a las que se paga generosamente por predecir estas cosas y explicar después por qué sucedieron, ya habían aprendido mucho. Sin embargo, incluso con toda esta experiencia y precedentes, nuestros economistas más famosos y sofisticados, incluidos aquellos a los que nuestros políticos les hacían caso, no supieron predecir la crisis, y después se reafirmaron en sus dogmas. Nuestros líderes políticos tomaron malas decisiones antes, durante y después del colapso.[4] Los líderes de principios de los años treinta no tenían una experiencia equivalente, por lo que el listón en su caso debe ponerse más bajo. Había habido varias crisis en el pasado, pánicos, desaceleraciones y quiebras bancarias, sobre todo en 1873, cuando el auge de la construcción de ferrocarriles se convirtió en una quiebra, desencadenando un colapso financiero, pero nada parecido a lo que ocurrió en la década de los años treinta.[5] Los líderes tuvieron que imaginarse una salida de la crisis, guiados por sus instintos, valores y ambiciones.

En una crisis, lo más importante es la respuesta efectiva del líder. Hay problemas reales que resolver y que exigen medidas concretas. Pero la percepción pública también es importante para un buen liderazgo. En este sentido, el caso de Hoover también es instructivo. Tenía un buen estilo de gestión. Fue lo que lo hizo ser elegido en primer lugar. Como político, era presentable y digno, pero si se revisa la situación, había señales de advertencia. Parecía un hombre frío en público. Nunca le gustaron las multitudes ni los contactos superficiales con otros políticos. Era un orador aburrido, rara vez sonreía y, cuando lo hacía, no era una sonrisa que iluminara el lugar.

Algunos de estos elementos son algo innato y están fuera del control del líder; otros se pueden trabajar. Pero Hoover tenía una concepción limitada de la conexión entre la personalidad y el público, en un momento en que eso era cada vez más importante, con el auge de la política y los medios de comunicación de masas. Y quizá lo peor de todo es que, en un momento de inmensa incertidumbre, y cuando la propia sociedad parecía desmoronarse, parecía insensible al sufrimiento de la gente. Hoover era dolorosamente incapaz de mostrar empatía, incluso de fingirla. No solo era incapaz de mostrarla, es que carecía de ella.

No hubo mejor ejemplo de las limitaciones de Hoover como líder, ni peor presagio para su futuro, que su gestión (o mala gestión) de la «Marcha del Ejército del Bonus» a mediados de 1932. Unos 43 000 veteranos del Ejército que habían luchado en la Primera Guerra Mundial quince años antes, muchos de los cuales se encontraban ahora sin hogar y sin empleo, se reunieron en Washington D. C. Tanto entonces como ahora, los veteranos solían estar desatendidos, y se les homenajeaba en tiempos de guerra, pero se les abandonaba a su suerte para que sufrieran las cicatrices físicas y psicológicas de la batalla mientras el resto de la sociedad seguía adelante. En 1932 su situación era especialmente sombría. Desesperados y sin trabajo, con sus familias hambrientas a cuestas, los veteranos exigieron al gobierno federal el pago de una bonificación prevista para 1945, trece años más tarde. Su argumento era claro: no necesitamos ese dinero dentro de trece años. Lo necesitamos ahora.

Hoover se opuso a su demanda, y el Senado lo apoyó. Desde un punto de vista puramente económico, la decisión tenía sentido: las prestaciones a los veteranos ya ocupaban alrededor del 25% del presupuesto federal de 1932, y concederles un pago anticipado habría significado que se estarían saltando la fila, por delante de otros estadounidenses que sufrían y que no merecían menos ayuda. La postura de Hoover era «lógica». Pero no era momento para la lógica.

Tras el voto negativo del Senado, la mayoría de los veteranos aceptó lo ocurrido y volvió a casa o siguió vagando por el país. Pero unas 10 000 personas se quedaron viviendo en una especie de campamento y en edificios gubernamentales abandonados. Hoover ordenó que se les proporcionaran catres, mantas y suministros básicos (aunque poca gente lo sabía). Sin embargo, su presencia constante a pocos pasos de la Casa Blanca era una vergüenza para el presidente, una fuente de vergüenza para la nación y para un gobierno que era incapaz de atender a sus ciudadanos que más se habían sacrificado y eran víctimas de una crisis que no era culpa suya.

Finalmente, el 28 de julio, la situación empeoró. La policía local recibió la orden de desalojar campamentos en lugar de esperar a que los veteranos se fueran a su propio tiempo. Cuando algunos de ellos volvieron al campamento, la policía les disparó, matando a dos hombres: William Hushka y Eric Carlson. Hushka era un inmigrante de Lituania y tenía veintidós años en 1917 cuando vendió su carnicería en San Luis para alistarse en el Ejército y luchar para «lograr un mundo seguro para la democracia». Carlson, padre de familia de Oakland, California, había sobrevivido por poco a la brutal guerra de las trincheras del norte de Francia. Eran el tipo de hombres que en 1932 habían estado lo bastante desesperados como para hacer el viaje a la capital de la nación para pedir ayuda a sus líderes, solo para morir tiroteados por quienes se suponía que debían protegerlos.

Tras el tiroteo, la policía entró en pánico y pidió ayuda federal a la Casa Blanca. En lugar de reaccionar con calma, Hoover perdió el rumbo. Se había convencido a sí mismo de que la criminalidad y la agitación comunista desempeñaban un papel en la protesta del Bonus Army (en realidad, aunque los activistas comunistas intentaron implicarse, los veteranos los rechazaron de forma abrumadora). Consideró que el acontecimiento era una señal de anarquía en potencia. Llamó al general Douglas MacArthur, que rápidamente reunió un ejército dirigido por los generales George S. Patton y Dwight D. Eisenhower. Estos tres futuros comandantes condecorados de la Segunda Guerra Mundial concentraron sus miras, y su armamento, en los hambrientos veteranos y sus familias.

Esa tarde, al mando de MacArthur, el 12.º Regimiento de Infantería y el 3.º Regimiento de Caballería, junto con cinco tanques comandados por Patton, formaron en la Avenida Pennsylvania. Miles de empleados federales se alinearon en la calle para contemplarlo todo, pensando que se trataba de un desfile patriótico. Los Bonus Marchers vitorearon a los militares, creyendo que los soldados estaban allí para honrarlos como veteranos. Pero MacArthur ordenó a la caballería que los atacara. Después, la infantería entró en los campamentos y derribó los refugios improvisados. Los veteranos huyeron a través del río Anacostia a su campamento más grande, y solo entonces Hoover ordenó detener el asalto, orden a la que MacArthur hizo caso omiso. En la violencia y el caos, cincuenta y cinco veteranos resultaron heridos.

Una mujer abortó. Un bebé de doce semanas llamado Bernard Myers murió, víctima del ataque con gas lacrimógeno del ejército. Las tropas quemaron el campamento hasta

Veteranos del Bonus Army en el pasto frente al Capitolio, Washington D. C., 13 de julio de 1932. (Niday Picture Library/ Alamy Stock Photo).

los cimientos, y las imágenes quedaron grabadas para tener una fama perenne.

Buena parte del país se mostró furioso. Aunque lo ocurrido no fuera culpa directa de Hoover, su instinto frío y tecnocrático lo había llevado a ver al Bonus Army como una bola de alborotadores y subversivos en lugar de como lo que realmente era: víctimas, que preferirían no haber estado allí, para empezar. Hoover no hizo nada para castigar a los generales por su violencia contra los ciudadanos estadounidenses y los veteranos del Ejército, a pesar de que el general MacArthur se había saltado descaradamente sus órdenes. La debacle del Bonus Army no fue lo único que erosionó lo poco que quedaba del apoyo público de Hoover, pero fue un buen sím-

El campamento de los Bonus Marchers envuelto en llamas después del ataque del Ejército, 28 de julio de 1932. (Signal Corps/National Archives)

bolo de su liderazgo reaccionario e insolidario ante la crisis. Cuando dejó el cargo lo despreciaban tanto como lo habían admirado pocos años antes.

Hay un divertido dibujo (de Peter Arno) que debía aparecer en la portada del número del *New Yorker* del 4 de marzo de 1933, pero que nunca llegó a publicarse. Representa la procesión inaugural hacia el Capitolio del recién elegido presidente Franklin Delano Roosevelt y muestra a Roosevelt y a Hoover juntos con sombreros de copa montados en un coche. Esta tradición decimonónica, una gran favorita de los medios de comunicación, obliga al vencedor y al perdedor de las elecciones presidenciales a compartir un incómodo viaje en coche descubierto hasta la ceremonia de investidura en Washington D. C., en una pomposa muestra de «bipartidismo». En la ilustración de Arno, como en la realidad, Hoover muestra un aspecto hosco. Roosevelt, con la cabeza vuelta hacia la multitud, muestra una sonrisa absurda y caricaturesca.

La ilustración de Arno pretendía burlarse un poco de ambos individuos, al modo esnob clásico del *New Yorker*. Pero también capta la imagen que se tenía de los dos líderes en aquella época. La expresión de Hoover es básicamente la esencia lúgubre de su enfoque de la Gran Depresión. En cuanto a Roosevelt, su comportamiento demasiado entusiasta era un guiño a la suposición de que un hombre con sus antecedentes sería todavía menos eficaz que Hoover a la hora de hacer frente a la Depresión.

Roosevelt era un aristócrata estadounidense de la acaudalada zona del valle del Hudson, en el estado de Nueva York, mientras que Hoover había crecido en pequeñas ciudades de Iowa y Oregón y había salido adelante a partir de un origen modesto. A diferencia de este que había destacado en sus estudios y en su vida profesional antes de dedicarse a la política, Roosevelt había sido un estudiante mediocre en Harvard y una persona de la alta sociedad a tiempo completo. No consiguió graduarse en la Facultad de Derecho de Columbia y quiso dedicarse a la política, con la idea de convertirse en presidente; su inspiración fue su primo lejano Theodore (Teddy) Roosevelt, el vigésimo sexto presidente de Estados Unidos. Pero aparte de un apellido famoso y sus enormes privilegios, el joven Franklin parecía tener poco a su favor. Solo cuando se metió en política, aparentemente por pura ambición personal y privilegio, fue el momento en el que comenzó a mostrar verdadero talento y potencial de liderazgo. Como ayudante del secretario de Marina en el

La ilustración de Peter Arno que muestra a FDR y a Herbert Hoover dirigiéndose al nombramiento de FDR, marzo de 1933. (Granger Historical Picture Archive/ Alamy Stock Photo)

gobierno de Woodrow Wilson durante la Primera Guerra Mundial, y más tarde como gobernador de Nueva York, cargo que ocupaba cuando se produjo el desplome de 1929, adquirió una valiosa experiencia, forjándose un perfil nacional y una reputación de político dinámico y progresista. Pero incluso cuando llegó a la Casa Blanca, una victoria que muchos consideraban que se debía sobre todo a la terrible crisis económica y a la ineptitud de Hoover, Roosevelt siguió teniendo fama de oportunista, evasivo, indirecto e incluso de ser un pensador perezoso y poco serio.

Entonces, ¿cómo es que un presunto peso ligero como Roosevelt se convirtió en una figura mítica en la historia presidencial de Estados Unidos, a la que el electorado estadounidense votó repetidamente, hasta el punto de que tras su muerte se establecieron por primera vez límites a los mandatos para que ninguna persona pudiera ocupar la presidencia durante tanto tiempo?

A uno de los historiadores estadounidenses más influyentes del siglo XX, Richard Hofstadter, le fascinaba esta cuestión. Hofstadter, que alcanzó la mayoría de edad en la década de 1930, cuando Roosevelt ocupaba la presidencia, creía que una de las cosas que transformó a este presidente fue la adversidad; en concreto, haber contraído la polio en 1921, cuando ya tenía treinta y nueve años. Pasó varios años recuperándose y necesitó una silla de ruedas el resto de su vida. En una época anterior a los medios de comunicación visuales, pudo ocultar su discapacidad a la mayoría de los estadounidenses. Hofstadter especuló con la posibilidad de que este calvario reforzara el carácter de Roosevelt, haciendo que el antiguo niño mimado perteneciente a una fraternidad universitaria con ansias de privilegios comprendiera el sufrimiento de los demás, en especial el de los débiles y vulnerables.

Hofstadter era un liberal de la época de la Guerra Fría y sentía una profunda hostilidad hacia lo que consideraba ideologías «totales» o radicales, incluidos el fascismo y el comunismo, y para él, uno de los principales ingredientes del éxito de Roosevelt era precisamente aquello de lo que lo habían acusado sus críticos: flexibilidad ideológica sin compromisos básicos.[6] Muchos historiadores han discrepado en los últimos años de esta visión un tanto condescendiente de FDR, pero este era el prisma a través del cual dos generaciones de estudiosos veían su presidencia; en lugar de fijarse en la sustancia de su liderazgo político, con frecuencia se centraban en su personalidad. Según esta interpretación, muchas de las características de Roosevelt que antes parecían debili-

Franklin D. Roosevelt a los cinco años con su madre, Sara, Nueva York, 1887. (Franklin D. Roosevelt Library/National Archives and Records Administration)

dades resultaron ser fortalezas, cualidades necesarias para liderar con éxito una crisis.

Por ejemplo, se ha hablado mucho de la educación aislada de Roosevelt, que a él pareció funcionarle y que le proporcionó un creíble sentido de seguridad en sí mismo como adulto. Recibió clases particulares desde pequeño, y su madre siempre le dijo lo especial que era, lo mantuvo apartado de los niños menos principescos, lo vestía y lo fotografiaba con atuendos extravagantes... Este tipo de educación podría haber convertido a cualquiera en un adulto egocéntrico, socialmente inepto y con poca consideración por los demás. De alguna manera, en el caso de Roosevelt, eso le proporcionó una confianza innata y lo protegió una vez estuvo en una posición de poder. Era como si pudiera funcionar en una especie de burbuja, imperturbable ante el caos que lo rodeaba. Con lo que resultó ser un fuerte sentido del bien público combinado con un indomable espíritu de lucha y una vena de crueldad, Roosevelt resultó ser una fuerza política como sus contemporáneos no habían visto.

Hofstadter utilizó el término francés *noblesse oblige* para describir la actitud que Roosevelt compartía con su esposa (y prima) Eleanor, que también tuvo una educación privilegiada y protegida y una impresionante (y larga) carrera pública. Implicaba la idea de que, desde una posición de nobleza, uno reconoce su inmenso privilegio y lo ve como un motivo de peso para trabajar por los demás, haciendo hincapié en la idea de que los miembros más y menos privilegiados de la sociedad comparten un destino común, y que la «interdependencia» (como la llamaba Roosevelt) beneficiaría a todos.

Los historiadores han escrito mucho sobre la poderosa y desigual coalición de votantes del New Deal (Nuevo Trato) que le sirvió a Roosevelt para ganar una elección tras otra y que estaba formada por trabajadores industriales, agricultores rurales, afroamericanos, minorías religiosas, sureños blancos e inmigrantes urbanos, y que siguió constituyendo la base electoral del Partido Demócrata durante más de treinta años. Pero quizá la característica más llamativa del éxito político de Roosevelt fue que se convirtió en un admirado defensor de los estadounidenses más pobres y, al mismo tiempo, en la bestia negra de muchos de los más ricos y poderosos, que lo consideraban un tirano peligroso y, quizá lo peor de todo, un traidor a su clase.

Lo que a Roosevelt le faltaba en ideas fijas y convicción ideológica lo compensaba con una energía política sin límites. Sus primeros cien días en el cargo se han convertido en materia de mitología política: sin duda, los tres primeros meses más importantes de cualquier administración presidencial desde la de Abraham Lincoln. El New Deal de Roosevelt, el largo y elaborado conjunto de políticas que pretendían poner fin a la Depresión mediante grandes inversiones públicas y poniendo a los estadounidenses a trabajar, transformó la política y la economía estadounidenses (y mundiales). Aunque no alcanzó necesariamente sus objetivos en términos puramente «económicos» (es decir, la economía estadounidense siguió «deprimida» durante toda la década de 1930), logró algo más importante: dio esperanzas a la gente, le devolvió la moral y la autoestima y le mostró un tipo de liderazgo que anteponía el interés público. A lo largo de su presidencia, Roosevelt fue capaz de convencer a una pluralidad del pueblo estadounidense, a través de una amplia muestra demográfica y geográfica, de que se preocupaba por su bienestar material y social, y de que estaba dispuesto a luchar por ellos. Este espíritu de lucha le ayudó no solo en sus cuatro carreras presidenciales, sino también en las elecciones al Congreso, donde disfrutó de una mayoría constante y de apoyo durante todo su mandato.

El optimismo de FDR y su entusiasmo juvenil eran producto de su educación y temperamento, y se convirtieron en la esencia de su programa político. Sin realmente aprender de nadie, fue capaz de transmitir su confianza a la nación. Fue uno de los primeros políticos estadounidenses en hacer un uso generalizado de la radio, y tenía un don natural para ello: las famosas conversaciones junto al fuego, en las que Roosevelt hablaba de forma coloquial sobre sus políticas, daban al público la sensación de que su administración sabía lo mal que le iban las cosas a la gente, la escuchaba y actuaría siempre en su favor.

FDR tenía una habilidad especial, muy difícil de analizar o emular, para hacer que sus vagas perogrulladas optimistas calaran (incluso para la posteridad), mientras que las de Hoover, no muy diferentes, fracasaban y se recordaban con sorna. No está del todo claro por qué cuando Hoover dijo «la prosperidad está a la vuelta de la esquina» a la gente le pareció algo absurdo, pero cuando FDR dijo (en su primer discurso de investidura) que «no tenemos nada que temer salvo al propio miedo» a la gente le pareciera una frase inspiradora. Puede que tuviera algo que ver con la energía de Roosevelt, su forma de hablar, un cierto carisma del que carecía Hoover, y la impresión que dio desde el principio de su presidencia de que tenía la intención de pasar de las palabras a los hechos, cosa que Hoover no había cumplido. Pero también se debía a la sensación que transmitía de que sentía una responsabilidad personal, como presidente y líder, respecto a cómo le iba a la gente. Puede que no hayamos nacido con las ventajas de Roosevelt ni seamos capaces de igualar sus habilidades políticas, pero hay algo que podemos aprender de él sobre el liderazgo de éxito: creó buenas políticas que estaban a la altura de su elevada retórica y satisfacían las necesidades reales de la gente que luchaba en tiempos de crisis, y lo hizo de un modo que dejaba claro que lo que estaba en juego, para él, no era meramente político, sino también personal. De este modo, Roosevelt pudo eliminar problemas serios (e infravalorados), no solo a su propio liderazgo o a su presidencia, sino al propio sistema económico y político estadounidense.

Probablemente, la amenaza más importante en la década de 1930 para la presidencia de Roosevelt, e incluso para el propio sistema político estadounidense, fue Huey Long, de Luisiana, también conocido como Kingfish. Ninguna figura política estadounidense de la época (aparte de FDR) fue más llamativa ni causó mayor impresión en la gente. La imagen que tenemos de este controvertido hombre, filtrada a través de las pocas grabaciones suyas que han sobrevivido, es la de un orador altisonante, de rostro desorbitado y cabellos alborotados, que gesticulaba de forma extravagante ante su audiencia cautivada y les comunicaba a gritos con un marcado acento sureño sus grandes planes, entre los que se incluían frenar la codicia de los estadounidenses más adinerados, enfrentarse a las grandes compañías petroleras, redistribuir la riqueza y asegurarse de que la economía estadounidense funcionara para todos, de modo que «nadie fuera demasiado grande, nadie fuera demasiado pequeño, nadie fuera demasiado rico, nadie fuera demasiado pobre».[7] Debemos echar un vistazo a la carrera de este líder para ver a qué fuerzas políticas y sociales tuvo que enfrentarse Roosevelt y cómo superó tales retos para mantenerse en el poder.

Long, un ambicioso abogado procedente de un pueblo modesto y pequeño, fue elegido gobernador de Luisiana en 1928, un año antes del desplome de Wall Street. Tras su primer mandato, un periodo agitado en el que su estrella cayó y volvió a subir, y con el país sumido en una crisis económica, Long pasó de la política estatal a la nacional. En 1932, al mismo tiempo que Roosevelt ganaba la presidencia, Long era elegido senador demócrata por su estado. Sin embargo, además de hacerse famoso en Washington como un irritante latoso, mantuvo el control absoluto de la política de Luisiana: mangoneó y menospreció al gobernador elegido (en realidad, era una marioneta del propio Long), dictó leyes en la legislatura estatal, nombró a sus cómplices para puestos clave, intimidó a críticos y oponentes, y dejó claro que no toleraría que se pusieran trabas a su agenda política o personal.

Long era muy popular entre los pobres, tanto en su propio estado (muy afectado por la Depresión) como en el resto del país. No es difícil comprender por qué. Les explicaba por qué el país estaba en depresión y por qué ellos sufrían. Nombró culpables y propuso soluciones. Sus discursos, tanto en persona como en la radio (él también era bueno en ese medio) enfurecían a sus oyentes y los entretenían. Les hablaba en un lenguaje que entendían bien, y utilizaba metáforas con las que se sentían identificados en sus vidas, y les hacía sentir como si fuera uno de ellos. Insistió, en los momentos más oscuros de la Depresión, en que haría «de cada hombre un rey, para que no existiera un hombre o una mujer que no

El senador por Luisiana Huey P. Long en 1934. (Harris & Ewing Collection/Library of Congress)

tuviera lo necesario para vivir, que no dependiera de los caprichos de los barones financieros para vivir», y a la gente que vivía en una pobreza aplastante, así como a muchos que habían sido expulsados de la clase media, les dio la esperanza de que podrían llegar a tener poder, y se aseguró de que entendieran que él era el único hombre que podía lograrlo.[8]

Aunque Long era claramente un sureño y formaba parte de una larga tradición política populista del sur de Estados Unidos, mucha gente del mundo reconocerá a alguien de su tipo: el político que arremete contra la clase dirigente, que habla en nombre del «pueblo», que promete arreglar el sistema roto y ayudar a los olvidados, y a cambio exige sumisión a su autoridad. Los medios de comunicación y los académicos occidentales suelen referirse a estas figuras políticas como populistas. Hay algo de cierto en ello, pero el problema con el término «populismo» hoy en día es que se usa por flojera como sustituto de una serie de características políticas y personales, como el autoritarismo, la xenofobia, el fanatismo patriótico, el fascismo, el racismo y el machismo. El término «populista», cuando aparece en los medios de comunicación o incluso en el mundo académico, es casi siempre un peyorativo, que con frecuencia solo significa cualquier tipo de política que los liberales odian y los conservadores temen, y se basa en gran medida en lo que los líderes dicen (y en cómo lo dicen) y no en lo que hacen. Un político que propone aumentar los impuestos a los multimillonarios y otro que pide la deportación de los inmigrantes suelen ser tratados como dos tipos paralelos de «populistas», aunque el fondo de sus programas no podría ser más diferente.[9]

Huey Long era realmente un populista, en el sentido histórico preciso del término. Era un heredero del Partido Populista original de finales del siglo XIX en Estados Unidos, que se centraba (al menos en su visión de sí mismo) en proteger a los agricultores rurales y a las comunidades locales de las fuerzas de los poderes nacionales centrales y de los mercados financieros lejanos. A diferencia de muchos de los llamados populistas de nuestros días, la principal razón por la que tanta gente quería a Long no era solo por lo que decía, sino por lo que hacía. O más bien, para ser precisos, porque, al igual que Roosevelt, decía lo que hacía y hacía lo que decía.

Durante una grave crisis económica, lo que más preocupa a la mayoría de la gente es la supervivencia y los beneficios materiales. A Long no le importaban los modales, el civismo o la respetabilidad, porque a sus electores tampoco les importaban esas cosas. Les importaban los resultados. Gracias a Long, los obtuvieron. Cuando Long se convirtió en gobernador de Luisiana, el estado solo tenía 476 kilómetros de carreteras de cemento, 56 kilómetros de carreteras de asfalto, 9 000 de caminos de grava y tres puentes principales, ninguno de los cuales cruzaba el río Mississippi. Solo siete años después, en 1935, cuando Long fue asesinado tras gobernar el estado como si fuera su feudo, este tenía 4 000 kilómetros de carreteras de cemento, más de 2 000 kilómetros de carreteras de asfalto, más de 15 000 kilómetros de caminos de grava y más de cuarenta puentes principales.[10]

Este tipo de progreso durante los peores años de la Depresión fue la prueba, para mucha gente, de que Huey Long era un hombre que no se limitaba a hablar, sino que cumplía lo que decía. Mejoró la vida de la gente de forma directa y concreta. Luisiana era un estado desesperadamente pobre cuando Long fue elegido por primera vez, y siguió siéndolo después de su muerte. Hoy sigue siendo pobre. Pero Long dejó al estado, y a sus habitantes, en mejores condiciones de las que los encontró.

Pero mientras los partidarios de Long veían a un héroe que los protegía de la avaricia de los barones financieros y se preocupaba por su bienestar en los peores tiempos, las élites estadounidenses, los editores de revistas de Nueva York, los profesores de Cambridge y New Haven, los grupos cerrados de Washington, los magnates de los negocios de todo el mundo, veían algo mucho más siniestro y aterrador. Veían a un hombre que los amenazaba a ellos y a las cosas que más valoraban. La Depresión provocó una enorme desilusión mundial con la democracia liberal y el capitalismo, que muchos, incluso en Estados Unidos, consideraban los culpables de la crisis. Cualquiera en los años treinta que observara las consecuencias de la crisis en Europa se daría cuenta de que, mientras las democracias parlamentarias como la británica y la francesa se esforzaban por recuperarse, los dos países que parecían sobrevivir a la crisis, e incluso prosperar, eran la Alemania nazi y la Unión Soviética. Muchos estadounidenses, como otros ciudadanos de todo el mundo, veían a Hitler como un modelo político, mientras que otros pensaban que Stalin mostraba el camino a seguir. Comunistas y fascistas eran ideológicamente opuestos en todas las cuestiones importantes, y los dos movimientos estaban en guerra en lugares como España y Francia, pero en aquel momento parecía razonable suponer (y muchos intelectuales lo hicieron) que el futuro del mundo occidental no sería liberal y democrático, sino fascista o comunista.

De hecho, en este contexto, cuando la democracia liberal parecía tambalearse en todas partes, incluso en Estados Unidos, muchas élites norteamericanas veían a Long como un demagogo fascista que tenía el potencial de acabar con todo el frágil sistema. En sus revistas y en sus cenas, se referían a él como el Hitler o el Mussolini americano. Años más tarde, tras la Segunda Guerra Mundial, Long fue la inspiración para el personaje principal de la novela de Robert Penn Warren *Todos los hombres del rey* (1946); con Hitler y Mussolini sin duda en mente, la novela y la película de 1949 derivada de ella presentaban a Long como Willie Stark, un bravucón cínico y sediento de poder que tuvo un final merecidamente violento.

A los críticos de Long en aquella época les molestaba su lenguaje corporal y sus gestos, que les parecían una desagradable combinación de Hitler y un tipo borracho en una feria del condado. Otros lo veían como una especie de comunista. Dependía del tipo de amenaza que creyeran que representaba. Algunos tenían buenas razones para temerle. La Standard Oil Company estaba acostumbrada a dirigir Luisiana (y otros estados del Golfo) como si fuera una extensión de su negocio, y los predecesores de Long con frecuencia no hacían más que aprobar sus deseos con decretos apropiados. Long dejó claro que esos días acabarían con él en el cargo, lo que le granjeó la enemistad eterna de esas empresas y sus servidores políticos.

Pero al impulsar su agenda, Long actuó como un individuo autoritario con poco respeto por las instituciones democráticas, excepto como medio para ser elegido y ejercer el poder. Tanto los liberales como los conservadores moderados tienden a venerar y fetichizar las instituciones, como los órganos legislativos y los tribunales superiores, y las consideran el fundamento y la esencia de una sociedad democrática, o el único medio posible de promover sus programas políticos. Para ellos, Long era un tirano demagogo y corrupto, y no les faltaba razón: despreciaba a cualquiera que intentara ponerle freno, y se comportaba como un dictador en su estado mientras argumentaba que lo que importaba era lo que era mejor para el pueblo y que aquellos que se enfrentaban a él lo hacían para perjudicar a la gente, al pueblo que solo él representaba.

Pero ¿qué sentido tiene la «democracia» en una época de terribles dificultades ecológicas y de una gran pobreza? Este es el mismo enigma al que nos enfrentamos hoy en gran parte del llamado mundo en desarrollo, que tiene mucho en común con la Luisiana de los años treinta. Si uno viajara del Upper East Side de Manhattan a la Luisiana rural de los años treinta y advirtiera a los partidarios de Long de los peligros del autoritarismo y de que Long no respetaba las instituciones ni el proceso democrático, los lugareños podrían responder diciendo que esas cosas están muy bien, pero que él era el responsable de la construcción de la carretera que conectaba su pequeña granja con el pueblo cercano, o del hospital que salvó a su hijo, o de la escuela que, por primera vez en la historia, enseñaba a sus hijos a leer y escribir. Las compañías petroleras y los políticos establecidos que odiaban a Long y luchaban contra él con uñas y dientes no habían hecho nada por estas personas, que eran en gran medida invisibles para ellos, y si pensaban en ellos, era sobre todo como bárbaros a las puertas. La «democracia» no había hecho nada para proteger a esta gente de los efectos de una quiebra financiera en Nueva York.

¿Por qué los pobres de Luisiana o de cualquier otro lugar de Estados Unidos deberían dar prioridad a la «democracia» frente a los beneficios materiales, la ayuda durante una terrible Depresión y un líder que parecía preocuparse por ellos? La plataforma política nacional de Long, la Share Our Wealth (Compartir nuestra riqueza), que pedía crear más millonarios, proponía poner un tope a la riqueza de 5 millones de dólares (unos 111 millones en dólares de 2023) y proporcionar subsidios básicos de 5000 dólares (unos 111000 en 2023) a todas las familias para que pudieran tener «un hogar y las comodidades de un hogar, incluyendo un automóvil y una radio, las cosas que se necesitan en esa casa para vivir», era brillantemente ganadora.[11] Para los críticos de Long, sus propuestas estaban hechas al aventón y eran irrealizables. Pero esta crítica no era acertada. Long era popular e incluso querido entre los pobres porque sus discursos y programas abordaban un problema real (y permanente) en Estados Unidos, con el que se identificaban millones de personas, especialmente durante la Depresión: la desigualdad económica.

En septiembre de 1935, un joven médico de Luisiana, molesto por los métodos autoritarios de Long contra un juez que era miembro de su familia, mató al senador de un disparo. Long solo tenía cuarenta y dos años y, al parecer, estaba preparando su candidatura a la presidencia en 1936. Así terminó de forma abrupta una de las carreras más fascinantes de la política estadounidense, y el comienzo de una gran pregunta: ¿qué podría haber llegado a ser?

Long había tenido una relación turbulenta con FDR, pasando de aliado a crítico y a adversario, afirmando que el New Deal de Roosevelt no era suficiente para proteger al pueblo estadounidense y que solo el programa Share Our Wealth de Long podría lograrlo. Como demostró el historiador Alan Brinkley en su clásico libro de 1982 *Voices of Protest* [Voces de protesta], Long veía a Roosevelt como el mayor obstáculo en su camino hacia el poder nacional, y Roosevelt veía a Long como la amenaza más importante para su presidencia, e incluso para el propio sistema estadounidense, llamándolo «uno de los dos hombres más peligrosos de Estados Unidos» (el otro, según FDR, era el general MacArthur). El año electoral de 1936 iba a ser el gran enfrentamiento entre ellos y, quizá indirectamente, entre democracia y autoritarismo.[12]

Es imposible decir con seguridad qué habría ocurrido si Long hubiera vivido, pero lo cierto es que habría sido difícil para cualquiera, incluso para Long, derrotar a Roosevelt en 1936. Una razón es que muchos estadounidenses temían el autoritarismo de Long o despreciaban sus propuestas. Pero la razón principal es que Roosevelt era simplemente un presidente demasiado exitoso, un político demasiado hábil. Por muy popular que fuera Long entre los pobres, Roosevelt también lo era, y de manera extraordinaria. De hecho, el mayor problema de Long como candidato habría sido que era querido por mucha gente que también quería a Roosevelt, incluso en el sur.

En última instancia, el mayor instrumento político de Roosevelt como líder, y que le sirvió para defenderse del desafío de Long (y de otros), fue el New Deal, y su capacidad para conseguir que el público identificara con él las políticas que les ayudaban en tiempos desesperados. No se enfrentó a Long, ni lo criticó, ni ignoró los problemas (reales) que planteaba; no se molestó en advertir a la opinión pública sobre el autoritarismo de Long, ni lo comparó con Hitler, ni se limitó a tacharlo de «demagogo» como hicieron tantos otros, entonces y después. En vez de eso, en una brillante táctica de liderazgo, lo incorporó a sus políticas. El llamado Segundo New Deal, que su gobierno lanzó en 1935, fue en cierto modo una respuesta inteligente a la insurgencia política de Long.

El objetivo oficial del New Deal era estimular la economía estadounidense, pero probablemente su característica más importante fue lograr que la gente tuviera trabajo (haciendo, en lo esencial, cualquier cosa), poner dinero en sus bolsillos y restaurar el tejido básico de la sociedad. El New Deal transformó por completo el tejido social, la economía, las infraestructuras y el paisaje físico del país. Incluyó enormes obras y proyectos públicos, como la Tennessee Valley Authority. Los trabajadores y agricultores estadounidenses dependían de la National Recovery Administration y de la

Works Progress Administration, a las que llegaron a querer. Los músicos del folk y del *blues*, negros y blancos, escribieron canciones que alababan estas instituciones.[13] Roosevelt y sus funcionarios sabían que los artistas y escritores desempleados también necesitaban comer, y con sabiduría los pusieron a trabajar para su gobierno, pintando, ilustrando, escribiendo, fotografiando y documentando el impacto de la Gran Depresión y el New Deal en el pueblo estadounidense, a través de agencias tan importantes como el Federal Art Project. De este modo, FDR se ganó la gratitud y lealtad de numerosos estadounidenses de talento que luego apoyaron y promovieron su programa y convirtieron el New Deal, un programa económico, en una atractiva institución cultural. En lo político, todas estas medidas fueron el escudo protector de Roosevelt. Y dejaron un importante legado que, a pesar de los intentos de sucesivas generaciones de políticos de los dos grandes partidos por desmantelarlas, hizo de Estados Unidos un país habitable para muchos de sus ciudadanos.[14]

El New Deal tuvo críticos vociferantes, antes y después. Desde la derecha, los ideólogos del «libre mercado», los antiestatales y varios opositores conservadores del New Deal insistieron en su supuesta incapacidad para rescatar la economía y lamentaron el poder que se otorgaba a sí mismo el gobierno estadounidense para dirigir e influir en esta.[15] A los grupos empresariales y a las grandes corporaciones les disgustó en especial el resurgimiento y la potenciación de los sindicatos por parte del New Deal, que habían podido destruir en gran medida en la década anterior con la ayuda de administraciones favorables a las empresas. Desde la izquierda, los marxistas consideraban que el principal objetivo de Roosevelt era salvar al capitalismo de una revolución socialista, lo que visto desde hoy día era improbable, pero dado lo que estaba ocurriendo en el mundo, no parecía descabellado en aquel momento. Más recientemente, los críticos liberales y neoliberales pusieron de relieve el modo en que el New Deal afianzó la discriminación racista por parte del gobierno federal; bajo la presión de los congresistas demócratas del sur, un componente crucial de la coalición del New Deal de Roosevelt, los programas favorecieron en ocasiones a los trabajadores y agricultores blancos, o excluyeron por completo a los afroamericanos, creando un inquietante legado que sobrevivió a su presidencia. Según el politólogo Ira Katznelson, en su obra *Fear Itself* [El propio miedo, 2013], fue un desafortunado pacto con el diablo, necesario para mantener la democracia en Estados Unidos y para acabar con las poderosas ideologías antiliberales que se impusieron en el mundo (y en el propio país) en la década de 1930.[16]

Desde un punto de vista puramente económico, el New Deal no consiguió sacar al país de la Depresión; solo la entrada de Estados Unidos en la Segunda Guerra Mundial en diciembre de 1941 pudo hacerlo, a través de un programa de gasto militar público masivo que empequeñeció cualquier cantidad que el gobierno hubiera gastado en todos los programas del New Deal juntos. (Más tarde veremos el resultado de esto). Pero esta crítica pasa por alto un punto crucial. Se nos dice constantemente que vivimos en una economía, y con frecuencia olvidamos que en lo que vivimos es en una sociedad. Esto es algo que Roosevelt siempre entendió, a diferencia de los últimos presidentes estadounidenses, y fue uno de sus mayores puntos fuertes como líder. Al proporcionar a la gente trabajo y seguridad, y reforzar los lazos sociales entre ellos, el New Deal elevó la moral, devolvió a la gente el sentido del orgullo propio y construyó la cohesión nacional. Algunas de sus leyes más importantes no tenían nada que ver con la economía *per se*; por ejemplo, la Ley de Seguridad Social, aprobada en 1935, no generó crecimiento, pero proporcionó una red de seguridad tanto financiera como psicológica. Del mismo modo, la Ley Nacional de Relaciones Laborales, también aprobada en 1935, no impulsó la economía en el sentido en que a los economistas de hoy les gusta medir las cosas, pero al proteger los derechos de los trabajadores a unirse al sindicato y a negociar colectivamente con sus empleadores y al tratar de acabar con las prácticas laborales abusivas en el mundo empresarial, reforzó la posición de los trabajadores en la economía estadounidense durante décadas.

Como líder, Roosevelt sabía, por temperamento, aunque no por intelecto, que los periodos de crisis eran una oportunidad para sacar adelante unas políticas que eran necesarias y que de otro modo jamás habrían logrado aprobarse. Cuando promulgó las dos medidas, el Partido Republicano las calificó de «socialistas» y «antiamericanas», e hizo una campaña agresiva en contra de ellas. Pero una abrumadora mayoría del público reconoció ambas leyes como lo que eran: una ayuda necesaria para quienes la necesitaban. La National Labor Relations Board (NLRB) ha perdurado hasta el presente, y la Seguridad Social ha seguido siendo un programa extremadamente popular, intocable, incluso entre muchos conservadores. Esta conectividad, la sensación de que el gobierno se interesaba por los ciudadanos fue también una de las razones por las que la sociedad estadounidense fue capaz de movilizar su frente interno con tanta rapidez y eficacia una vez que entró en guerra en Europa contra Alemania y en Asia contra Japón.

Como líder político, Roosevelt nunca se presentó como otra cosa que no fuera un capitalista comprometido y consideraba que su papel era proteger el sistema estadounidense. No era socialista ni comunista en el sentido en que se entendían esos términos en su época, aunque, en 2023, sus políticas del New Deal le hubieran llevado a ser tachado de «extrema izquierda» por la mayoría de los medios de comunicación e incluso por el Partido Demócrata. El Partido Comunista lo apoyó en las elecciones de 1936, y muchos de los propagandistas más entusiastas del New Deal eran comunistas o similares, pero Roosevelt no sentía ninguna afinidad con ellos, y su gobierno continuó la política federal de perseguirlos. Roosevelt tampoco era un héroe antirracista: estaba perfectamente dispuesto a sacrificar los derechos civiles en aras de su agenda más amplia, como cuando, durante la Segunda Guerra Mundial, su administración envió de forma vergonzosa e injustificada a ciudadanos estadounidenses de origen japonés a campos de internamiento en nombre de la «seguridad nacional» y el gobierno estadounidense inundó el país de propaganda racista en tiempos de guerra. El carácter implacable de Roosevelt como líder, que tan bien sirvió al público durante la Depresión, le aseguró repetidas victorias electorales y le ayudó a llevar a los Aliados a la victoria sobre Alemania y Japón en la guerra, tenía, es cierto, un lado oscuro.

Pero Roosevelt fue inmensamente popular entre los afroamericanos, así como entre otras minorías de Estados Unidos, no porque los engañara o los embaucara, sino porque sus políticas ayudaron a muchos de ellos en tiempos difíciles en extremo, y es probable que fuera uno de los pocos presidentes desde Lincoln bajo el que la vida de los afroamericanos mejoró de forma notable, aunque continuara la discriminación racista. La presidencia de Roosevelt fue también el comienzo del cambio de los votantes negros (al menos los que podían votar) del Partido Republicano (el partido de Lincoln) al Partido Demócrata, un proceso que se completó durante la presidencia de Lyndon B. Johnson en la década de 1960. Los afroamericanos respondieron de un modo positivo, y llegaron a desarrollar una lealtad hacia un líder que reconocía su sufrimiento y les ayudaba.

Al final, gran parte del éxito de Roosevelt (y de la supervivencia del sistema estadounidense) fue, quizá irónicamente, el radicalismo del propio New Deal, que debe entenderse en el contexto de una época en la que las ideas y los movimientos fascistas y comunistas se movían con confianza por todo el país, y Huey Long parecía (antes de su asesinato) encaminarse hacia el poder nacional. En el apogeo del New Deal, dio la impresión de que Roosevelt adoptaba un enfoque clasista de los problemas a los que se enfrentaba el pueblo, y sus discursos se volvieron estridentes e incisivos; por poner un ejemplo, su discurso sobre el Estado de la Unión de enero de 1936, que pronunció con las cercanas elecciones ya en el horizonte, incluía la frase «nos hemos ganado el odio de la codicia atrincherada».

Como siempre, lo que lo hizo políticamente poderoso fue que Roosevelt respaldó estas palabras con hechos. La Revenue Act de 1935 introdujo el llamado Impuesto sobre el Patrimonio (apodado de un modo ingenioso «Estruja a los ricos»), que gravaba hasta el 75% de las rentas más altas. Estos tipos impositivos, inimaginables hoy día en una época en la que los políticos estadounidenses nunca permitirían a sus principales donantes ni siquiera plantearse algo así, crearon un precedente para la fiscalidad progresiva que duró hasta los años sesenta y contribuyó a la era de auge de la economía estadounidense, una época de crecimiento sin precedentes no vista antes ni después. Este proyecto de ley no iba a suponer en sí mismo un gran cambio en la economía o en la vida de los pobres, al menos no en lo inmediato, pero tenía un considerable valor simbólico. Roosevelt, como líder, sabía utilizar el simbolismo como una poderosa herramienta, dejando claro para quién trabajaba y quién se interponía en su camino y en el de los intereses del pueblo.

No es difícil entender por qué los enemigos más acérrimos de Roosevelt y la gente que más lo odiaba solían ser personas de su propio entorno socioeconómico.[17] Roosevelt, por su parte, convirtió alegremente este antagonismo en un arma, y su campaña presidencial de 1936 no fue menos «populista» que cualquier idea que Long hubiera mostrado o dicho jamás. En la ocasión quizá más memorable, un mitin en el Madison Square Garden de Nueva York el 31 de octubre, Roosevelt recordó a su público y, por extensión, a todo el pueblo estadounidense, qué tipo de liderazgo había existido antes de su llegada a la Casa Blanca:

> Durante doce años, esta nación sufrió un gobierno que no oía nada, no veía nada y no hacía nada. La nación esperaba la ayuda del gobierno, pero el gobierno miró hacia otro lado. ¡Nueve años de burla con el becerro de oro y tres largos años de aflicción! ¡Nueve años locos en el teletipo y tres largos años en las filas del pan! ¡Nueve locos años de espejismo y tres largos años de desesperación! Unas influencias poderosas se

> esfuerzan hoy por restaurar ese tipo de gobierno con su doctrina de que el mejor gobierno es aquel que es más indiferente. Durante casi cuatro años han tenido una administración que, en lugar de no hacer nada, se pusieron manos a la obra. ¡Seguiremos trabajando con diligencia!

Roosevelt pasó hábilmente a hablar de lo que estaba haciendo y de dónde (y contra quién) estaba luchando:

> Teníamos que luchar contra los viejos enemigos de la paz: el monopolio empresarial y financiero, la especulación, la banca temeraria, el antagonismo de clase, el sectarismo, la especulación bélica. Habían empezado a considerar el gobierno de los Estados Unidos como un mero apéndice de sus propios negocios. Ahora sabemos que el gobierno del dinero organizado es tan peligroso como el gobierno de la mafia organizada. Jamás en toda nuestra historia estas fuerzas han estado tan unidas contra un candidato como lo están hoy. Son unánimes en su odio hacia mí, ¡y yo acepto encantado su odio!

Tras estos comentarios, que Roosevelt pronunció con su acento de la alta burguesía del Atlántico medio, la multitud aclamó ruidosamente a su líder durante varios minutos (un largo momento grabado para la posteridad) antes de que continuara. Tres días más tarde, en contra de las expectativas de muchos que estaban convencidos de que la votación sería mucho más reñida, Roosevelt ganó la reelección con la mayor victoria aplastante de la historia de Estados Unidos (su desafortunado oponente era el gobernador republicano de Kansas, Alf Landon), superando su propio récord anterior de 1932. En su segundo discurso de investidura, en enero de 1937, Roosevelt dejó clara su visión del liderazgo: «La prueba de nuestro progreso no es si añadimos más a la abundancia de los que tienen mucho; es si proporcionamos lo suficiente a los que tienen demasiado poco».[18] Los oligarcas de Estados Unidos escucharon estas palabras y comprendieron que tenían enfrente a un enemigo que no les dejaría manejar el país a su antojo, y lo odiaron aún más.

Durante los doce años que Roosevelt fue presidente (murió en abril de 1945, casi al final de la Segunda Guerra Mundial, poco después de comenzar su cuarto mandato), hubo gente poderosa e influyente que le acusó de dictador. Esto fue especialmente cierto en el año clave de 1937. Este fue un año difícil para Roosevelt y el New Deal. Cuando una nueva recesión golpeó al país a principios de la primavera y echó por tierra las ilusiones de salir por fin de la Depresión, Roosevelt, en lugar de echarse atrás como habrían hecho muchos otros, se apoyó en su lado populista y culpó del sabotaje a la élite empresarial. Uno de sus altos funcionarios, el dispéptico secretario del Interior, Harold Ickes, citando el título de un popular libro que se publicó ese año, habló de «sesenta familias enfrentadas contra el pueblo estadounidense».[19] Fue en esos momentos difíciles, cuando el New Deal parecía tambalearse y sus críticos se lanzaban contra él, cuando Roosevelt mostró lo implacable que era, un ingrediente infravalorado de su éxito duradero como líder.

No hubo mejor demostración de ello que su Ley de Reforma de los Procedimientos Judiciales, que uno de sus críticos bautizó como el plan de «empaquetamiento de tribunales». Los oponentes de Roosevelt, incapaces de derrotarlo en las urnas o de convencer a un número suficiente de estadounidenses de que el New Deal no era algo bueno para ellos (porque lo era), habían recurrido al Tribunal Supremo, con la esperanza de que lograra por medios «judiciales» lo que ellos eran incapaces de hacer por medios democráticos: acabar, o al menos obstaculizar, el New Deal, en especial aquellas partes que estaban claramente diseñadas para ayudar a las familias pobres y trabajadoras. Como era de esperar, el conservador Tribunal Supremo dictaminó que las medidas clave del New Deal (por ejemplo, las leyes de salario mínimo) eran «inconstitucionales». Roosevelt no respondió doblegándose ante la autoridad del tribunal o dejando morir el New Deal, sino contraatacando, y presentó un proyecto de ley para añadir más jueces al tribunal. La propuesta de Roosevelt, incluso hoy, no parece descabellada: permitiría al presidente nombrar a un nuevo juez cada vez que un magistrado en activo cumpliera setenta años y no se jubilara. El proyecto de ley permitiría añadir hasta seis jueces más, aumentando potencialmente el número total de nueve a quince.[20]

En esencia, al ejercer presión sobre el Tribunal Supremo y amenazar con cambiar su composición, Roosevelt estaba diciendo: con el debido respeto a los «controles y equilibrios» y a las instituciones y redes de élite que se sienten con derecho a gobernar el país, mi responsabilidad como líder electo no es respetar «el sistema» a toda costa, ni priorizar las prerrogativas de sus élites, sino alimentar y proteger al grueso del pueblo estadounidense. En opinión de Roosevelt, el papel del líder en una democracia es llevar a cabo las políticas que el pueblo votó, no limitarse a respetar la cáscara externa de la democracia, sino centrarse en su esencia. No se trataba de una cuestión abstracta o teórica, y Roosevelt no era un gran teórico. Los estadounidenses intentaban sobrevivir. Muchos pasaban hambre. Estaban, de manera abrumadora, a favor del New Deal. Él estaba tratando de ayudarlos. El New Deal era de interés público, aunque no fuera necesariamente de interés privado. El Tribunal Supremo intentaba detenerlo. Para Roosevelt, y en esto se basaba la fuente de su fuerza y popularidad como líder, la vida de las personas siempre importaba más que los procedimientos y las instituciones.

A medida que se acercaba el momento de la votación en el Congreso, parecía que el plan de Roosevelt fracasaría, debido a la resistencia del Congreso, incluso de su propio partido, y a la sensación entre algunos de sus propios aliados de que se estaba extralimitando en su mandato democrático y dando un giro autoritario. Pero ocurrió algo curioso: el Tribunal Supremo cambió de parecer. Uno de los jueces, Owen Roberts, cambió de bando y, antes de que el proyecto de ley de Roosevelt sobre el «empaquetamiento de tribunales» llegara siquiera al Congreso, el Tribunal Supremo falló 5-4 a favor de la Ley Nacional de Relaciones Laborales y de la Ley de Seguridad Social, las dos medidas más odiadas por la derecha y que los observadores estaban convencidos de que el tribunal iba a anular. El Tribunal Supremo captó el mensaje; el presidente estaba dispuesto a luchar contra ellos hasta conseguir que su agenda saliera adelante, y su autoridad no estaba por encima del bien público. A partir de ese momento, el New Deal no tuvo oposición legal, aunque daría algunos giros a medida que Estados Unidos se adentraba en una grave crisis mundial. Y lo que es más importante, los partidarios de Roosevelt también captaron el mensaje: su líder iba a luchar por ellos y a ser su defensor, aunque eso significara ofender las tradiciones y coquetear con el autoritarismo. Le recompensaron a él y a su partido con una lealtad aún mayor y un apoyo más amplio.

Pero ¿era Roosevelt realmente autoritario, como afirmaban sus críticos? Eso depende de cómo se vea el liderazgo en una democracia y en una crisis. La democracia depende del respeto tanto a las instituciones que la gobiernan como a las preferencias y necesidades de las personas que viven en ella. Pero en una crisis, como la que vivió el mundo demócrata en los años treinta, o incluso en las crisis que estamos viviendo ahora, cuando hay un choque entre estas dos condiciones esenciales para la democracia, ¿cuál tiene prioridad? Algunos dirían que Roosevelt estaba perjudicando a la democracia, mientras que otros argumentarían que la estaba salvando. En mi opinión, la reacción del público habría sido feroz si Roosevelt hubiera dejado que cinco jueces no elegidos, todos ellos hombres ricos nacidos en la Edad Dorada del siglo XIX, acabaran con el New Deal. Puede que las élites aplaudieran el respeto de FDR por el procedimentalismo y las instituciones, pero la gente que dependía del New Deal bien podría haberse decantado por un líder como Huey Long, alguien que trataba la Constitución como un trozo de papel sin valor. O podrían haber buscado alternativas más extremas, tan temibles como los fascistas que ascendieron al poder en tantos países europeos en aquellos años.[21]

En una crisis grave, como la Gran Depresión, la gente no se decidirá de forma automática entre un líder democrático o un líder autoritario. Lo más probable es que se dirijan al líder que se enfrente directamente a la crisis y proponga una explicación y una solución. Habrá líderes que propondrán una explicación veraz de la crisis y sus soluciones se centrarán en el bien común. Otros abordarán los problemas reales, pero propondrán explicaciones y soluciones falsas que sirvan de chivo expiatorio, desvíen la atención y distraigan de las causas reales del sufrimiento de la gente: esto es lo que hicieron los líderes fascistas, y lo que sus herederos siguen haciendo. El primer tipo de líder debe luchar duro para mantener al segundo tipo de líder fuera del poder, y eso es precisamente lo que hizo FDR.

Roosevelt comprendió muy bien esta dinámica al verla en tiempo real, con el fascismo asaltando Europa y la Rusia bolchevique acechando en el trasfondo. «La democracia desapareció en otras grandes naciones», dijo en una conversación junto a la chimenea en abril de 1938, «no porque a los pueblos de esas naciones les disgustara la democracia, sino porque se habían cansado del desempleo y la inseguridad, de ver a sus hijos hambrientos mientras ellos permanecían indefensos ante la confusión del gobierno y la debilidad por falta de liderazgo. Finalmente, desesperados, optaron por sacrificar la libertad con la esperanza de conseguir algo que comer».[22]

Las élites de Estados Unidos y del resto del mundo, que afirman querer conservar sus democracias, harían bien en prestar atención a esta acertada observación del político de mayor éxito de Estados Unidos, y no descartarla como un simple comentario del pasado. La mejor barrera contra los líderes peligrosos (el tipo de líderes contra los que Roosevelt acabó en guerra después de hablar de ellos) es una especie de compromiso: un líder comprometido con el bien público aunque sea a costa de un compromiso con el procedimentalismo, las restricciones institucionales y los acuerdos de élite. Esa fue la promesa que representó Franklin D. Roosevelt.

Roosevelt demostró una verdad perenne, que en nuestra era de mentiras interminables y cinismo se olvida con demasiada facilidad: que luchar por el bien público sigue siendo la herramienta más poderosa de un líder. Además, lo hizo desde una posición de gran autoridad democrática: había sido elegido en repetidas ocasiones, y por márgenes de victoria históricos, que se ganó gracias a su liderazgo.

Roosevelt no nos ayuda a resolver la cuestión de si la historia hace al líder o el líder hace la historia. Esto se debe

Franklin D. Roosevelt en campaña electoral en Virginia Occidental, octubre 1932. (Franklin D. Roosevelt Library)

a que demostró que ambas cosas son ciertas. Su liderazgo fue producto de su educación y de la crisis nacional, y sus puntos fuertes como líder se revelaron cuando respondió a esa crisis. Sin embargo, como líder, Roosevelt también dejó su impronta en la historia, primero ayudando al pueblo estadounidense durante el peor desastre de su vida, haciendo frente a los desafíos y venciendo a sus oponentes, y luego (como veremos) llevando al país a la victoria sobre el nazismo y el fascismo en la Segunda Guerra Mundial. Ningún otro presidente estadounidense desde Lincoln, y hasta Ronald Reagan, tuvo un impacto mayor y más duradero en la vida de Estados Unidos.

La Gran Depresión de los años treinta revela la variedad de líderes que puede producir una crisis grave. En una crisis así, la gente necesita un guerrero como líder, y lo buscará. Herbert Hoover no era ese líder. Huey Long era ciertamente un guerrero, pero parecía luchar por su propio poder dictatorial tanto como por los pobres. Roosevelt, miembro de la élite por nacimiento y temperamento, y con todos sus defectos, sabía cuándo negociar y cuándo luchar. Y el pueblo, a su vez, lo reconoció como un guerrero dispuesto a ir a la guerra por lo que más le importaba. Luchó contra la Depresión, y más tarde contra el fascismo, con todas sus fuerzas y toda su capacidad política. Pero también fue un rebelde contra su propia clase social y las instituciones elitistas que le dieron forma, aunque, a diferencia de Long, su rebeldía no llegó a intentar derribar el propio sistema. Roosevelt no era un santo, y no tuvo reparos en utilizar todo el poder que tenía a su disposición, político y militar, pero hasta que exhaló su último suspiro, la mayoría del pueblo nunca dudó de que buscaba el liderazgo no por su propio bien o su propia gloria, sino por el bien común. Al final, ese puede haber sido el principal legado de Roosevelt para el liderazgo: que el poder y el interés público no son contradictorios. A veces son la misma cosa.

3
CÓMO LIDERAR CUANDO SE TIENE POCO PODER

Hay personas que leen *El Príncipe* y quizá lo encuentran intelectualmente estimulante, pero también les resulta difícil ver cómo podría ser relevante para sus vidas, y aún más difícil encontrar lecciones de liderazgo que pudieran aplicarse a ellos mismos. Es difícil identificarse con un príncipe italiano del siglo XVI cuando uno mismo tiene poco o ningún poder. Las lecciones de Maquiavelo parecen aún más ajenas cuando vives en una sociedad que te discrimina (o te maltrata de manera brutal) por tu grupo social, género, religión u orientación sexual. Esto se debe a que el modelo maquiavélico de liderazgo se aplica mejor a quienes ya están en el poder o cerca de él, y cuanto más poder tienen, mejor funcionan los consejos de Maquiavelo. ¿Cómo «estirar las restricciones» cuando cada día es una lucha por la supervivencia o el reconocimiento?

En este capítulo veremos las decisiones que la gente tomó desde una posición de ausencia total de poder, el lugar opuesto, en cierto sentido, al que podríamos encontrar a un FDR o a un Mao Zedong o a un príncipe florentino. Pero en la historia hay una especie de posición intermedia: ocurre cuando uno se gana el reconocimiento como líder y tiene cierto poder a su disposición, pero ese poder no es formal, institucional ni aplicable. Este es el tipo de líderes que a menudo han ayudado a conseguir los cambios más importantes, con frecuencia cosas tan básicas que mucha gente hoy podría darlas por sentadas. Cosas que consideramos el resultado de una «evolución» de la sociedad son, de hecho, el producto de feroces luchas por el cambio social y económico que con frecuencia fueron iniciadas por quienes carecían de poder formal, incluidas personas a las que golpearon, encarcelaron e incluso asesinaron por sus esfuerzos. Muchos activistas que en el futuro acabarán elogiados, e incluso puede que lleven su nombre en fiestas nacionales, son menospreciados, apartados o castigados ahora mismo. Son rebeldes que algún día podrían llegar a ser santos.

Cuando examinamos las historias de los grandes cambios sociales y cómo se produjeron, descubrimos que por lo general había tres elementos necesarios. En primer lugar, estaba el liderazgo moderado de la lucha contra los poderes existentes; en segundo lugar, el liderazgo radical de la misma lucha; en tercer lugar, había una especie de hueco entre los que tenían el poder formal o institucional para realizar los cambios por los que luchaban estos movimientos. Hubo que forzar ese hueco para que se produjera el cambio. Pero esa parte nunca se produjo por sí sola o porque los que estaban en el poder decidieran simplemente hacerla realidad.

Los activistas que tratan de obtener derechos básicos y que se enfrentan a fuerzas mucho más poderosas y violentas se encaran a una disyuntiva. ¿Cómo dirigirán su lucha? La historia demuestra que algunos lo harán de forma pacífica y otros no. Algunos intentarán lograr el cambio desde dentro, uniéndose a instituciones o buscando su apoyo. Otras optarán por la militancia, trabajando fuera del sistema y protestando contra él, o intentando desmontarlo o derrocarlo. Su decisión dependerá de su temperamento, de sus inclinaciones, de lo que crean que funcionará y, a veces, de las opciones de las que dispongan. Sea cual sea el camino que elijan, serán criticados por quienes se benefician del *statu quo* y, por supuesto, por quienes tienen el poder.

Un buen ejemplo son las sufragistas estadounidenses del siglo XIX y principios del XX. La lucha por obtener el derecho de voto para las mujeres en Estados Unidos duró casi un siglo, implicó a cuatro generaciones de activistas y culminó formalmente con la aprobación de la Decimonovena Enmienda a la Constitución en 1919 (ratificada en 1920), que prohibía la discriminación en el voto por razón de sexo.

Desde los primeros tiempos de la república estadounidense, el derecho de voto siempre fue algo en disputa, algo reservado a determinados ciudadanos privilegiados. Al principio, solo podían votar los hombres blancos propietarios de tierras; a medida que el sufragio se fue ampliando, a tropezones, las concepciones de la democracia cambiaron. Los altibajos de esta historia ilustran que la democracia nunca se da a la gente sin más; siempre han tenido que luchar por ella. Por lo tanto, no es solo el hecho de que las mujeres voten lo que los estadounidenses no deberían dar por sentado. Es el hecho de que la gente vote, y punto.[1] Incluso hoy día, la mayoría de la gente del mundo no vive en una democracia, y la mayoría de los países del mundo no son democracias. En muchos países que son democracias, al menos formalmente, incluido Estados Unidos, las elecciones pueden estar viciadas, limitadas y corrompidas. Muchos estadounidenses que, sobre el papel, tienen derecho a votar no pueden hacerlo por diversas razones, algunas de ellas intencionadas. El sistema político estadounidense, derivado de su anticuada Constitución del siglo XVIII, tiene muchas características nada democráticas, incluso antidemocráticas. Por ello, el voto es una de las pocas vías de influencia que les quedan a las personas ordinarias que no tienen los medios económicos para comprar los resultados que desean de sus «representantes». Luchar por el derecho al voto no es solo una cuestión de principios. Se trata de garantizar que las personas con menos poder puedan opinar sobre lo que ocurre en el ámbito político y sobre a quién eligen como líder. Desde el principio de su lucha, las sufragistas comprendieron que el derecho al voto no era un mero símbolo de igualdad entre los sexos. Era quizá la única manera en que la mayoría de las mujeres podía ayudar a dar forma a la dirección que tomaba la sociedad. Era, sin duda, la única forma en que podían, incluso potencialmente, tener algo que decir, algún tipo de liderazgo, sobre cómo vivían.

Incluso si consideramos la lucha por el sufragio como parte de una historia más amplia de lucha por la participación democrática (como ocurrió con los movimientos sufragistas de todo el mundo), hay aspectos significativos que la distinguen: la discriminación afectó a más de la mitad de la ciudadanía.

La mayoría de esas mujeres sufría una discriminación social y económica general, y la falta de voto era la punta del iceberg. De hecho, para muchas de ellas, el sufragio era la menor de sus preocupaciones. Pero había mujeres privilegiadas, ricas, educadas e influyentes que, sin embargo, no podían votar a un presidente por el mero hecho de ser mujeres. Esa brecha, entre el privilegio social y la discriminación política, se hizo más difícil de aceptar y justificar con el tiempo; y está claro por qué las líderes del movimiento sufragista, especialmente al principio, procedían de la alta sociedad.

Sin embargo, tener privilegios no significaba que el camino hacia el éxito fuera fácil. La resistencia al sufragio, como veremos, se mantuvo firme hasta el final. Hablaremos de las razones en un momento, pero es importante reconocer las dificultades para impulsar el cambio en primer lugar. Incluso la organización de un movimiento de este tipo presentaba retos considerables. La lucha por obtener el voto requería la unidad, o al menos la solidaridad, de mujeres que podían tener poco o nada en común, incluso intereses diferentes y a veces contrapuestos. Lo único que las unía, aparte de su sexo, era la falta de voto, y no a todas les importaba por igual.

Paradójicamente, cuando nos fijamos en grupos de personas que tienen poco poder y que sufren discriminación, cuanto más grande es el grupo, más débil puede ser. Aunque la unión hace la fuerza, puede ser más fácil dividir y conquistar a un grupo grande. Los grupos más grandes pueden carecer de la pasión, el impulso y la urgencia que pueden tener los más pequeños, en especial cuando las personas que forman el grupo no son socialmente distintas. Incluso si se priva a la mitad de la población de un derecho como el voto en una democracia, solo algunos de ellos verán la conquista de ese derecho como su máxima prioridad. De esas personas, ¿cuántas serían capaces, o desearían, participar de forma activa en la difícil lucha por ese derecho? El número final es una fracción del total de miembros de todo el grupo social. Para mu-

Ilustración del momento en el que Elizabeth Cady Stanton se dirige a la Convención por los Derechos de las Mujeres en Seneca Falls, Nueva York, 20 de julio de 1848. (Granger Historical Picture Archive/ Alamy Stock Photo)

chas mujeres, el hecho de ser negras o blancas o ricas o pobres importaba mucho más que el hecho de poder votar para presidentes. Para muchas mujeres, incluso en la actualidad, es probable que siga siendo así.

Todas las líderes potenciales del movimiento sufragista se enfrentaron así a un reto único, que puede ser instructivo para las aspirantes a líderes sociales. Si una era sufragista en, digamos, 1860, y creía en la causa lo suficiente y firmemente como para dedicarle su tiempo y energía, y quería que otras mujeres se unieran a ella, ¿cómo podía convencerlas de que superaran sentimientos como la lealtad al esposo y a la familia y al orden social, el miedo a lo desconocido o la adhesión a otros grupos religiosos, sociales, étnicos o económicos? Como bien saben las activistas por los derechos de la mujer, todo esto componía la eterna dificultad de unificar a las mujeres en torno a sus causas. Hicieron falta décadas de activismo antes de que las líderes del movimiento sufragista encontraran la fórmula del éxito, que llegó en un lugar y un momento concretos.

Pero incluso antes de convertirse en líder de un movimiento, es necesario tener un movimiento. Puede que tengas que crearlo tú. Pero debes crearlo a partir de algo. Circunstancias. Motivación. Dinero. Ideas. Una causa. La gente debe ver primero su propia discriminación como algo antinatural o injusto, y luego decidir convertirla en un problema por el que valga la pena luchar. El movimiento sufragista es un buen ejemplo. Incluso tiene un lugar y una fecha de nacimiento: la conferencia de dos días sobre los derechos de la mujer celebrada en Seneca Falls, Nueva York, en julio de 1848.

La Convención de Seneca Falls no fue ni mucho menos el único acontecimiento sobre los derechos de la mujer celebrado en aquella época, y algunos estudiosos demostraron que su importancia para la historia del movimiento sufragista es en parte historia y en parte mito. Pero no por ello dejó de ser importante y representativa. La idea de esta conferencia, a la que asistieron 200 mujeres y también (el segundo día) cuarenta hombres, entre ellos el escritor y activista negro Frederick Douglass, era promover los derechos de la mujer en general. El tema específico del sufragio se consideraba controvertido incluso entre el grupo de asistentes. Elizabeth Cady Stanton y Lucretia Mott, las organizadoras, se habían curtido políticamente en la lucha antiesclavista, donde pasaron por la indignidad de asistir a la Convención Mundial Antiesclavista de 1840 en Londres y ser excluidas de la sala de la convención solo por su sexo. La Convención de Seneca Falls no versó en específico sobre el derecho de voto de las mujeres, pero fue allí donde se formuló la convicción sobre el derecho de las mujeres a participar en el proceso político. Y aunque las líderes de la conferencia eran figuras de élite, articularon esta noción con respecto a todas las mujeres. La resolución de Seneca Falls sobre la cuestión del sufragio fue la única (de las once propuestas) que no se aprobó por unanimidad; se consideró tan radical que incluso a muchos defensores de los derechos de la mujer les costó aceptarla y creyeron que sería una provocación. Sin embargo, se aprobó después de un discurso público que dio Douglass sobre esta cuestión alentando la idea.[2]

Un acontecimiento como este no surge de la nada, y un principio de la historia es que siempre hay procesos sociales y económicos que preceden a los acontecimientos políticos de gran calado. Un tema que recorre este libro es que los líderes nacen del cambio histórico, antes de pasar a crear el cambio histórico. ¿Qué clase de mujeres (y hombres) viajarían al bucólico norte del estado de Nueva York en el verano de 1848 y pasarían allí dos días discutiendo el futuro de las mujeres en la sociedad? Para entonces, las primeras etapas de la industrialización y la urbanización habían afectado la vida de muchas mujeres. Su entrada en el mundo laboral (o en el mercado) significaba que cada vez más funcionaban como individuos con una influencia directa en el sistema económico, no solo como esposas, hijas y hermanas. Pero los procesos sociales no bastan por sí solos para crear un cambio importante. Las ideas también importan. En Seneca Falls, la idea nueva más importante era que «todos los hombres y mujeres fueron creados iguales», una frase que Stanton incluyó en su «Declaración de sentimientos y quejas», derivada de la Declaración de Independencia de Thomas Jefferson, que leyó en voz alta a los asistentes el primer día de la conferencia. Hoy en día, esto podría parecer una afirmación del todo banal. Pero es el tipo de afirmación que, en algún momento, debe articularse públicamente por primera vez, en voz alta, como un hecho, y solo entonces puede convertirse en acción.

El auge de las escuelas femeninas a finales del siglo XIX significó que las mujeres más instruidas, aunque estuvieran excluidas en su mayoría de la vida política y el liderazgo económico, se pudieron dedicar con frecuencia a la reforma y el trabajo social, considerados adecuados para las mujeres. Se trataba de extender el llamado papel maternal a otras esferas de la vida: educar a los pobres, mejorar la sanidad y la educación sexual y crear asociaciones de voluntariado. Un ejemplo de esto último fue la Women's Christian Temperance Union, que acabó contribuyendo a la Prohibición de 1919, que ilegalizó la venta y el consumo de alcohol en Estados Unidos, hasta que la impopular prohibición constitucional fue revocada trece años después. Las mujeres no podían votar y estaban legal y económicamente en deuda con los hombres, pero gracias a una educación de élite reservada a las de cierta clase, algunas trabajaron como profesoras, enfermeras, bibliotecarias y trabajadoras sociales, las llamadas profesiones de ayuda, que implicaban trabajar con niños y otras mujeres.

A medida que su situación social y económica cambiaba, muchas de estas mujeres blancas de élite tenían más tiempo para sí mismas. Se unieron a clubes femeninos y muchas de ellas decidieron no casarse ni tener hijos. Muchas más mujeres que estaban casadas se divorciaron: la tasa de divorcios pasó de uno de cada veintiún matrimonios en 1880 a uno de cada nueve en 1916.[3] Muchas mujeres optaron cada vez más por vivir con otras mujeres. E incluso cuando seguían formando una familia (todavía la inmensa mayoría), tenían menos hijos, que entonces iban a la escuela desde una edad más temprana. Estas mujeres de élite no tenían necesidad de trabajar a cambio de un salario (es decir, si no eran de clase trabajadora) y disponían de más tiempo para dedicarse a sus intereses fuera del hogar, incluido el activismo político. Si a estas circunstancias sociológicas cambiantes se une la convicción de que también debe producirse un cambio político, la gente viaja a lugares como Seneca Falls. Estas fueron las «circunstancias dadas y transmitidas desde el pasado», como dijo Marx, que importaron para el ascenso de estas líderes sufragistas. Después, les llegó el momento de hacer su propia historia.

No es necesario que nos extendamos en argumentos a favor del sufragio. Hoy parecen obvios: por supuesto que las mujeres deben poder votar en una democracia. Pero los argumentos contra la concesión del sufragio a las mujeres eran tan antiguos como la propia lucha por el sufragio, es probable que incluso más. El principal era que las mujeres no son aptas para la esfera pública, demasiado puras y justas para la suciedad de la política. Otro argumento contra el sufragio era que las mujeres están supeditadas a los hombres; por lo tanto, siempre harían lo que sus esposos, padres o hermanos les dijeran, con lo que sus votos perjudicarían la integridad del proceso democrático. Este argumento era especialmente insidioso porque utilizaba como arma la dependencia de las mujeres con respecto a los hombres para impedir que ejercieran la influencia política que podría ayudar a poner fin a esa dependencia, todo ello en nombre de la protección de la democracia, por supuesto.

Un obstáculo importante en el largo camino hacia el sufragio fue que, en tiempos de crisis —y siempre hubo crisis— se pidió a las mujeres que abandonaran sus reivindicaciones específicas. El mejor ejemplo de ello fue la Guerra Civil, que prácticamente dio carpetazo a la causa del sufragio durante años. En 1870, el Congreso aprobó la Decimoquinta Enmienda, que concedía a los hombres negros el derecho al voto, mientras que dejaba a todas las mujeres, blancas o no, sin voto. Este hecho indignó a muchas líderes sufragistas, exasperadas ante la perspectiva de que a los hombres negros, la mayoría de ellos recién liberados de la esclavitud, se les permitiera votar mientras que a las mujeres blancas, que durante mucho tiempo habían sido miembros respetables de la sociedad, no. Las líderes sufragistas Susan B. Anthony y Elizabeth Cady Stanton se opusieron de un modo frontal a la Decimoquinta Enmienda, creían que impediría la concesión del derecho de voto a las mujeres, lo que provocó un áspero enfrentamiento con líderes y aliados negros como Douglass. (Otras sufragistas no veían la Decimoquinta Enmienda como una afrenta a la causa del sufragio femenino, sino como un paso democrático necesario en el que podían basarse para su propia lucha).[4] Pero también era cierto que la justa lucha contra la discriminación racista se utilizaba a veces como arma para desestimar la discriminación contra las mujeres como menos importante, como si las dos causas compitieran de algún modo entre ellas (lo que no era así) y exigiendo que las mujeres siguieran esperando con paciencia su turno, que nunca llegaba. Las mujeres negras acabaron respondiendo al creciente racismo en el movimiento creando sus propias organizaciones, entre ellas el Club del Sufragio Alfa de Chicago, dirigido por la activista de los derechos civiles Ida B. Wells. A partir de ese momento, dado lo segregada que estaba la sociedad estadounidense en general, se les podría considerar movimientos separados. Para Wells, el sufragio formaba parte de una lucha más amplia, un paso necesario para el empoderamiento de los negros en la vida política estadounidense y para la lucha contra los linchamientos, las leyes racistas y la pobreza. Ella representaba a millones de mujeres a las que se negaban derechos y protecciones mucho más básicos que el voto. Y no dudó en enfrentarse a otras líderes sufragistas (blancas) cuando introdujeron jerarquías racistas en el movimiento o hicieron comentarios racistas sobre los negros.[5]

Por supuesto, no todas las mujeres estaban de acuerdo con el sufragio. Las trabajadoras inmigrantes, por ejemplo, siempre consideraban las cuestiones sociales, incluidas las cuestiones «femeninas», a través del punto de vista de la clase y de los derechos de los trabajadores. Les resultaba difícil encontrar puntos en común con mujeres que se habían graduado en Bryn Mawr o Smith, y que, en cualquier caso, no las invitaban de forma cordial a nada. Por supuesto, la solidaridad de clase también funciona en la dirección opuesta: había mujeres de clase alta que estaban en contra del sufragio. Muchas de ellas pensaban que sus intereses ya estaban bien representados. Algunas incluso tenían una conexión directa con el poder que no querían que se viera amenazada por un cambio en el *statu quo*. Estaban dispuestas a pasar por alto, o no les preocupaba, el hecho de que incluso las mujeres con recursos carecieran de derechos básicos, como la autonomía financiera, y que normalmente perdieran a sus hijos en caso de divorcio. Muchas mujeres interiorizaron la creencia de que estaban mejor fuera de la esfera política. Pero es importante, cuando se estudian los movimientos sociales que luchan por el cambio, no centrarse demasiado en las luchas dentro del grupo discriminado ni buscar explicaciones de sus dificultades políticas en esas divisiones (es un error común). No debemos sobrestimar el papel de las mujeres en la resistencia a su propio sufragio. La principal resistencia siempre procedió de los hombres situados en el poder, impulsados por sus neurosis psicológicas, sus agendas políticas y sus intereses económicos, y fueron ellos, y no las mujeres, quienes decidieron si se aprobaba o no el sufragio.

En última instancia, el obstáculo más poderoso al sufragio fue la intensidad de la resistencia. Como reacción previsible al movimiento sufragista, surgieron organizaciones antisufragistas bien financiadas y organizadas, con sus propias campañas, boletines y publicaciones, con ilustraciones en las que se ridiculizaba a las «sufragistas», mostrándolas como físicamente repulsivas, sexualmente frustradas (o sin sexo), castradoras, malas madres, incluso infrahumanas. Estas campañas se intensificaban cuanto más cerca parecían estar las sufragistas de alcanzar sus objetivos. Muchos de los impulsores de estas campañas contra el sufragio eran hombres de lo que hoy llamaríamos el sector privado: empresarios que odiaban el cambio y compartir el poder, en especial con sus trabajadores. Estaban tan comprometidos en la lucha contra el sufragio como las sufragistas lo estaban a favor. No eran partidarios de la democracia y lucharon con uñas y dientes contra casi cualquier reforma del sistema político o económico. Lucharon, por ejemplo, contra las leyes de protección de los trabajadores, contra las regulaciones laborales, contra los impuestos federales (en particular los impuestos progresivos), contra las leyes antimonopolio, contra las leyes de protección sindical. Temían que las mujeres pudieran votar porque, dejando a un lado todos los falsos argumentos que esgrimían, lo que en realidad los ponía nerviosos era lo que las mujeres podrían exigir una vez que alcanzaran contribuir a elegir a los políticos (o a expulsarlos). Amenazaban con regularidad con trasladar sus empresas y negocios fuera de los estados que aprobaran la legislación sobre el sufragio. Esta táctica funcionaba con frecuencia, ya que presionaba a los políticos para que siguieran votando en contra del sufragio.[6]

Por estas y otras razones, las sufragistas tuvieron problemas para hacer avanzar su causa durante la mayor parte de la segunda mitad del siglo XIX. Pero en los últimos años de ese siglo y en los primeros del XX, las cosas empezaron a cambiar: la larga partida que las sufragistas habían jugado (por así decirlo) empezó a dar sus frutos. Pero las circunstancias tenían que cambiar para que eso sucediera, y se necesitaba un liderazgo nuevo, dinámico y comprometido que no aceptara un no por respuesta. La única cuestión era qué enfoque adoptarían estas líderes al hacer de la causa algo cada vez más urgente. A partir de ese momento surgieron dos enfoques principales. Ambos tenían en común la idea de que, para que se consiguiera el derecho al sufragio, era necesario llevarlo de los rincones elitistas de la sociedad a la corriente dominante, y tenía que convertirse en una prioridad para los líderes de la nación. Ambas tenían en común el objetivo de conseguir el voto. Pero ahí terminaban las similitudes.

En 1890, con la creación de la National American Woman Suffrage Association (NAWSA), el movimiento comenzó a disfrutar de cierto impulso institucional. Su figura más dominante a partir de este periodo fue Carrie Chapman Catt, probablemente la líder más eficaz que el movimiento sufragista había tenido hasta ese momento. Catt era centrada, decidida y organizada. Bajo su liderazgo, la NAWSA hizo hincapié en dos nuevos (o más o menos nuevos) argumentos, ambos de corte social y conservador. Uno de ellos era que las mujeres contribuían a la política como tales, porque ellas, según este punto de vista, tenían cualidades positivas únicas: hacían que la sociedad fuera más agradable, maternal, pacífica, domesticada y protectora. El segundo, aún más explícitamente conservador, era que las mujeres hacen que el sistema político sea más sano para contrarrestar a los «indeseables» (es decir, los inmigrantes y las minorías).

Este último argumento era censurable e incómodo, dada la naturaleza cambiante de la sociedad estadounidense de la época y el hecho de que, en ese momento, además de sufragistas negras como Wells, también había conocidas activistas por el sufragio que eran asiático-americanas (por ejemplo, Mabel Ping-Hua Lee, nacida en Guangzhou, China, en 1896, e importante líder sufragista en Nueva York), hispanas (por ejemplo, María de López, de Los Ángeles, que traducía panfletos al español y daba discursos a los inmigrantes) y nativas americanas (por ejemplo, Marie Louise Bottineau Baldwin, de Dakota del Norte, una de las líderes del Desfile por el Sufragio Femenino en Washington D. C., en marzo de 1913).[7] El movimiento sufragista bajo el liderazgo institucional de Catt no era, por tanto, representativo de todas las mujeres que apoyaban el sufragio y, en especial, alejaba aún más a las sufragistas negras. También nos muestra que el liderazgo social que se esfuerza por lograr la aceptación de la corriente dominante y opta por trabajar con los poderes establecidos sacrificará la participación y las contribuciones de las personas que no forman parte de la corriente dominante y están excluidas del poder institucional. La prioridad de Catt no era unir a diferentes grupos de mujeres a la causa ni motivarlas para la acción. Por el contrario, su estrategia consistió en apaciguar los temores de la corriente dominante, incluso asegurando a los congresistas del sur que el sufragio femenino no perturbaría las leyes racistas. La propaganda sufragista de la época de Catt era impecablemente patriarcal, y mostraba a las mujeres como madres y cuidadoras que traían votantes al mundo, que traían soldados al mundo, que defendían los valores tradicionales y que eran blancas. Las sufragistas lideradas por Catt se aseguraron de ondear banderas estadounidenses y hacer gala de su patriotismo.

Carrie Chapman Catt con una bandera estadounidense, 1917.
(Harris & Ewing/Library of Congress)

Hay líderes sociales y políticos que creen que el progreso deriva del poder de las masas. Hay otros que creen que se trata de trabajar con personas e instituciones poderosas. Catt pertenecía a este último bando. Su enfoque era estratégico, calculado y se dirigía a los que tenían el poder: los hombres que ocupaban cargos públicos, los que podían votar en el Congreso o en las urnas. No era inclusivo ni progresivo, pero desde su punto de vista era muy eficaz. Desde el punto de vista político, Catt era progresista y buscaba el progreso allí donde se produjera, centrándose en que las legislaturas estatales concedieran a las mujeres el derecho al voto específicamente en las elecciones estatales, en lugar de insistir, como habían hecho las líderes sufragistas anteriores, en el sufragio nacional como punto de partida. Como líder, Catt era comprometida y decidida, pero también paciente en extremo.

Había otras líderes sufragistas, especialmente de la generación más joven, a las que no les gustaban los métodos de Catt, no estaban de acuerdo con su enfoque ni compartían su paciencia y espíritu conservador. Pensaban que, en su obsesión por la respetabilidad, los principales líderes del movimiento sufragista nunca harían lo necesario para conseguir al final el voto. Una de las más importantes de estas jóvenes activistas fue Alice Paul, cuya aparición en el movimiento condujo a la etapa más dramática (y decisiva) de la lucha por el sufragio.

Como activista, Paul era más transnacional y cosmopolita que sus predecesoras. Compartía el origen elitista de muchas otras líderes sufragistas: descendía de William Penn, el fundador de Pensilvania. Criada en la tradición cuáquera de su familia, dedicó sus primeros años tras graduarse en el Swarthmore College al trabajo social en una casa hogar del

Lower East Side de Nueva York. Anhelaba un cambio mayor del que podía aportar como trabajadora social, así que viajó a Inglaterra, donde continuó sus estudios y descubrió el movimiento sufragista británico. Allí la inspiraron Emmeline Pankhurst y sus hijas Sylvia y Christabel, que llevaron la lucha sufragista británica a su fase más militante, en la que también sufrieron la represión más brutal por parte de las autoridades. Las líderes sufragistas británicas como las Pankhursts no se preocuparon por la moderación en su lucha. No les importaba que sus mayores o los medios de comunicación las censuraran por su comportamiento tan poco femenino e irrespetuoso. Cuando el gobierno británico no mostró ninguna intención de ceder tras décadas de lucha, las sufragistas británicas utilizaron cartas bomba y otros artefactos explosivos, hicieron varias huelgas de hambre, se en-

Alice Paul en 1915. (Harris & Ewing/Library of Congress)

cadenaron a vallas y fueron arrestadas, soportaron una horrible alimentación forzada en la cárcel y dejaron claro que este tipo de protesta continuaría, pasara lo que pasara, hasta que las mujeres británicas obtuvieran el voto. Paul observó, participó y se sintió inspirada. Una vez de vuelta en Estados Unidos, ella y sus amigas importaron los métodos y el temperamento de las sufragistas británicas, incluida la comprensión de que la lucha por el derecho al voto de las mujeres formaba parte de una lucha más amplia por una sociedad justa.[8]

La llegada de Paul a la escena política coincidió con una serie de cambios a gran escala que vinculó el movimiento sufragista con el movimiento progresista en general, prestando atención a las cuestiones sociales y económicas. Más concretamente, esto condujo a (y fue alimentado por) la comprensión de que, para tener éxito, la lucha por el sufragio necesitaba el apoyo de la clase trabajadora. Con masas de inmigrantes de clase obrera viviendo en ciudades abarrotadas y trabajando en industrias agotadoras, la capacidad del movimiento sufragista para abordar las dificultades de las mujeres trabajadoras fue, quizá, el catalizador del éxito del sufragio en las dos primeras décadas del siglo XX. Con la gran industria llegaron los accidentes industriales, los desastres y el horrible maltrato a los trabajadores. Al final, la lucha por el sufragio triunfó no solo gracias a las decisiones estratégicas de sus líderes, o al cambio de opinión entre los dirigentes políticos de la nación. El movimiento sufragista alcanzó sus objetivos solo después de convertirse, por primera vez, en un movimiento de masas, un movimiento que los poderes fácticos no podían seguir desestimando o postergando.

En Greenwich Village, Nueva York, en Washington Place, entre Greene Street y Washington Square East, se alza un edificio de unos diez pisos. Se integra perfectamente en el paisaje: la zona, siempre popular entre los turistas, está dominada por la Universidad de Nueva York, una de las universidades privadas más caras de Estados Unidos, propietaria y usufructuaria del inmueble. Conocido como el Edificio Brown, tiene una historia terrible, como en general esta parte de Manhattan, una historia desconocida para muchas de las personas que pasan por allí cada día.

El Brown Building se conocía antes como el Asch Building, y mucho antes de que formara parte de una rica universidad, sus últimos pisos albergaban la Triangle Waist Company, una fábrica de blusas camiseras. Estas blusas producidas en masa, la prenda de vestir más común para las mujeres en aquella época, eran confeccionadas por trabajadores inmigrantes, en su mayoría mujeres jóvenes y niñas que trabajaban en condiciones insoportables y peligrosas en las sucias fábricas de esa parte de la ciudad que constituían la lucrativa industria textil, que hoy es una de las zonas más caras de Estados Unidos. Esta era la parte oculta y desapercibida de la industria, donde los jefes mantenían a las mujeres y niñas, muchas de las cuales no hablaban inglés, trabajando en la producción de estas camisas.

El 25 de marzo de 1911 se produjo un incendio en el interior de la fábrica. Dadas las inseguras condiciones del interior, era solo cuestión de tiempo que ocurriera. Las mujeres y las niñas intentaron escapar. Pero todas las puertas estaban cerradas. En las fotos anteriores de este taller, las salidas están claramente marcadas y visibles. Pero los jefes habían echado el cerrojo a las puertas de salida para contrarrestar la desafortunada costumbre de las trabajadoras de hacer pausas para ir al baño. Como resultado de esta medida, cuando el fuego arrasó la fábrica, las mujeres no pudieron abrir las salidas cerradas y murieron en el incendio, o asfixiadas por el humo, o aplastadas en las escaleras. La escalera de incendios se rompió y se derrumbó. Los propietarios, mientras tanto, utilizaron el único ascensor para escapar del edificio, y después dejó de funcionar. Desesperados, los trabajadores saltaron desde las ventanas a la banqueta, diez pisos más abajo. Ese día murieron 146 trabajadores, entre ellos 123 mujeres, algunas de ellas niñas de tan solo catorce años.[9]

El incendio de la fábrica Triangle Shirtwaist se convirtió en un punto de inflexión en el apoyo público al sufragio. Llevó a muchas mujeres de la clase trabajadora a comprender que necesitaban esforzarse políticamente para mejorar sus vidas, y antes de que se produjera una revolución proletaria, una de las pocas formas de mejorar sus vidas era votar. Algunas activistas obreras como Leonora O'Reilly (hija de inmigrantes irlandeses que habían escapado de la Gran Hambru-

Mujeres y niñas trabajando en la Triangle Waist Company, Nueva York. (ZUMA Press Inc/ Alamy Stock Photo)

na) y Clara Lemlich (hija de inmigrantes judeo-ucranianos que habían escapado del pogromo de Kishinev) ya habían liderado protestas de trabajadores de fábricas de camisas, como la huelga de camisas de Nueva York de 1909, también conocida como el Levantamiento de los 20 000, que se consideró un éxito, ya que los trabajadores consiguieron mejores salarios, condiciones de trabajo y horarios. El incendio de la fábrica de camisas Triangle Shirtwaist, que se produjo justo un año después del final de esta huelga, puso de manifiesto que los propietarios de las fábricas seguían sin tener intención de sacrificar ni un céntimo de sus beneficios para mantener a sus trabajadores a salvo, o incluso vivos. Esto empujó a las mujeres trabajadoras aún más enfurecidas al límite y llevó a líderes obreros como Lemlich y O'Reilly al campo del sufragio, estableciendo un fuerte vínculo entre las dos causas (derechos de los trabajadores y sufragio) que estaban relacionadas, aunque a sus respectivos líderes les llevara tiempo concretar esa relación. Pero una vez que lo hicieron, resultó mucho más difícil detenerlos.

Mujeres y niñas que saltaron por las ventanas en el incendio de Triangle Shirtwaist, 25 de marzo de 1911. (Graff Collection/ National Archives)

En el otro extremo del espectro social, más o menos al mismo tiempo, muchas líderes de la élite sufragista se dieron cuenta de que, si querían lograr un verdadero avance nacional, tendrían que ir más allá de la lucha por el sufragio y apelar a los poderes fácticos, esperar a que los hombres vieran la luz o preocuparse sobre todo por la representación y el éxito de las mujeres en la élite. Necesitaban masas de mujeres que se unieran a la lucha. Lo que ocurrió en la Triangle Waist Company, y en muchos otros desastres menos famosos, no fue propaganda sexista, insultos o privación de derechos políticos o de representación. Fue pura brutalidad física, y se dirigió contra las mujeres trabajadoras, entre las personas más vulnerables de la población.

No hay mejor ejemplo de esta conexión entre los sufragistas de élite y las masas trabajadoras que Helen Keller, la mujer que había asombrado a la nación con su historia de superación de la ceguera y la sordera infantiles para convertirse en una prolífica autora y activista. Keller, que había crecido en una familia acomodada de Alabama y se había graduado en el Radcliffe College, se convirtió de joven en socialista y activista obrera, así como en líder sufragista y defensora de la fusión de los derechos de la mujer con los derechos de los trabajadores. En una entrevista de 1915, señaló que la mayoría de las mujeres ciegas de Estados Unidos no lo era de nacimiento o por enfermedad, como ella, sino por accidentes laborales o enfermedades sexuales si se veían obligadas a prostituirse: «Yo, que había pensado que la ceguera era una desgracia que escapaba al control humano, descubrí que gran parte de ella era atribuible a condiciones industriales inadecuadas, con frecuencia causadas por el egoísmo y la codicia de los empresarios. Y el mal social aportaba su parte. Descubrí que la pobreza llevaba a las mujeres a una vida de vergüenza que terminaba en ceguera».[10]

Keller luchó por el sufragio femenino no como una cuestión de representación, o para establecer la paridad de género entre la élite, o para estar a la altura de un espíritu americano de oportunidad, sino para mejorar la condición material de las mujeres de todo el país. Para Keller y otras líderes como ella, las mujeres no solo eran víctimas de la discriminación política. Eran explotadas, utilizadas y desechadas en beneficio del capitalismo lucrativo. Insistió en que su propia historia no trataba del triunfo individual sobre la adversidad, sino de la suerte que tuvo al tener una familia rica, un profesor devoto, las mejores escuelas privadas exclusivas y un sólido sistema de apoyo, como se diría en nuestros días. Muchos estadounidenses, y personas de todo el mundo, conocen la inspiradora historia de la infancia de Keller, en la que superó dificultades físicas y psicológicas, pero saben poco o nada sobre cómo interpretó luego esta experiencia como adulta políticamente activa. Esta parte de su biografía es mucho menos atractiva para quienes prefieren celebrar los logros individuales, pero desprecian la solidaridad. El legado de Keller ha sido vaciado de todo significado político, con el fin de lograr un consumo masivo y una historia de perseverancia que haga sentirse bien. Y, sin embargo, no podemos entender el significado del movimiento sufragista, ni las razones de su éxito, sin tener en cuenta a líderes como Helen Keller, que comprendió que el derecho al voto era la clave para obtener derechos básicos y protecciones para las mujeres trabajadoras en un mundo que les había negado esas cosas.

En la segunda década del siglo XX, el movimiento sufragista era más amplio que nunca. Su impulso provenía de di-

Helen Keller en un mitin sufragista, Nueva York, 1916. (George Grantham Bain Collection/Library of Congress)

recciones dispares: Carrie Chapman Catt y la NAWSA, Alice Paul y el National Women's Party, Ida B. Wells y el Alpha Club, Clara Lemlich y la Wage Earners' League for Woman Suffrage, entre otras. Los diferentes bandos del movimiento no siempre trabajaron juntos ni se llevaron bien, pero unidos aumentaron la presión sobre los poderes fácticos y su activismo individual tuvo un efecto acumulativo. Gracias a este impulso, las sufragistas empezaron a disfrutar de una especie de racha ganadora, incluyendo éxitos electorales en algunos de los estados en los que se les había concedido el derecho al voto. En 1916, cuando las mujeres aún carecían de este a nivel federal, Jeannette Rankin, de treinta y seis años, ganó las elecciones a la Cámara de Representantes por Montana, un estado que había ratificado el derecho al voto femenino a nivel estatal en 1914, convirtiéndose en la primera mujer estadounidense elegida para un cargo federal. Montana era entonces uno de los estados más progresistas de la Unión; el oeste (y el suroeste) del país solía ser mucho menos conservador que el noreste. Las cosas cambiaron desde entonces, y Rankin sigue siendo la última mujer elegida para el Congreso por ese estado. Sin embargo, incluso ella comprendió que la importancia de su elección no radicaba únicamente en su género, y no vio su propia victoria como un triunfo de todas las mujeres; más bien comprendió que estaba sobre los hombros de las activistas y que su responsabilidad era ayudar a crear una sociedad en la que más mujeres (de todas las profesiones y condiciones sociales) pudieran ser elegidas, y en la que todas las personas pudieran prosperar. Rankin siguió luchando por los derechos de la mujer durante el resto de su carrera, hasta su muerte en 1973, a los noventa y dos años.

Mientras las sufragistas veían cómo su lucha daba por fin algunos frutos, la división entre el ala del movimiento representada por Alice Paul y el ala representada por Carrie Chapman Catt seguía creciendo. Este conflicto interno llegó a su punto culminante cuando Woodrow Wilson fue elegido para su segundo mandato como presidente, en 1916. Con frecuencia es la interacción entre las luchas sociales desde abajo y el liderazgo político en la cúspide lo que hace o deshace un movimiento y determina su éxito. La causa sufragista y su relación con Wilson fueron un ejemplo de esta dinámica. Wilson era una figura compleja en términos políticos, asociada al movimiento progresista en algunos aspectos, pero también profundamente conservadora en otros, especialmente en lo relativo a los derechos de las mujeres y los negros estadounidenses. Cuando fue reelegido en 1916, Wilson seguía estando en contra del sufragio. En abril de 1917, a pesar de haber hecho campaña para mantenerse al margen de la Gran Guerra, que se había convertido en un baño de sangre en Europa, el gobierno de Wilson entró en ella del lado de los Aliados (Gran Bretaña, Francia y Rusia) y en contra de Alemania y el Imperio austrohúngaro.

La entrada de Estados Unidos en la guerra tuvo un efecto opresivo y escalofriante en la sociedad estadounidense: la administración Wilson criminalizó prácticamente la disidencia y las críticas a su participación en la guerra. Las autoridades locales acosaron a los objetores de conciencia, a los germanoamericanos y a los activistas sindicales que se atrevían a seguir luchando por sus derechos en el entorno hipernacionalista de los tiempos de guerra. Como había ocurrido décadas antes durante la Guerra Civil, se esperaba que las sufragistas dejaran de lado sus reivindicaciones y se unieran en torno al patriótico esfuerzo bélico (como si ambas cosas estuvieran en conflicto; no lo estaban). Muchas lo hicieron, incluida la NAWSA de Catt. Pero fue en ese momento cuando los líderes del ala más radical del movimiento tomaron una decisión fatídica: siguieron adelante. Despreciando el liderazgo conservador, progresista y segregacionista de Catt (el desprecio fue recíproco), Paul y sus amigas ya habían abandonado la NAWSA y habían creado el National Women's Party (NWP) en 1916. Tras la entrada de Estados Unidos en la guerra, cuando se esperaba que todo el mundo mostrara lealtad al gobierno, el NWP no solo siguió exigiendo el sufragio, sino que incrementó sus esfuerzos. De forma ingeniosa, e irritante para Wilson, empezaron a utilizar la campaña de guerra del presidente en su contra, incluidas sus propias palabras.

Desde el principio, Paul, su socia y amiga Lucy Burns, y las otras jóvenes radicales del NWP se mostraron decididas a presionar directamente a los dirigentes del país. No pedían el voto algún día, sino el voto ahora mismo. Querían pasar del enfoque más convencional del sufragio basado en los «derechos de los estados» a una enmienda constitucional que obligara a todos los estados, incluidos los más reacios al sufragio. Eso supuso una diferencia. Cuando aún estaban en la NAWSA, Paul y Burns habían mostrado sus intenciones y su enfoque innovador organizando la primera Marcha por el Sufragio Femenino en Washington D. C. el 3 de marzo de 1913, un día antes de la toma de posesión del recién elegido presidente Wilson. Fue un acontecimiento estridente, en el que las mujeres sufrieron

Inez Milholland en la Marcha por el Sufragio Femenino, Washington D. C., 3 de marzo de 1913. (Bains News Service photograph collection/Library of Congress)

todo tipo de indignidades por parte de los hombres que abarrotaban las calles, mientras la policía no hacía nada por protegerlas. Pero también fue un acontecimiento extravagante y visualmente llamativo, quizá simbolizado por la sufragista Inez Milholland montando un caballo blanco a la cabeza de la marcha.

La Marcha por el Sufragio marcaría la pauta del tipo de política y liderazgo en el que Paul creía: presión constante sobre los poderes fácticos, presencia en las calles, demostración de números, forzar a las autoridades políticas y locales a responder a las demandas de las mujeres. Estas actividades se aceleraron durante la presidencia de Wilson y llegaron a su punto culminante cuando el país entró en la Gran Guerra. Eso significó que las marchas y las llamadas centinelas silenciosas (sufragistas que protestaban con pancartas frente a la Casa Blanca) continuarían sin importar lo que ocurriera en el ámbito político. El mensaje era claro: la reivindicación del voto y de la igualdad no estaba condicionada por nada más. La causa del sufragio ya no quedaría relegada a un segundo plano. Era un derecho básico sobre el que las sufragistas se negarían a transigir, un punto de partida innegociable. Esto significaba que las manifestaciones y las detenciones iban a ser un elemento básico de la lucha de Paul. En 2023, muchos comentaristas y políticos liberales y conservadores seguramente habrían denunciado a estos sufragistas por su falta de decoro y «civismo»: protestaban frente a la casa del presidente. El mismo tipo de élites complacientes las criticaron de forma similar en 1917.[11]

Mientras Catt continuaba con su táctica de hacer política con los funcionarios electos y presionarles para que hicieran avanzar la causa del sufragio, Paul insistía en la visibilidad, la

Centinelas silenciosas en una manifestación frente a la Casa Blanca, 1917. (Harris & Ewing/Library of Congress)

presión y el sacrificio físico. Manifestarse en la Casa Blanca con pancartas que acusaban a Wilson de hipocresía por afirmar que luchaba en la guerra para que el mundo fuera «seguro para la democracia» cuando su país, Estados Unidos, se negaba a conceder derechos democráticos a su propio pueblo (las mujeres), era una propuesta arriesgada; la reacción de las autoridades fue rápida y violenta. Tras unos meses en las que fueron toleradas o ignoradas, Paul y otras fueron detenidas y encarceladas, con el pretexto oficial de que estaban alterando el orden público, es decir, «obstruyendo el tráfico» y otras racionalizaciones por el estilo, castigándolas tan solo por exigir derechos en tiempos de guerra. En prisión, las mujeres realizaron huelgas de hambre y sufrieron el tipo de trato que suele asociarse a los regímenes autocráticos alejados de Estados Unidos, el tipo de régimen contra el que supuestamente luchaba la nación en nombre de la democracia. El gobierno nunca reconoció a las mujeres como presas políticas (aunque eso es lo que eran) y las alimentó a la fuerza con sondas, las golpeó y las aterrorizó. El objetivo era embrutecerlas para que renunciaran a sus reivindicaciones o, al menos, se conformaran con exigir sus derechos de forma educada e ineficaz, para siempre, mientras los hombres ricos en el poder seguían aplazando y dando largas al asunto. O tal vez la violencia que sufrieron las sufragistas en la cárcel tenga una explicación más sencilla: era una oportunidad fácil para hacer daño a las mujeres, sobre todo a las que se defendían. Pero Paul y sus compañeras no se amilanaron y supieron utilizar esta experiencia en beneficio de la causa, dando publicidad a sus tribulaciones de forma eficaz e impresionando a los espectadores políticos.[12]

La transición de la brutalidad carcelaria al éxito político al más alto nivel fue, en este caso, contundente: poco después de que las sufragistas salieran de la cárcel, apenas unos meses después de haber sido alimentadas a la fuerza y obligadas a convivir con alimañas, el Congreso aprobó la Decimonovena Enmienda. Esta particular lucha social tuvo una especie de final feliz. El 30 de septiembre de 1918, el presidente Wilson pronunció un discurso ante el Senado en el que respaldaba el sufragio femenino.[13] Y el 21 de mayo de 1919, la Cámara de Representantes aprobó la enmienda sobre el Sufragio por 304 votos a favor y 89 en contra (42 más que los dos tercios necesarios); el Senado la ratificó en junio. Después de eso, un estado tras otro ratificó la enmienda, y cada gobernador la convirtió en ley, a menudo con fanfarria mediática y en compañía de líderes sufragistas (entre ellos Catt y sus amigos, pero no Paul y sus compañeras, y desde luego, tampoco Wells y sus compañeras ni Lemlich y O'Reilly y sus compañeras). La señal simbólica de estos acontecimientos fue clara: la dirección nacional, aunque se vio obligada a cambiar su postura sobre el sufragio por múltiples fuerzas, solo estaba dispuesta a reconocer el mérito de una de ellas, la que había continuado durante toda la lucha trabajando con las autoridades políticas y el sistema existente, y adulándolas. A las personas más poderosas de cualquier sistema les interesa, cuando se ven obligadas a compartir el poder con quienes antes tenían menos poder, reconocer solo a aquellos de entre los menos poderosos que no desafían al sistema, sino que,

El gobernador de Kentucky Edwin P. Morrow firma el proyecto de ley de ratificación de la Decimonovena Enmienda, 6 de enero de 1920. (Library of Congress)

por el contrario, intentan formar parte de él. Y también es cierto que quienes trabajan fuera de las instituciones y desafían al sistema son reacios a darle crédito a los poderes fácticos cuando su lucha tiene éxito. Para esa gente, los logros pertenecen a los que tienen menos poder, no a los que están instalados en él. No les entusiasma fotografiarse en presencia de presidentes y gobernadores.

Dado que la historia del movimiento sufragista es una historia de éxito, al menos en apariencia, con la aprobación de la Decimonovena Enmienda, resulta un ejercicio interesante la idea de preguntarse quién se lleva la mayor parte del mérito. ¿Quién fue el líder más importante o influyente de esta historia? Hay tres participantes principales, no solo como líderes por su cuenta, sino como representantes de algo más amplio.

El primero es Woodrow Wilson, que representa el liderazgo nacional. Durante años, Wilson se opuso personalmente a una enmienda constitucional sobre el sufragio. Pero hacia el final de su segundo mandato como presidente, cambió su postura, declarándose a favor del sufragio a nivel nacional, e incluso abogó por ello en su discurso ante el Senado, donde todavía había resistencia a la idea, hasta dentro de su propio partido. Muchos lectores se centrarán sin duda en el papel de Wilson y en su cambio de opinión, sin el cual la Decimonovena Enmienda no habría sido aprobada. Al fin y al cabo, solo los líderes políticos oficiales e institucionales del país (el presidente y los miembros del Congreso) podían aprobar la ley que concedía el voto a las mujeres. Según esta idea, Wilson «evolucionó» hasta ver que el sufragio formaba parte de la lucha por la democracia que él mismo llevó a cabo en Europa. Según este argumento, Wilson creía en el sufragio porque creía en los valores progresistas, la justicia social y la igualdad.[14]

Pero sabemos que el presidente, al igual que los miembros del Congreso que al final votaron a favor del sufragio femenino, no cambió repentinamente de opinión después de tantos años porque viera la luz, por mucho que quienes se sienten atraídos por los individuos poderosos quisieran admirarlo por ello. En su discurso de septiembre de 1918 ante el Senado, Wilson enmarcó su nuevo apoyo al sufragio como una especie de recompensa a las mujeres estadounidenses por su contribución al esfuerzo bélico, pero esto parece un tanto interesado y poco sincero: sabemos que estaba sometido a una presión constante sobre el tema, y las líderes sufragistas, en los años anteriores a la aprobación de la enmienda, habían intensificado su lucha y se negaban a que se siguiera postergando el asunto. Al final, Wilson calculó que luchar contra el sufragio ya no valía la pena. Si la cuestión hubiera dependido de él y de otros políticos, y sin esas presiones externas, las mujeres todavía podrían estar esperando el sufragio en 2023. Así es como se producen los cambios.

De modo que, en este caso, ¿qué líder se lleva el mérito de haber obligado a Wilson a aceptarlo? Tenemos dos candidatas que representan dos tipos de liderazgo: Carrie Chapman Catt y Alice Paul. Los que atribuyen el éxito a Catt se centrarán en cómo convenció al presidente en lugar de forzarlo o avergonzarlo. La visión de cambio de Catt era conservadora. Las mujeres eran patriotas. Las mujeres formaban parte de una sociedad respetable. Las mujeres reforzaban las jerarquías de raza y clase. El sufragio, según esto, no implicaba ningún cambio profundo en el orden social. Se trataba de rectificar un error dentro de un sistema bueno y un país virtuoso, incorporando a las mujeres al redil nacional al que pertenecían, permitiéndoles el acceso a las estructuras y al espacio político que los hombres ya ocupaban y dirigían.

La última contendiente por el mérito es Alice Paul. La suya fue una visión radical de la lucha por el sufragio, que hacía hincapié en la acción, la visibilidad, el sacrificio y un espíritu que, décadas más tarde, Martin Luther King Jr. definiría como «la feroz urgencia del ahora ya». Algunos podrían concluir que, debido a la naturaleza de su activismo y a lo que estaban dispuestas a hacer para que se hiciera justicia, Paul y sus amigas del NWP estaban más comprometidas con la causa que sus homólogas de la NAWSA. Esto no es así. Catt dedicó su vida al sufragio, estaba comprometida con ello y pasaba todas las horas de su vida trabajando por ello. La diferencia no radicaba en cuánto deseaban el sufragio las distintas activistas. Fue el enfoque que adoptaron, el modelo de liderazgo que eligieron y lo que estaban dispuestas a hacer para conseguir su objetivo. Paul estaba apegada al aspecto transformador del sufragio. Quería el sufragio como un derecho, al igual que Catt, pero quería que tuviera un significado político más profundo. Para ella, no se trataba de lo que los hombres en el poder hicieron para conceder el sufragio a las mujeres, sino de lo que las mujeres con poco poder estaban dispuestas a hacer para conseguir el sufragio para sí mismas.

Sin embargo, este ejercicio de atribuir el mérito a un líder en detrimento de otros es históricamente inexacto y, en lo político, perjudicial. ¿Por qué un grupo de activistas debería tener más mérito que otro? Es seguro que el éxito de la lucha por el sufragio fue el resultado de un esfuerzo conjunto de diferentes líderes con enfoques complementarios. Siguiendo esta lógica, lo más importante en la historia de la lucha sufragista fue el resultado. ¿A quién le importa el mérito o el significado?

Este argumento tiene cierto peso, y es verdad que poner a diferentes líderes sufragistas a competir entre sí resalta las divisiones y oculta en parte el objetivo común, olvidando que su verdadero adversario nunca fueron las compañeras sufragistas, sino la negación del voto y la discriminación estructural, pero también es importante reconocer los desacuerdos fundamentales que existieron (no de forma retrospectiva, sino en tiempo real) entre líderes que podrían haber querido, a primera vista, lo mismo. La tarea de reconocer y analizar estas diferencias de opinión y estrategia, así como el conflicto entre Catt y Paul, supone un respeto adecuado a los métodos y opciones que tomaron las líderes sufragistas. Al analizar estos casos, corremos el riesgo de encubrir los desacuerdos y los puntos de vista contradictorios, y de restar importancia al conflicto entre víctimas de la misma discriminación que luchan contra ella de formas diferentes. La lucha por el sufragio en Estados Unidos ilustra la típica disyuntiva a la que se enfrentan los líderes de grupos con poco poder cuando intentan obtener la misma clase de poder, o más.

La diferencia de enfoque no solo tiene su origen en el temperamento y el estilo, sino también en la forma en que los líderes interpretan y entienden la lucha en la que están inmersos. Hay que admitir que Catt entendía el progreso en términos de igualdad formal, de prohibición de la discriminación por razón de género. La Decimonovena Enmienda fue la culminación de esta lucha y significó la victoria, sin escenificar una revolución o incluso sin tener que reemplazar a los líderes elegidos. Catt creía en las instituciones existentes. Para Paul, la aprobación de la enmienda era importante, pero era un punto de partida en el camino hacia una sociedad diferente. Pasó el resto de sus años intentando aprovechar ese momento para hacer avanzar los derechos de la mujer más allá del voto: en 1923, por ejemplo, presentó por primera vez en el Congreso la Enmienda para la Igualdad de Derechos, que establecía simplemente que «los hombres y las mujeres tendrán los mismos derechos en todos los Estados Unidos y en todos los lugares sujetos a su jurisdicción» (Estados Unidos, hasta la fecha, no ha aprobado ninguna enmienda constitucional que prohíba la discriminación contra las mujeres). Y conseguir el derecho al voto no fue una mera formalidad política o jurídica, ya que las circunstancias de su aprobación, el camino para llegar hasta allí, fueron tanto o más importantes que el resultado. En las aulas, suele haber respuestas opuestas a esto: lo que importa es que las mujeres obtuvieron el voto, o que las mujeres obtuvieron el reconocimiento por sus esfuerzos y liderazgo y, por tanto, el logro les pertenecía a ellas y no a los hombres que votaron a favor.

Otra forma de ver este debate es preguntarse si era realmente necesario hacer lo que Paul y sus compañeras hicieron. ¿Necesitaban mantener una manifestación delante de la Casa Blanca durante una guerra mundial, avergonzar al presidente y ser arrestadas, golpeadas, encarceladas y alimentadas a la fuerza? Algunos podrían reaccionar ante todo esto afirmando que el sufragio se habría conseguido incluso sin las muestras de sacrificio físico de Paul: se consiguió a través de acuerdos políticos en el Congreso y porque el presidente acabó impulsándolo, es probable, con la esperanza de ganar más votos para su partido, y no por razones históricas o ilustradas. Desde este punto de vista, lo que importaba era el juego a largo plazo de Catt y las realidades de la política. El activismo de Paul era un mero espectáculo que hizo que un proceso del que la mayoría de la gente en el poder estaba a favor fuera mucho más enconado y melodramático de lo necesario. Pero el punto de vista contrario es que, incluso si el sufragio se hubiera producido de todos modos en algún momento, Paul y el NWP estaban tratando de transmitir un punto más amplio sobre el significado del sufragio: no se trataba solo de la capacidad de votar, sino del poder que las mujeres pueden tener en la sociedad. El logro de ganar la lucha por el sufragio no era una recompensa por buen comportamiento que los hombres daban a las mujeres, sino un derecho básico que las mujeres exigían y obtuvieron.

Algunos podrían decir que la lucha por el sufragio fue una lucha de lujo, una causa de *boutique*, no un intento de transformar la sociedad sino un esfuerzo por permitir a las mujeres participar en las mismas estructuras jerárquicas existentes. Estos escépticos podrían señalar el hecho de que, tras la aprobación de la enmienda, los Estados Unidos no cambiaron de forma significativa, ni social, ni económica, ni políticamente. Debido a esta reputación, con frecuencia se ha considerado la lucha por el sufragio como algo menos importante que la lucha por la emancipación de las décadas de 1850 y 1860 o la lucha por los derechos civiles de las décadas de 1950 y 1960. Pero no podemos evaluar el legado de un movimiento social solo por los resultados a largo plazo de su lucha. Debemos centrarnos en la lucha en sí, y este podría ser el verdadero legado del movimiento sufragista. Los líderes en estas situaciones, cuando tienen poco poder, deben decidir si están dispuestos a enemistarse con según qué gente, incluida la del poder, gente que pueden necesitar. También deben decidir si van a establecer alianzas y, en caso afirmativo, con quién, y si pueden hacerlo sin comprometer sus principios ni diluir su mensaje o sus ambiciones. En resumen, tienen que decidir si van a trabajar con y dentro del sistema (como hizo Catt) o contra él (como hizo Paul).

¿Qué opción es más eficaz? ¿Cuál es más valiosa? Las sufragistas no fueron las primeras en enfrentarse a esta cuestión, ni serían las últimas. La lucha por el sufragio y sus conflictivas formas de liderazgo demuestran que no hay una única respuesta a esta pregunta. Tal vez cualquiera de las dos versiones de la lucha habría logrado el voto, pero lo cierto es que la existencia simultánca de ambas versiones hizo que sucediera cuando sucedió. La lección de liderazgo de la lucha por el sufragio es que hay más de un camino hacia el éxito (o el fracaso), y que la elección de cómo liderar con poco poder puede depender más de cómo la gente quiere luchar por la causa que de cómo creen que podrían ganar. Sobre una cuestión no hay duda: fue la alianza y la solidaridad entre las mujeres que disponían de protecciones y derechos básicos y las mujeres que carecían de ellos lo que permitió que la lucha creciera y triunfara. Para ganar, las sufragistas tuvieron que ser guerreras comprometidas con su causa, rebeldes decididas contra el orden social que les negaba el poder político y la representación, y santas sosegadas cuando los tiempos exigían abnegación. Al final, la combinación resultó imposible de parar.

4
CÓMO LIDERAR BAJO LA TIRANÍA

Una cosa es vivir una crisis en la sociedad, y otra ser líder durante una crisis, o poder elegir o incluso preferir a tu líder durante una crisis. En el caso de Franklin Roosevelt, estamos hablando de un hombre que se enfrentó a profundos desafíos a su liderazgo, pero que también estaba a la cabeza de un país grande y poderoso. Podía permitirse el lujo de maniobrar políticamente, de ir en la dirección que prefiriera, de impulsar políticas que creía que ayudarían al público. Tenía los medios y el poder para ello. Mucha gente seguía sus órdenes. Otros le aconsejaban. Tenía protección y seguridad. Tenía legitimidad y apoyo. Y la gente, al menos la mayoría, a pesar de experimentar dificultades y sufrimientos sin precedentes en una crisis terrible, tenía cierto margen de elección. Podían intentar buscar una vida mejor. Podían expresarse. Estaban en una democracia, aunque defectuosa. Desempeñaron un papel en la determinación de los líderes y el liderazgo que tenían, y eligieron a Roosevelt en repetidas ocasiones.

Pero ahora imagínate el polo opuesto de esos lujos relativos: no eres el líder, no tienes capacidad para elegir a tu líder, y los líderes que tienes son peligrosos, violentos, criminales o inmorales. Tal vez sean los líderes que están por encima de ti, pero no son líderes para ti: están empeñados en hacerte daño a ti y a tu familia y amigos, tal vez incluso en destruirte o matarte. Puede que a la gente que te rodea, quizá incluso a la mayoría, le guste y apoye este liderazgo. O puede que no haya ningún liderazgo por encima o a tu alrededor que puedas reconocer. Solo hay caos y violencia. Puede que tú, o incluso otras personas, estéis en peligro de sufrir daños físicos.

¿Qué harías en estas circunstancias? ¿Cómo podrías liderar en una situación así? Para innumerables personas de todo el mundo, en el pasado y en el presente, no se trata de preguntas retóricas: son bastante reales. Para empezar, la mayor parte de la población mundial no vive bajo ningún tipo de democracia, aunque sea una imperfecta. Mucha gente (alrededor de un tercio de la población) vive bajo alguna clase de dictadura. Estos tipos de regímenes varían en varios aspectos, pero tienen en común algunos rasgos básicos: no hay pluralismo político, ni siquiera ideológico, integrado en el sistema, y la gente no puede elegir a sus propios líderes políticos. Pero quizá la variación más significativa sea el grado de control que los líderes ejercen sobre el público, y hasta qué punto incluye violencia y abusos. Se puede vivir bajo el autoritarismo o un régimen dictatorial y encontrarse en una crisis, por ejemplo, cuando el régimen ya no es aceptable para uno mismo o para los demás, o incluso para las masas. Es en esos momentos de crisis cuando pueden surgir distintos líderes. No serán los líderes formales que están a la cabeza del país o del gobierno. En lugar de ello, tenemos que imaginar y buscar un modelo diferente de liderazgo, no del tipo previsto por Maquiavelo. Podría tratarse de líderes con pocos seguidores y sin poder institucional. Es posible que no puedan declararse abiertamente líderes o darse a conocer como tales, o darse a conocer en público en absoluto. Puede que ni siquiera conozcamos sus nombres. Su liderazgo y su legado se forjarán en función de lo que hagan: si se someten o se rebelan, si eligen la vida o la muerte, si aceptan la situación o la rechazan. Es en estos momentos cuando aprendemos la importante lección de que no siempre la persona que se encuentra en la cima del poder resulta ser el líder más importante con el paso del tiempo.

Vivimos, en muchas partes del mundo, en una cultura política en la que existe una gran confusión sobre el significado de asuntos como «tiranía», «dictadura» y «resistencia». El libre uso de términos que, históricamente, significan algo por completo distinto de lo que ocurre en el presente es un odioso efecto secundario de una sociedad en gran medida ignorante del pasado y en la que el uso político de la historia, y en especial de las analogías históricas, para ganar puntos es, con frecuencia torpe, manipulador o alejado de la realidad.[1] Por lo tanto, es importante analizar los casos reales de opresión, tiranía y resistencia del pasado, no porque sean tan diferentes de los actuales, sino porque estas cosas siguen existiendo hoy día, aunque no necesariamente en los lugares o contextos que la gente suele pensar. El liderazgo puede tener un significado muy diferente cuando el líder está en una sociedad libre y cuando está en una sociedad que no lo es.

Para ver un caso genuino y aterrador de tiranía, volvamos a la Europa de 1940 y a una imagen inquietante. No sabemos quién tomó la foto conocida como «El francés lloroso», que apareció por primera vez en un número de 1941 de la revista *Life*. Muestra un primer plano de un hombre de mediana edad vestido de traje, llorando abiertamente mientras está de pie en una calle observando algo. Se encuentra rodeado a ambos lados por hombres y mujeres que muestran una amplia gama de emociones.

La foto la tomaron en septiembre de 1940, en Marsella (Francia), un año después del comienzo de la Segunda Guerra Mundial en Europa, y menos de tres meses después de la caída del país en manos de la Alemania nazi. La multitud congregada observa cómo los militares franceses derrotados portan las banderas del país por las calles de Marsella camino del «exilio» en África. Es un símbolo para los franceses de que su país ya no es libre. El ejército francés, considerado el más poderoso de Europa, fue aplastado por los invasores ale-

«Francés lloroso», Marsella, Francia, septiembre de 1940. (*Life Magazine*/NARA)

manes, sus enemigos acérrimos durante dos siglos. La supuestamente impenetrable Línea Maginot, concebida como el escudo defensivo definitivo, resultó no serlo en absoluto. Francia y Gran Bretaña le habían declarado la guerra a Alemania después de que las fuerzas de Hitler invadieran Polonia en septiembre de 1939, pero, en realidad, no lucharon mucho; esta llamada «guerra falsa» (como la llamaban los franceses, la *drôle de guerre*) terminó con los franceses derrotados y humillados, a merced de sus enemigos jurados.[2] El dictador nazi Adolf Hitler llegó al París conquistado e hizo todo lo que pudo para restregárselo: tomarse fotos como un turista en la Torre Eiffel, montar alegres escenificaciones en público y asegurarse de que los lugareños entendieran quién mandaba ahora. Esto es, en esencia, lo que el lloroso francés veía y a lo que reaccionaba.

Los nazis tenían una visión clara y definida del mundo bajo su dominio, y dentro de ese marco tenían planes específicos para Francia; el país debía ser completamente subyugado. Los funcionarios franceses ofrecieron a Hitler su plena colaboración a través de un triste proceso que ha sido objeto de una traumática exploración histórica desde entonces. Los alemanes dividieron el país en dos zonas, una ocupada y otra no ocupada, esta última gobernada por un régimen títere con sede en la ciudad balneario de Vichy, en el sur del país. El líder de este régimen, y nuevo jefe de Estado *de facto*, era el *maréchal* Pétain, un general de ochenta y cuatro años, quizá la figura militar más condecorada de Francia, que había sido héroe de la victoria sobre los alemanes en la Gran Guerra, veintidós años antes.

La idea oficial de este régimen colaboracionista, que se le presentó a la opinión pública francesa como una necesidad patriótica, era que su objetivo era proteger al país, conservar en la medida de lo posible su soberanía tras caer en manos de los alemanes. Funcionaba bajo el supuesto, y la esperanza, de que los alemanes ganarían la guerra y habría un nuevo orden nazi en Europa. El régimen de Vichy inventó una historia por completo falsa sobre la necesidad de proteger la integridad de la independencia francesa. Incluso después de que acabara la guerra y Francia volviera a ser libre, la propaganda nacional siguió divulgando esta mentira, que también sirvió de tapadera para la rehabilitación de muchos funcionarios de Vichy y su regreso a la política y las instituciones francesas (y por el hecho de que la mayoría de la población había votado por ellos para que gobernaran). La verdad es que los principales objetivos del régimen de Vichy eran, en orden creciente de importancia, destruir a la izquierda francesa, establecer la dominación alemana del país (tanto en las zonas ocupadas como en las «no ocupadas»), ayudar a los nazis a ganar la guerra en el extranjero y llevar a cabo la redada, deportación y posterior asesinato de los judíos de Francia como parte del genocidio nazi del pueblo judío. Los dirigentes de Vichy, que supuestamente protegían al pueblo francés de los daños del orden nazi, traicionaron con facilidad a sus propios ciudadanos judíos franceses, junto con muchos otros, y los enviaron a la muerte.[3]

Esto fue lo que hicieron los «líderes» oficiales. Pero no es necesariamente lo que hizo la gente corriente. Tienes que preguntarte qué harías si invadieran tu país y lo ocupara una potencia extranjera asesina, cómo actuarías si, de repente, tuvieras unos supuestos líderes que estuvieran mandando a la muerte a personas inocentes a tu alrededor por ser quienes son o por lo que son. Suponiendo que creyeras que eso está mal, ¿te levantarías y lucharías?

No es fácil responder a estas preguntas. Pero son preguntas reales a las que se enfrentaron personas reales en momentos reales, no solo en Francia a principios de 1940, sino en muchos otros lugares y en muchos otros momentos de la historia. A la gente con sentimientos dignos y humanos le horrorizan el nazismo y el genocidio. A muchas de esas personas les encantaría pensar que nunca aceptarían ser gobernadas por semejantes monstruos. Si pudieran, resistirían. Si echamos la vista atrás, tendemos a esperar que las personas de la historia se enfrenten a invasores y tiranos. Juzgamos así a la gente del pasado. Puede que no seas judío, pero si a tus vecinos judíos los sacan de sus casas en mitad de la noche y sabes que quienes lo hacen van a hacerles daño, seguramente harías algo al respecto. Pero la cruda realidad es que poca gente hizo algo al respecto. La mayoría aceptó el orden nazi y el régimen de Vichy como la nueva realidad.

De hecho, mucha gente no se limitó a aceptar esta nueva situación, sino que la aplaudió o la celebró. En ello había un importante componente ideológico. El régimen de Vichy no surgió de la nada ni fue una simple imposición nazi. El fascismo, la ideología fuente del nazismo, tuvo su cuna intelectual en Francia.[4] El antisemitismo virulento era tan francés como el *ratatouille*, aunque la versión francesa no estaba tan determinada biológicamente como la abominación que idearon Hitler y los nazis. Durante la década de 1930, Francia había estado al borde de la guerra civil entre la izquierda y la derecha, y en febrero de 1934, poco después de la llegada de Hitler al poder en Alemania, los fascistas franceses hicieron lo que algunos historiadores consideran un intento de derrocar al gobierno elegido en democracia mediante la violencia callejera.[5] Para muchos, Vichy significaba la restauración de la verdadera nación y sus valores propios.

La derecha francesa odiaba la Tercera República, el sistema de gobierno que llevaba en vigor en Francia desde 1870, mientras que otros eran hostiles al legado de la Revolución de 1789, que había derrocado a la monarquía, derribado a la aristocracia, atacado los privilegios de la Iglesia católica y pretendido destruir las jerarquías que habían gobernado el país durante siglos. Estos «reaccionarios» odiaban al gobierno del Frente Popular que se había formado en 1936 y que había dirigido el país hasta 1938. Ese gobierno fue elegido democráticamente (primer *strike*), incluía a los partidos socialista y comunista de izquierdas (segundo *strike*) y tenía un primer ministro judío (y socialista), Leon Blum (tercer *strike*). Para la derecha, que existiera un gobierno así era señal de una absoluta decadencia moral y de un tremendo declive nacional. Los dirigentes de Vichy y sus más fervientes partidarios odiaban la democracia, el cambio, la igualdad, el socialismo, el cosmopolitismo, a los extranjeros y a los judíos. Creían que las mujeres no tenían ninguna función en la política y que su principal deber social era ser esposas y madres. La mayoría de la gente que colaboró de forma activa con los nazis eran conservadores sociales y culturales, pero muchos de ellos eran fascistas que sentían simpatía, incluso admiración, por los nazis. Si debían elegir entre el Frente Popular dirigido por Blum o el nazismo, no faltaron franceses que, sin dudarlo, se decantaron por lo último.

Sin embargo, no debemos atribuir todo lo que ocurrió en la Francia de Vichy a la ideología o al antisemitismo. Probablemente una razón mucho más importante de por qué ciertos ciudadanos franceses actuaron como lo hicieron fue uno de los deseos humanos más fuertes: el deseo de normalidad, que con frecuencia equivale a conformidad. El escenario ideal en 1940, al menos para aquellos que podían hacerlo, era acatar el nuevo *statu quo* en un esfuerzo por mantener la vida lo más normal posible.

Mucha gente creía que, gracias a la capitulación francesa y a la colaboración del régimen de Vichy, Francia se había librado de los horrores de la guerra que estaban ocurriendo en otros lugares de Europa donde esta continuaba. No se equivocaban. París permaneció, en su mayor parte, prístina y hermosa; era inquietante que estuviera cubierta de banderas nazis en los edificios oficiales y que albergara constantes desfiles militares alemanes en las calles, pero no había quedado

Los oficiales de la Wehrmacht alemana comparten la terraza de un café con los lugareños, París, Francia, julio de 1940. (Shawshots/Alamy Stock Photo)

reducida a escombros por los aviones alemanes como Londres o Varsovia. La mayoría de los productos estaba estrictamente racionadas y la vida de la mayoría de los parisinos era austera (como en otras ciudades francesas). Mientras no fueran judíos marcados para la deportación y la muerte, y si estaban dispuestos a agachar la cabeza y no luchar contra sus nuevos amos, podían seguir visitando cafés, dar paseos en bicicleta, comprar en el mercado, tomar el sol a orillas del Sena, coquetear con las amistades, besarse bajo los faroles, leer y escribir libros. Podrían seguir viendo florecer las flores y oyendo cantar a los pájaros: esas cosas no se acaban para los fascistas. Podían ver a una vecina por la calle con una estrella amarilla en el pecho y saber lo que le pasaría, y así mismo quitarse esa imagen de la cabeza y seguir con las rutinas mundanas de la vida.

Al mismo tiempo, para disuadir a los que albergaban alguna duda de conciencia, el país fue bombardeado con una de las herramientas más eficaces para prevenir la rebelión: la propaganda. Pétain aparecía en carteles pegados por todas partes representado como una figura paterna, o de abuelo. ¿Cómo podía alguien pensar que no velaba por los intereses de sus compatriotas? «¿Eres más francés que él?», preguntaba desafiante un cartel de propaganda de Vichy, que presentaba a Pétain como un hombre gigantesco y protector. Esta propaganda, aprobada por los señores nazis pero que reflejaba los temas favoritos de la derecha nacionalista francesa durante generaciones, también presentaba las supuestas amenazas reales para el pueblo francés: judíos, masones, bolcheviques y británicos.

¿Cómo es la vida cotidiana bajo la tiranía? Es posible que tengamos en la cabeza una visión de la vida bajo un régimen

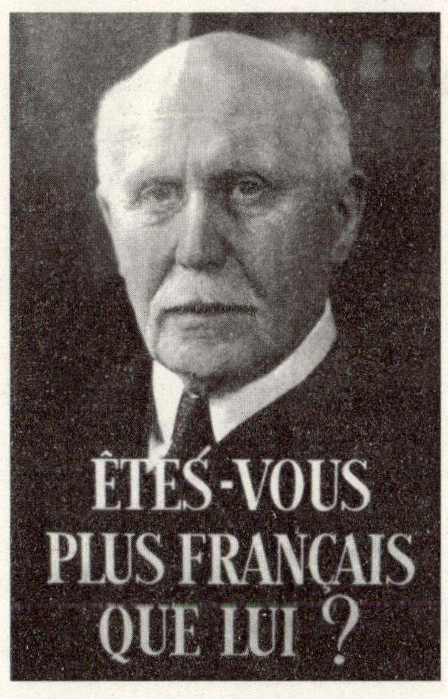

«¿Eres más francés que él?». Cartel de propaganda de Vichy con Philippe Pétain, 1940. (Photo 12/Alamy Stock Photo)

fascista y genocida como algo que resulta continuamente brutal y violento, con miedo y terror en las calles, muestras forzadas de nacionalismo, marchas y cánticos, personas aterrorizadas encadenadas o fusiladas en público, sombrío desaliento por todas partes. La realidad es diferente, y en cierto modo más aterradora. La vida bajo la tiranía puede ser banal, incluso agradable, para la mayoría de la gente. Si no eres el blanco de un régimen así, puede que no percibas ninguna diferencia entre un gobierno fascista y uno liberal. De hecho, tu situación personal puede ser bastante buena. Ese fue el caso de muchos franceses bajo el régimen de Vichy, que no vieron razón alguna para resistirse.

Por supuesto, como sabemos, algunos se resistieron. Esta *Résistance* tuvo incluso un líder reconocido, el general Charles de Gaulle, un militar hasta entonces desconocido que declaró su negativa a colaborar con los nazis y su intención de permanecer leal a la alianza con los británicos, que seguían luchando contra los alemanes. El renegado general De Gaulle permaneció en Londres, creando el movimiento Francia Libre, desde donde coordinó la Resistencia transmitiendo mensajes a sus compañeros y llamando al pueblo y a los soldados franceses a unirse a él.

Contrariamente a los poderosos mitos nacionales, que muchos franceses decidieron creer durante décadas después de la guerra, la resistencia contra la ocupación nazi y el régimen de Vichy fue algo a pequeña escala y desigual, sobre todo al principio. Como era de esperar, a medida que avanzaba la guerra y cuando parecía que los nazis acabarían siendo derrotados, muchos franceses se alistaron, y después de la guerra casi todos los habitantes del país podían afirmar, de un modo absurdo, que habían luchado con valentía como resistentes. Esta supuesta resistencia a gran escala se convirtió en la base de la identidad nacional francesa durante la reconstrucción del país en las décadas posteriores. Y lo que es más importante, esta aceptación tardía de la resistencia les permitió blanquear su implicación y complicidad con el régimen de Vichy. Pero, como señaló el historiador de la Francia de Vichy, Robert O. Paxton, los primeros días de la guerra fueron solitarios para los verdaderos *résistants*.[6]

De Gaulle y su círculo íntimo estaban en Londres. Pero la Resistencia dependía de la gente dentro de Francia que luchaba contra el régimen. ¿Quién podía hacerlo? La Resistencia era tan ecléctica como marginal. Estaba formada, entre otros, por tipos convencionalmente patrióticos que seguían el ejemplo de liderazgo del general De Gaulle. Muchos resistentes no eran en lo particular políticos o ideológicos. Las minorías étnicas de la ciudadanía francesa, como los armenios y los judíos, estaban muy representadas en las filas, muy por encima de su proporción en la población general. Las mujeres lucharon junto a los hombres, aunque sufrieron las mismas actitudes misóginas que caracterizaban a la sociedad en general. Al final, el grupo más numeroso de resistentes fueron los comunistas franceses, pero tardaron en unirse; de junio de 1939 a junio de 1941, se comprometieron con el Pacto de No Agresión nazi-soviético y denunciaron a los británicos como agentes del capital. Pero después de que Hitler incumpliera ese pacto e invadiera la Unión Soviética en 1941, los comunistas se convirtieron en los más feroces resistentes antinazis.[7] En general, la Resistencia francesa estaba formada por personas que en tiempos normales serían enemigos ideológicos. Dejaron de lado sus disputas políticas para luchar colectivamente contra otro enemigo común más poderoso.

Dado sobre todo el descuido con el que se utiliza el término *resistencia* en nuestros días, volvamos a examinar las consecuencias de la resistencia al régimen de Vichy y a los nazis. Para explicar lo que estaba en juego, no hacen falta muchas palabras, basta con mostrar una imagen inquietante del pueblo fantasma de Oradour-sur-Glane, en la región de Nouvelle-Aquitaine, donde, el 10 de junio de 1944, una unidad alemana de las Waffen-SS asesinó a 643 hombres, mujeres y niños, simplemente por ser habitantes de una comunidad que albergaba a miembros de la Resistencia.

Los que se unían a la *Résistance* sabían que arriesgaban su vida y la de todos sus allegados. Si les capturaban, se enfrentaban al encarcelamiento, la tortura y la muerte. ¿Quién sería tan valiente, o tan loco, como para unirse a la Resistencia en

El pueblo destruido y vacío de Oradour-sur-Glane, Francia, junio de 2008. (Tristan Leverett/Alamy Stock Photo)

esas condiciones? No la mayoría de la gente que podía llevar una vida «normal». Ni la mayoría de la gente que solo quería sobrevivir. Ni siquiera la mayoría de la gente que despreciaba a los nazis y encontraba despreciables a sus colaboradores. Muchos resistentes eran antifascistas comprometidos que no podían ni querían tolerar o aceptar el dominio nazi en su país, pero eso no era suficiente. Los que se unieron a la *Résistance* cuando las cosas parecían peor, cuando parecía que Alemania iba a ganar la guerra, eran sobre todo inadaptados de la sociedad, personas sin familia, apegos o responsabilidades importantes. Gente desesperada. Gente intrépida hasta la locura. Aventureros. Gente a la que le daba igual vivir o morir.

A lo largo de los años ha habido muchas representaciones de la Resistencia francesa, usualmente glorificando el heroísmo de la gente que se enfrentó a los males del nazismo y a la complicidad de Vichy; en Francia, durante décadas, la Resistencia disfrutó de una elevada posición, en el pináculo mismo de su identidad nacional. Pero entre los muchos libros y películas sobre el tema, el que más destaca es *El ejército de las sombras*, la melancólica y desgarradora obra maestra de Jean-Pierre Melville, de 1969. Cuando se estrenó, la película fue, en términos generales, rechazada. Para la joven generación de 1968, que ya se había rebelado contra De Gaulle y todo lo que representaba, una película que parecía ensalzarlo a él y a su lugar en la historia no iba a estar de moda. Tanto en lo político como en lo cultural, la película no estaba a la altura de los tiempos; a pesar de la aparición de varias estrellas de cine, como Simone Signoret, Lino Ventura y Jean-Pierre Cassel, prácticamente desapareció durante años. Pero cuando se restauró y reestrenó en 2006, treinta y siete años después de su realización, recibió por fin la aclamación que merecía desde hacía tiempo.

Basada en las memorias *L'Armée des ombres* (1943) de un miembro de la Resistencia, Joseph Kessel, y basada en los recuerdos del propio Melville como antiguo resistente (su verdadero nombre era judío: Grumbach), la película sigue a una pequeña célula de resistentes en los días más asfixiantes de la ocupación nazi.[8] A pesar del evidente trasfondo político de la historia, la película en sí es sorprendentemente apolítica. No es romántica. No muestra las motivaciones de nadie para unirse a la Resistencia. Nadie en la película explica por qué decidieron renunciar a todo lo que tenían para pasar a la clandestinidad y luchar contra los nazis, sabiendo que el resultado casi seguro sería una muerte brutal. No hay discursos. Nadie dice nada sustancial. De hecho, si la historia no estuviera indicada con claridad (comienza con una perturbadora escena de soldados nazis desfilando en París, tras la rendición francesa, y alude periódicamente a la guerra en curso fuera del país) uno con dificultad podría distinguir esta película de las de gánsteres de Melville (lo que los franceses llaman *polars*), que se caracterizan por el mismo tipo de terror existencial. Sin embargo, el parecido no es casual: los resistentes eran, en efecto, proscritos, que a veces actuaban en la clandestinidad y a veces se ocultaban a plena vista. Para el régimen de Vichy y sus amos nazis, eran los criminales más buscados del país.

Una cosa que la película muestra es que, en términos del esfuerzo bélico general, la Resistencia era básicamente insignificante. Los resistentes son una molestia para las autoridades, pero apenas hacen nada importante contra los ocupantes nazis o los oficiales de Vichy. Sus supervisores en Londres les niegan de forma sistemática las peticiones de armas y equipo, ya que están centrados en la guerra en general. Pasan casi toda la película siendo encarcelados, escapando de la cárcel, localizando traidores desde dentro, escondiéndose, enviándose mensajes codificados, disfrazándose, intentando salvar a sus compañeros de la ejecución y en una secuencia memorable, viajando de manera clandestina y corriendo grandes riesgos a Londres para reunirse (brevemente) con el gran hombre en persona, su líder, De Gaulle. Los miembros del grupo actúan bajo una estricta jerarquía y dentro de un código rígido, que está por encima de todo lo demás. Son valientes físicamente, pero pueden ser crueles y sumisos. La película termina con un trágico e impactante giro de los acontecimientos que hace que el espectador se cuestione por qué luchaban y si valía la pena. La película deja claro que

Cartel promocional original de *El ejército de las sombras*, de Jean-Pierre Melville (1969).

estos resistentes no temían morir; de hecho, sabían que quizá los matarían y vivían bajo esta sombría suposición. Estaban totalmente dispuestos a morir unos por otros y se sacrificarían con gusto si eso significara que la lucha pudiera continuar. Incluso llevan consigo pastillas de cianuro para poder suicidarse si eran capturados y torturados por no dar nombres de miembros de la Resistencia.

En medio de la cruda realidad de los resistentes y su desesperanza existencial, la película muestra repetidamente el significado de su resistencia. Nunca iban a derrotar a los alemanes, ni a derrocar el régimen de Vichy, ni a crear un mundo nuevo y mejor. Pero con todos sus esfuerzos continuos, su papel era otro: mantenían algo vivo en un mar de muerte. Tal vez fuera la llama de la independencia, el orgullo nacional o una chispa de humanidad. No todos los actos de resistencia son violentos y desafiantes. Algunos son sutiles, casuales o mudos. En una escena de suspenso, un resistente huye por la noche de los miembros de la Gestapo en una calle de París y, desesperado, entra en una barbería. Sin aliento, finge ser un cliente y acaba afeitado por un barbero que, como se nos muestra, tiene un póster de Pétain junto al espejo. Durante el afeitado, el barbero le pasa la cuchilla por el cuello. Los dos hombres no intercambian ni una sola palabra. Cuando el resistente se va, bien afeitado y aún con vida, el barbero (interpretado por el cantante Serge Reggiani) insiste en regalarle una de sus gabardinas, para sustituir a la que el resistente llevaba cuando huía de los nazis. En otra tensa escena, uno de los resistentes baja del tren en París con un transmisor ilegal en su maletín. Ve que hay policías de Vichy en el andén inspeccionando el equipaje. Improvisa y toma del brazo a una desconocida que camina con su hijo. Toma al niño en brazos y la joven madre no muestra sorpresa alguna. La falsa familia, sonriente, pasa por el control. En otra secuencia, un resistente se hace arrestar deliberadamente para que lo envíen a la misma celda de la Gestapo que su camarada, a punto de morir tras la tortura, y así poder darle la única pastilla de cianuro que le queda, no sin antes asegurarle que tiene dos, sabiendo que, si su camarada supiera la verdad, no aceptaría el veneno. Fue a través de estos pequeños actos que la gente corriente, mostrando una valentía extraordinaria, resistió.

A fin de cuentas, la importancia de la Resistencia en la Francia de Vichy solo puede apreciarse *a posteriori*, cuando la historia ya ha seguido su rumbo. La mayoría de la gente no resistió o no pudo resistir. Muchos colaboraron con los alemanes y se habrían conformado con un orden mundial bajo dominio nazi. ¿Qué habría ocurrido si los Aliados no hubieran ganado la guerra? ¿Qué habríamos pensado de la Resistencia y de sus líderes si De Gaulle no se hubiera convertido en el líder de la nación después de la guerra? El viejo tópico de que los vencedores escriben los libros de historia no es del todo erróneo. En ese universo alternativo, los resistentes habrían sido borrados de la historia o vistos como una banda de «terroristas» que fracasaron. Hay una larga lista de países en nuestro mundo actual donde los «malos» ganaron las grandes batallas del pasado y sus mitos nacionales retratan a los heroicos luchadores por la libertad del pasado como desviados o tontos.

En Francia, una vez liberada y terminada la guerra, la Resistencia le dio al país algo de lo que sentirse orgulloso, una identidad sobre la que construir, un líder al que seguir. Los británicos tenían a Churchill y su negativa a sucumbir a los implacables bombardeos alemanes. Los estadounidenses y los soviéticos tenían sus triunfos militares y su nuevo dominio mundial. ¿Qué tenía Francia en 1945? Vergüenza. Habían tenido un gobierno títere que había cumplido las órdenes de Hitler. Al mismo tiempo, tenían a De Gaulle y sus seguidores. La Resistencia proporcionó a la Francia de la posguerra un líder y, lo que es aún más importante, un modelo de liderazgo. De Gaulle habló de *La France Éternelle* («La Francia Eterna»), un mito que presentaba a la resistencia en tiempos de guerra como mucho más grande y significativa de lo que realmente era, y como representante de la verdadera esencia de la nación. Eso significaba esconder la criminalidad de Vichy bajo la alfombra, tratar la colaboración como una aberración o fingir que era más benigna de lo que en realidad era. También sentó las bases de la vida política francesa desde la guerra, y no fue casualidad que De Gaulle dominara la política de la nación hasta finales de la década de 1960.

En última instancia, la verdadera contribución de la Resistencia en términos de liderazgo podría ser una forma de rechazo a aceptar lo que la mayoría se apresura a aceptar, a secundar actos inmorales, a seguir órdenes perversas, a aceptar el *statu quo*. Sin embargo, unirse a la Resistencia no siempre fue tan noble como una lucha de principios contra el racismo y el fascismo. Para muchos resistentes era una lucha más directa contra una fuerza extranjera invasora, un acto de defensa nacional. Muchos de los que combatieron a los nazis lucharían más tarde, sin dudarlo, contra los argelinos que a su vez luchaban contra el dominio colonial francés. Para estos resistentes convertidos en opresores, nunca hubo contradicción: en ambos casos se veían a sí mismos como guerreros de Francia y contra sus enemigos. (E incluso bajo la ocupación nazi, Francia mantenía un opresivo imperio de ultramar, con millones de personas bajo su control colonial).

Quizá la mejor manera de entender este modelo de liderazgo como rechazo sea restarle importancia al aspecto político o ideológico y verlo como una especie de actitud de principios frente a un *statu quo* inaceptable. Para los resistentes, para los rebeldes, también significaba poder imaginar un futuro que pocos podían o querían imaginar. Un resistente, escribiendo algunos años después del final de la guerra, explicaba que «este rechazo nos permitía mirar a un soldado ruso, británico o estadounidense sin sonrojarnos... Nunca tantos hombres habían corrido conscientemente tantos riesgos por una cosa tan pequeña: el deseo de dar testimonio. Tal vez sea absurdo, pero gracias a tales absurdos hemos recuperado nuestra dignidad de hombres».[9]

El caso del régimen de Vichy puede parecer extremo. Cabe suponer que la mayoría de los lectores de este libro no vivirán en esas circunstancias y no tendrán que tomar el mismo tipo de decisiones que los franceses, por ejemplo, en 1942. Pero incluso los casos extremos de la historia se pueden aplicar a nuestra época y a circunstancias diferentes, no porque las situaciones sean las mismas, sino porque siempre hay opciones más amplias (y universales) a las que uno se enfrenta: ¿estás dispuesto a enfrentarte a un liderazgo peligroso e inmoral por encima de ti? ¿Estás dispuesto a arriesgarlo todo para oponerte a un sistema o a un líder abusivo? Si estuvieras en la Francia de Vichy, ¿serías un resistente dispuesto a matar y ser asesinado, o una de las personas sentadas a orillas del río Sena? ¿Quizá colaborarías con el régimen, o incluso te unirías a él? Decidas lo que decidas, tendrás que aceptar las consecuencias a corto y largo plazo de tu elección.

Comprender los orígenes del régimen de Vichy y las razones de su existencia es una tarea sencilla: hubo razones internas y externas, y fue el resultado directo de la invasión alemana. Pero también lo vemos como un momento confinado en la historia, de duración más o menos corta y marcadamente diferente de lo que vino antes y después. Incluso podríamos considerarlo fuera de lugar para el país concreto en el que existió. Pero al mismo tiempo, corremos el riesgo de ver las tiranías y las dictaduras como cosas normales, y acabamos dándolas por sentadas, en especial cuando las vemos en partes del mundo que muchos de nosotros podríamos asociar con dictadura, tiranía, autoritarismo y autocracia. No es algo que debamos aceptar. Las dictaduras proliferan en todo el mundo y suelen tener elaboradas justificaciones para gobernar, pero no son más «naturales» en ciertas culturas o sociedades que en otras. Siempre son el resultado de condiciones históricas. No me interesan particularmente los dictadores o tiranos como líderes. Me interesa cómo la gente puede liderar, cómo intentó liderar, en situaciones de tiranía, dictadura y opresión. Por esa razón, no queremos decir: «Oh, *ese* país. *Claro* que tienen una dictadura». Queremos entender cómo surgieron las dictaduras, y también ver qué nos enseña la historia sobre el liderazgo en estas circunstancias.

Para ello, nos iremos de Francia y viajaremos al otro lado del océano, a la República Dominicana. Aunque aparentemente alejada de la Francia de la época de Vichy, la República Dominicana (como muchos otros países de su región y de otros lugares) sufrió gobiernos tiránicos, sobre todo en la época de la dictadura de Rafael Trujillo (1930-1961). Trujillo gobernó el país como alguien que no solo estaba a la cabeza del sistema político, sino por encima de él. Durante gran parte (aunque no todo) del periodo en el que fue dictador, no fue el jefe oficial o formal del Estado. En su lugar, nombró presidentes títeres que dieron al país una pátina de legitimidad y respetabilidad. En la práctica, estos títeres eran para Trujillo lo que Pétain y el régimen de Vichy eran para Hitler; todo lo que en realidad importaba lo ordenaba el dictador. Trujillo tenía un poder ilimitado. Encarcelaba o mataba a su antojo a los opositores políticos o a cualquiera que se le opusiera. No tenía que rendir cuentas a nadie en la República Dominicana.

Como dictador, Trujillo tenía una tremenda disciplina personal y logró algunas cosas notables en el país. Redujo el número de delitos menores, creó «orden», desarrolló algunas infraestructuras, estableció obras públicas y construyó lo que fue la mejor fuerza militar del Caribe. Hubo razones más profundas para su longevidad en el poder, además de la fuerza bruta y el terror. Pero Trujillo (y no nos andemos con rodeos) era un hombre cruel y psicópata. Su trato a las mujeres era singularmente aborrecible. Asesino y violador, le gustaba atormentar a sus socios, exigir a sus esposas e hijas favores sexuales y humillar a la gente en público. Ordenaba y disfrutaba infligiendo torturas y muertes inusuales, y enseñó a sus hijos a ser tan depravados como él. También era por completo corrupto: él y su familia eran dueños de todo lo que tenía valor en el país. Se trataba de un sistema mafioso en el que el botín del país iba a parar en primer lugar a la familia Trujillo. Trujillo era también un racista feroz y genocida. Uno de sus primeros actos como dictador fue la llamada Masacre de Perejil: durante una única semana de octubre de 1937, los soldados de Trujillo mataron entre 17000 y 35000 hombres, mujeres y niños haitianos que vivían en el lado dominicano de la frontera entre Haití y la República Dominicana, los dos países que comparten la isla de La Española.

Sin embargo, antes de empezar a patologizar a Trujillo y a insistir en su maldad distintiva, tenemos que explicar lo que está en juego al examinar este caso histórico. Para empezar, aunque nuestro líder (o nuestro jefe) no sea un sádico homicida, nunca funcionamos en circunstancias completamente «ideales». Los individuos suelen funcionar dentro de una estructura rígida, en particular en un entorno autoritario. La República Dominicana bajo el régimen de Trujillo, al igual que Francia bajo el régimen nazi, era una situación «extrema» de abuso y peligro. Al igual que la Francia de Vichy, la República Dominicana de Trujillo era un lugar donde la gente debía tomar decisiones difíciles: podían trabajar con el régimen, podían (intentar) agachar la cabeza y hacer su vida lo mejor que pudieran, podían intentar escapar o podían resistir. Veremos ejemplos de todas estas opciones y nos enfrentaremos a las consecuencias y el significado de cada una de ellas. Pero más allá de todo esto, e independientemente de todas las cosas que hicieron peculiares a Trujillo y su tiranía, la dinámica de la vida bajo tal gobierno resultará familiar a muchos lectores, ya sea por su propia experiencia o por la de otros que conozcan. Tenemos que analizar el liderazgo y las posibilidades que se nos abren o no en tales condiciones, cuando no tenemos poder.

¿Cómo surge una dictadura como la de Trujillo en la República Dominicana? La historia se remonta mucho más atrás de la llegada de Trujillo al poder, y mucho más allá de la República Dominicana. Las dictaduras fueron la norma, no la excepción, en esta región y en esta época y antes. Trujillo fue excepcionalmente brutal, y su poder en el país absoluto, pero en sus políticas sociales y económicas fue típico en muchos aspectos. Como muchos dictadores de larga duración, gozó de apoyo popular, sobre todo al principio. Para muchos ciudadanos de la República Dominicana, en especial los más pobres, la vida bajo Trujillo era en cierto modo mejor de lo que había sido antes de su llegada al poder (y mejor de lo que sería después de su muerte).

Pero el principal componente del ascenso de Trujillo al poder, como en general todo lo que ocurrió en esta parte del mundo en aquella época, tuvo que ver con la relación del país con Estados Unidos. En concreto, los norteamericanos invadieron y ocuparon la República Dominicana entre 1916 y 1924, creando las condiciones para el surgimiento de una dictadura y del propio Trujillo. Se trata de un ejemplo de cómo no podemos atribuir un sistema político o su líder a la «cultura» innata de un país, dado el desequilibrio de poder entre uno tan pequeño y débil como la República Dominicana y uno tan grande y poderoso como Estados Unidos. También es uno de los muchos ejemplos que demuestran que incluso un líder con poder interno, que gobierna con puño de hierro o que es elegido democráticamente y goza de un amplio apoyo, depende de fuerzas mayores (geopolíticas, globales, económicas) que determinan su destino y el del país. Trujillo no fue una excepción.

Las intervenciones militares de Estados Unidos son una de las características más antiguas del mundo moderno, un fenómeno que numerosas generaciones aprendieron a dar por sentado, pero debemos examinar más de cerca cómo funcionó en Hispanoamérica. No podemos entender la República Dominicana sin esta historia. Pero ¿cuánta historia es importante conocer? El historiador John Lewis Gaddis inventó el «principio de la relevancia decreciente», con el que quería decir que para entender cómo ocurrió un acontecimiento o un desarrollo importante, tenemos que fijarnos en lo que ocurrió antes de él, y antes de eso, hasta que lleguemos al punto de «relevancia decreciente» en el que el acontecimiento precedente no conduce directamente al acontecimiento en cuestión.[10]

En el caso de la República Dominicana, vendrá bien empezar en 1823, cuando Estados Unidos, entonces una república relativamente joven y enérgica bajo la presidencia de James Monroe, pero todavía en el cenit del imperialismo europeo, declaró que el colonialismo europeo en el hemisferio occidental era inaceptable; la región iba a ser ahora responsabilidad de Estados Unidos. La llamada Doctrina Monroe se formuló como una postura antiimperialista; el propio Estados Unidos había nacido de la rebelión anticolonial contra el Imperio británico, y sus élites se veían a sí mismas propagando ese *ethos* y protegiendo a los pueblos de las Américas de las codiciosas potencias imperiales europeas.

La Doctrina Monroe se convirtió en la piedra angular de la política exterior estadounidense y evolucionó durante las décadas siguientes en la dirección de un mayor poder y control estadounidense en la región, a medida que un país tras otro se independizaba de los imperios europeos, en particular de los españoles y portugueses, casi siempre tras encarnizadas guerras y muchas matanzas. La modificación más importante de la Doctrina Monroe fue el llamado Corolario Roosevelt de 1904, cuando el gobierno del presidente Theodore Roosevelt anunció que, además de lo que la Doctrina Monroe había dicho ochenta años antes, Estados Unidos consideraría a partir de entonces que era su prerrogativa intervenir en los países del hemisferio occidental de forma preventiva si estos sufrían problemas internos o inestabilidad (considerados como tales solo por Estados Unidos), con el fin de proteger a cualquiera de esos países de la incursión europea o la invasión imperial.

Para entonces, Estados Unidos ya tenía una especie de imperio propio; tras la derrota de España en la guerra hispano-estadounidense de 1898, afianzó su dominio sobre Cuba (y el resto de la región del Caribe) y se apoderó por la fuerza de los territorios coloniales de España en el Pacífico, sobre todo Filipinas, donde Estados Unidos gobernó como una potencia colonial tradicional (es decir, con brutalidad). El Corolario Roosevelt fue el pretexto para las repetidas intervenciones económicas, políticas y militares estadounidenses en la región del Caribe, que consideraba su patio trasero. Como potencia dominante de la región, Estados Unidos dio prioridad a la expansión económica y a la influencia, principalmente a través de su sector privado; desde el principio de la historia estadounidense, los líderes del país vieron poca diferencia entre el interés nacional y el interés de su clase empresarial.[11]

En su estudio pionero de lo que se conoció como la diplomacia del dólar, la historiadora Emily Rosenberg demostró que quizá el valor más importante de la política exterior estadounidense en aquella época era la «estabilización». En toda la región, Estados Unidos apoyó a gobiernos (generalmente dictaduras) que protegían sus intereses comerciales de amenazas internas. La diplomacia del dólar se basaba en dos principios: una postura dura frente a la deuda y la insistencia en que el sector privado gestionara las relaciones financieras con el mundo para ampliar el poder estadounidense.[12]

Muchos de estos países pequeños y pobres, atrapados entre potencias competidoras que los veían como lugares potenciales para explotar y a sus pueblos como papanatas infantiles incapaces de gobernarse a sí mismos, eran profundamente inestables (y no es de extrañar), y sus líderes eran depuestos o asesinados con frecuencia. Incumplieron una y otra vez el pago de sus deudas y no protegieron a las empresas estadounidenses ni sus intereses en el país. Esta era la clase de «inestabilidad» que los estadounidenses aborrecían. ¿Cómo, entonces, «estabilizar» esos países? El primer paso fue invadir y ocupar; luego crearon en cada país un nuevo sistema financiero, dependiente del dólar estadounidense y de la imposición del patrón oro, junto con un banco central. La implantación de este sistema requería un préstamo de dinero considerable, y ahí es donde intervino Wall Street. Pero estos préstamos siempre venían con condiciones. Se enviaron representantes estadounidenses, con frecuencia ciudadanos particulares, para garantizar que los préstamos se utilizaban «adecuadamente», y acabaron supervisándolo todo, desde la recaudación de aduanas hasta el sistema presupuestario, pasando por las infraestructuras, la sanidad, la educación y los impuestos. (Cualquiera que quiera entender la historia del Banco Mundial y del Fondo Monetario Internacional, que conceden préstamos financieros vinculados a resultados específicos y a la supervisión externa, tendrá que leer cómo funcionaba la diplomacia del dólar). Se suponía que estos regímenes, receptores de préstamos de Wall Street, funcionarían mejor y sin problemas con el tiempo, requiriendo cada vez menos supervisión, haciendo cada vez más las cosas de la manera correcta (es decir, de la manera amistosa con Estados Unidos), reduciendo la intervención del estado estadounidense al tiempo que maximizaba su participación financiera y su influencia política. Estos países se convirtieron en lo que Rosenberg llama «dependencias de la diplomacia del dólar». El problema era que estos países no solían permanecer estables. O no pagaban sus deudas o eran derrocados por fuerzas menos favorables a Estados Unidos. En esos casos, la diplomacia del dólar dio paso a la diplomacia de las cañoneras, con su grito de guerra: «¡Manden a los marines!».

En todo el mundo se utiliza el término peyorativo «república bananera» para referirse a un estado caótico y disfuncional. Quizá no hay suficientes personas que sepan que el término tiene su origen en la larga lista de Estados latinoamericanos en los que la United Fruit Company, también conocida como Chiquita Banana, la bananera con sede en Estados Unidos, determinaba quién ocuparía el poder como dictador, y lo hacía siempre respaldado por la presencia de tropas estadounidenses o la amenaza de una invasión estadounidense.[13] Esto difiere mucho de la percepción común de que en algunas partes del mundo las dictaduras son «naturales», cuando, en realidad, son el producto de determinadas condiciones históricas, con frecuencia imposiciones de fuerzas externas. Tales dictaduras son un fenómeno tan «natural» en Hispanoamérica como el Canal de Panamá, que Estados Unidos pudo construir, para los fines del comercio mundial y sus intereses económicos, apoyando un levantamiento separatista en Colombia y ayudando a establecer, en 1904 (el año del Corolario Roosevelt), la República de Panamá, cuyo nuevo gobierno (autoritario) permitió convenientemente a Estados Unidos iniciar la construcción del canal. Aunque en términos oficiales estos países tenían sus propios líderes, la verdadera fuente de toma de decisiones e influencia era Estados Unidos.

Así es como llegamos a la dictadura de Trujillo. Una parte importante de lo que hicieron los estadounidenses durante sus ocupaciones de estos países, incluida la República Dominicana, fue entrenar a las fuerzas militares o paramilitares locales en nombre de la ley, el orden y la estabilidad. Con el tiempo, en la mayoría de los casos, esto eliminó la necesidad de una ocupación militar continuada. Cuando el ejército estadounidense abandonó la República Dominicana en 1924, después de ocho años, dejó tras de sí un producto claramente estadounidense: Trujillo. Era un antiguo delincuente callejero, un don nadie en la sociedad dominicana, que se alistó y se entrenó en el Cuerpo de Marines estadounidense, donde prosperó y se convirtió en alguien, y durante el resto de su vida se vio a sí mismo como un marine estadounidense. Cuando construyó su base de poder en el ejército y se convirtió en jefe de las fuerzas armadas, la mejor posición desde la que podía tomar el control del país, el ejército estadounidense fue su modelo. Y durante al menos los primeros quince años de su dictadura, a partir de 1930, contó con el firme apoyo de Estados Unidos, que hizo la vista gorda ante sus atrocidades y abusos.[14] Después de eso, la relación de Trujillo con Estados Unidos se deterioró cuando cometió una serie de crímenes y transgresiones inaceptables para el gobierno estadounidense, incluido los ataques contra ciudadanos estadounidenses, sobrepasando así su papel autorizado por este como anticomunista acérrimo que podía aterrorizar con libertad a su propio pueblo siempre que ayudara a mantener el orden dirigido por Estados Unidos. Fue asesinado en 1961, aparentemente con el apoyo de la CIA,

Rafael Trujillo realiza la inspección de la guardia de marines de EE. UU. a su llegada a Washington D. C., el 6 de julio de 1957. (Harris & Ewing/ Library of Congress)

que proporcionó armas a los asesinos de Trujillo, todos ellos miembros de su círculo íntimo que tenían razones personales o políticas para quererlo muerto. El hombre vivió y murió como un tirano, y según los dictados estadounidenses.

Por supuesto, no siempre basta con que un dictador reciba el apoyo de una potencia extranjera. Las personas que viven bajo una dictadura no la experimentan como un fenómeno geopolítico global, sino como algo tangible que repercute en su vida cotidiana. Y aquí el panorama es más complejo de lo que podría parecer desde fuera. En los noticieros realizados inmediatamente después de la muerte de Trujillo hay algo sorprendente. En uno de ellos se ve a la gente bailando en las calles de Santo Domingo (que Trujillo había bautizado como Ciudad Trujillo), en apariencia alegre. En otra, filmada en las mismas calles, la gente se lamenta y llora. Esta mezcla de emociones es posible cuando la gente reacciona ante la muerte de una figura paterna abusiva que dominó sus vidas durante décadas. Pero también revela que, mientras que para algunos una dictadura puede parecer un sistema puramente opresivo, para otros puede tener atractivo. Esto no se debe a que algunas personas, o culturas, sean de algún modo aptas para la autocracia, como muchos creen, sino a que el régimen tiránico proporcionó algunas cosas básicas que la gente necesita o quiere y que de otro modo no habrían recibido.

En su esclarecedor estudio sobre el legado de Trujillo, titulado acertadamente *Foundations of Despotism* [Cimientos del despotismo], el historiador Richard Lee Turits demostró cómo y por qué incluso un régimen opresivo como el de Trujillo puede contar con el apoyo popular. Muchos años después del fin de su gobierno, los campesinos dominicanos recordaban su época como una en la que había orden, poca delincuencia, servicios públicos básicos y un sentido de propósito, cierto que era en comparación con lo que habían vivido antes y con lo que vivieron después.[15] Por supuesto, vivir en una sociedad que era básicamente un culto forzado a la personalidad significaba que las familias se veían obligadas a poner fotos de Trujillo en sus casas, que a nadie se le permitía decir nada malo sobre El Jefe y que había castigos brutales, pero para mucha gente todo esto era un pequeño precio que pagar por la seguridad elemental. Es una dinámica similar en algunos aspectos a la que hemos visto con el «reinado» de Huey Long en Luisiana durante la década de 1930. Si un miembro de la élite culta visitara a un pobre en el campo dominicano y le hablara del autoritarismo de Trujillo y de su intolerancia hacia la disidencia, el pobre podría señalar una carretera cercana y decir: «Trujillo construyó eso». No es que el pobre busque o prefiera un dictador. Es que el dictador proporciona algo básico o fundamental que el pobre necesita, y se gana su apoyo. Esta es la otra cara de los líderes dictatoriales: pueden aportar estabilidad y seguridad a algunos.

La cuestión es, ¿a qué precio? En *La fiesta del chivo*, de Mario Vargas Llosa, una novela histórica de 2001 sobre el final del régimen de Trujillo, tenemos una respuesta clara y aterradora a esta pregunta. Lejos del centro del poder, entre la gente «común», la elección era sencilla: agachar la cabeza y adorar al dictador e intentar sobrevivir, o levantar la cabeza y desafiar al dictador y sufrir las consecuencias. Pero los que estaban más cerca del poder, el tipo de gente que se espera que dirija la burocracia, las instituciones, que represente a la nación, se enfrentaban a una elección más complicada. La novela de Vargas Llosa muestra el amplio abanico de personajes que se encuentran dentro de un sistema tiránico: los sirvientes, los aduladores, los oportunistas, los sádicos, los soldados, las víctimas y los rebeldes. Sobre todo, muestra las limitaciones de cómo la gente puede liderar en tales circunstancias, y las consecuencias cuando lo intentan.[16]

El campesino pobre del campo puede no ser el único que busque los beneficios de una dictadura. Como en el caso de la Francia de Vichy, donde abundaban los partidarios del proyecto nazi, en la República Dominicana había gente que creía en Trujillo como líder y en su derecho a gobernar sin control, a asesinar a sus críticos o a violar a cualquier mujer. Para los que albergaban dudas, existía una minuciosa maquinaria de propaganda para eliminar los molestos pensamientos negativos. Turits documentó conversaciones con dominicanos que no podían imaginar la vida sin Trujillo como amo. Lo comparaban con Dios o con el sol. Y el hecho de que creyeran o no en él era irrelevante para las muchas personas que estaban a su lado, cumplían sus órdenes, servían a su antojo, se erigían en sus lacayos, se beneficiaban de su corrupción, u obtenían poder sobre los demás a través de él. Algunas personas consideran que su papel en la vida es servir al poder, y ejercen el poder de esta manera. Si viven en una democracia, sirven al líder democrático. Si viven en una dictadura, sirven al dictador. Puede que prefieran a uno u otro, pero en realidad no importa a cuál sirvan, siempre que sirvan al poder. Hay gente así en todos los países.

Pero hay otro grupo de gente mucho más consciente, e interesante. Este grupo no es exclusivo de las dictaduras, también se encuentra en todas las sociedades. Está formado por personas con educación, ambición y sentido del servicio público. Este grupo es terreno fértil para el crecimiento de líderes. Estas personas quieren hacer el bien, mejorar la vida de los demás, servir a la comunidad. En algunos contextos políticos, habrá varias vías para ello. Pero ¿qué posibilidades tienen estas personas en una sociedad como la de la República Dominicana bajo el régimen de Trujillo? Si naces en una dictadura y quieres trabajar en educación, sanidad o infraestructuras, convertirte en un líder político público y ayudar a la gente a vivir mejor, acabas siendo cómplice de un régimen que castiga la disidencia y criminaliza la oposición, en el que el dictador viola y mata con impunidad. Puede que tú mismo no asesines a nadie, pero formarás parte de un régimen que sí lo hace, y el grado de separación entre tú y los asesinos puede ser mínimo.

Toda sociedad tiene sus élites (educativas, financieras, culturales). Las élites en un contexto dictatorial tienen que hacer una elección única en cuanto a su potencial para dirigir e influir. En la República Dominicana, el último presidente títere de Trujillo, Joaquín Balaguer, hizo su elección muy pronto. Durante todo el tiempo que Trujillo tuvo el control del país, Balaguer fue su leal y servil servidor. En la novela de Vargas Llosa no podemos saber cuáles fueron las motivaciones de Balaguer, que se unió a Trujillo desde el principio y se convirtió en un miembro de confianza de su círculo íntimo, permaneciendo con él (y sobreviviendo a su lado) hasta el final. Tanto si era un verdadero creyente en Trujillo como si era un oportunista o alguien que deseaba servir al público lo mejor posible, al final el motivo importa menos que el resultado. A lo largo de su libro, Vargas Llosa muestra la sumisión de Balaguer hacia Trujillo, pero también describe al poeta y antiguo académico como un estratega maestro, más inteligente y tranquilo que todos los que lo rodeaban, lo que lo hizo indispensable para Trujillo, pero también da a la dictadura un rostro respetable que de otro modo nunca tendría. Vargas Llosa da a entender, aunque nunca lo dice del todo, que Balaguer estaba al tanto de la conspiración para asesinar a Trujillo, y en las partes del libro que siguen al asesinato, durante las cuales la familia y los secuaces de Trujillo se vengan de los asesinos y de sus ayudantes, familiares y amigos, Balaguer aparece como un líder que se va consolidando, abriéndose camino de forma silenciosa pero metódica hacia la dirección del país en el caos que siguió a la muerte del tirano.

Vargas Llosa no logra ocultar su admiración por el hombre que dirige a la República Dominicana hacia una nueva era más civilizada. Balaguer incluso viajó a Estados Unidos para reparar las relaciones con los norteamericanos (lo consiguió) y pronunciar un discurso histórico en las Naciones Unidas sobre la importancia de establecer la democracia y respetar los derechos humanos, un gesto increíble de un hombre que durante años firmó órdenes de ejecución de inocentes que Trujillo quería matar. En el mundo de Vargas Llosa, este es el modelo de líder admirable: una figura de élite que cumplió todos los deseos del dictador más brutal, sobrevivió a las tres décadas de la era de Trujillo, planeó a largo plazo y emergió en la cima, sacando a relucir la racionalidad y los valores que siempre estuvieron dentro de él y que ahora podían desplegarse para una gobernanza adecuada.

Pero ¿es convincente esta visión de Balaguer? La realidad es que incluso la dictadura más brutal y despiadada, o bien, una relativamente sofisticada como la Francia de Vichy u otra rudimentaria como la República Dominicana de Trujillo, necesita a gente como Balaguer para funcionar. Es un papel doble: proporcionar las funciones básicas de un gobierno y propagar sus males. Ambas cosas suceden al mismo tiempo y, de hecho, están conectadas. Balaguer fue un poeta y burócrata que nunca «se ensució las manos», como le dice Trujillo con desprecio en *La fiesta del chivo*, pero mandó gente a la muerte, hizo más eficiente la maquinaria de opresión, proporcionó respetabilidad, procesó las cosas racionalmente, nunca levantó la voz ni objetó nada, hizo la vista gorda ante todas las cosas inmorales que sabía que estaban ocurriendo. Lo mismo hicieron todos los demás que participaron en el régimen de Trujillo, creyendo, no sin justificación, que era la única forma de mejorar la vida de la gente, aunque fuera al margen. Y los campesinos que extrañaron a Trujillo cuando ya no estaba podían dar fe de que no era un pensamiento del todo descabellado.

La elección de Balaguer no era la única posible en el universo de Trujillo. Y aunque Vargas Llosa le atribuye el mérito (en exceso) de la supuesta salida del país de la dictadura de Trujillo, lo que no nos dice es que Balaguer nunca dejó de ser un autoritario; fue devoto de Trujillo mientras el dictador estaba vivo, y se convirtió él mismo en dictador una vez que Trujillo se fue. La transición de Balaguer como presidente títere a Balaguer como presidente real no fue fácil ni fluida. Tras el asesinato de Trujillo, su hijo y su hermano intentaron aferrarse al poder, negándose a dar paso a una transición democrática. Finalmente, Balaguer fue más listo que ellos y los obligó a abandonar el país. En diciembre de 1962, diecinueve meses después del asesinato de Trujillo, el país celebró sus primeras elecciones libres y justas. Sin embargo, el ganador no fue Balaguer, sino Juan Bosch, un político que había hecho una elección de liderazgo muy diferente: en la década de 1930, cuando Balaguer decidió convertirse en el lacayo vitalicio de Trujillo, Bosch, que al igual que Balaguer también era escritor y formaba parte de la élite dominicana, se opuso a Trujillo y fue encarcelado; luego abandonó el país y pasó veintitrés años en el exilio, trabajando contra Trujillo, regresando tras la muerte del dictador para presentarse a las elecciones presidenciales.

La opción de Bosch, abandonar el país y oponerse al dictador desde el extranjero, obviamente no estaba disponible para todos los dominicanos, y el significado de tal exilio es que uno no puede trabajar desde dentro para ayudar a la gente mientras el régimen esté en el poder. Pero esta elección de liderazgo es una elección de principios: es un rechazo a participar en un régimen inmoral y malvado, y un compromiso de lograr su fin. En circunstancias similares, algunas personas tomarían la decisión de Balaguer y otras la de Bosch, dependiendo de sus temperamentos, valores e ideas sobre la mejor manera de servir al público. La respuesta no es obvia.

Lo que sucedió a continuación también es instructivo para comprender las posibilidades de liderazgo dentro de las limitaciones históricas del mundo real. Tras regresar al país, Bosch ganó las elecciones generales y lo nombraron presidente en febrero de 1963. Solo duró siete meses en el cargo. No perdió el tiempo y tampoco disminuyó su popularidad: impulsó una nueva Constitución que afianzaba las libertades democráticas (en un país que nunca las había tenido), incluyendo protecciones legales para trabajadores, campesinos, mujeres y niños. También impulsó una importante reforma agraria a favor de los pequeños campesinos, lo que le granjeó el odio de los grandes terratenientes, y redujo el poder del ejército, lo que enfureció a los generales. Y lo que es más importante, estas políticas a favor de los grupos más débiles de la sociedad

El presidente electo Juan Bosch reunido con el presidente estadounidense John F. Kennedy en la Casa Blanca, el 10 de enero de 1963. Siete meses después, Bosch fue depuesto por un golpe militar. (Abbie Rowe/John F. Kennedy Presidential Library and Museum)

El presidente dominicano Joaquín Balaguer bajo un retrato de Rafael Trujillo, 1960. (Bernard Diederich Collection, Centro León)

dominicana despertaron la inmediata sospecha de Estados Unidos. Durante la Guerra Fría, los responsables políticos estadounidenses veían todo lo que ocurría en la región (de hecho, en todo el mundo) a través del prisma de la supuesta lucha contra el comunismo, y en 1963 tenían la atención centrada en Cuba. Pocos años antes, Fidel Castro había dirigido con éxito un levantamiento contra el corrupto dictador Fulgencio Batista, apoyado por Estados Unidos, lo que puso fin a varias décadas de dominación estadounidense del país. Tras la ruptura de relaciones con Estados Unidos, Castro pasó a Cuba al campo comunista, convirtiéndose en el primer país del hemisferio occidental en hacerlo. Bosch, aunque se autodenominaba marxista, no era Castro; fue elegido democráticamente y no estaba construyendo un Estado de partido único. Pero durante la Guerra Fría, incluso las políticas progresistas, ligeras eso sí, que Bosch promovía fueron suficientes para que un líder fuera tachado de comunista, lo que provocó la intervención de Estados Unidos y la destitución del líder elegido de manera democrática.

En septiembre de 1963, un golpe de Estado contra Bosch lo obligó a exiliarse (de nuevo), y la República Dominicana cayó en manos de una junta militar. Dos años más tarde, en 1965, otro levantamiento sacó a esta junta del poder y exigió la restauración de Bosch en la presidencia. El presidente Lyndon B. Johnson, que estaba ocupado en ese mismo momento intensificando la participación militar de EE. UU. en Vietnam, encontró el tiempo y los medios para enviar más de 40 000 soldados a la pequeña isla, supuestamente para mantener el orden y proteger la democracia, pero en realidad para asegurarse de que Bosch no retomara de inmediato la presidencia. Al final, se permitió a Bosch regresar al país para presentarse a las nuevas elecciones, fijadas para julio de 1966. Se enfrentó de nuevo a Balaguer, que contaba con el apoyo de los militares y de Estados Unidos. Bosch sabía que, si ganaba, era probable que no lo dejaran tomar posesión y muchos de sus partidarios acabarían encarcelados o asesinados. Apenas hizo campaña; el resultado fue una victoria de Balaguer. En retrospectiva, fue la única opción real que se dio al pueblo dominicano. Una vez obtenido el resultado electoral «correcto», Johnson retiró las tropas estadounidenses del país.

Como líder nacional, Balaguer era la antítesis estilística y temperamental del grotesco y desagradable Trujillo. Usaba lentes, era ascético, culto, de voz suave, diplomático, serio y cordial con el resto del mundo. Era un liberal económico y social, vestía traje y corbata en lugar de atuendo militar, y no hacía las locuras de Trujillo, como ordenar el asesinato de líderes extranjeros, secuestrar a personas en las calles de Nueva York y llevarlas a la República Dominicana para asesinarlas, atacar a sacerdotes o violar a niñas menores de edad. No obstante, Balaguer era un autoritario que reprimía a la oposición, encarcelaba a activistas, ganaba elecciones en circunstancias dudosas y se mantuvo en el poder o cerca de él de forma intermitente hasta su muerte a los noventa y cinco años. Balaguer también era racista, como Trujillo, y escribió en uno de sus muchos libros que «el negro, abandonado a sus instintos y sin el freno de un nivel de vida relativamente elevado, incide en la reproducción en todos los países, multiplicándose con una rapidez que casi se asemeja a la de las especies vegetales».[17] Los autoritarios (e incluso los autoritarios racistas) adoptan muchas formas. No siempre echan espuma por la boca y le gritan a su público o difunden teorías conspirativas. A veces parecen y suenan como oficinistas de modales suaves, y con frecuencia cuentan con el apoyo de la comunidad internacional y de las élites educadas de su país. A veces incluso son elegidos democráticamente.

La triste y cruda ironía sobre Balaguer es que la dictadura de Trujillo nunca habría terminado si todo el mundo se hubiera comportado como él, aunque al final él fuera el principal beneficiario. Hacia el final de *La fiesta del chivo*, Vargas Llosa presenta a Balaguer como un estadista responsable, el tipo de líder nacional que puede ir al extranjero y aparecer como una persona sofisticada, el tipo de político que será invitado a pronunciar discursos en cenas de etiqueta en conferencias internacionales. Pero ¿cómo llegó a esa posición? ¿Cómo se desalojó a Trujillo del poder, permitiendo a Balaguer salir de su sombra y a la República Dominicana entrar en una supuesta nueva era? Para que eso ocurriera, tuvieron que rebelarse personas más valientes, menos cínicas y con más principios que Balaguer. Al igual que los miembros de la *Résistance* durante la época de la Francia de Vichy, estos rebeldes contra Trujillo sabían que la consecuencia de su rebelión era muy probablemente una muerte brutal. Eso era lo que estaba en juego.

Tres de estas rebeldes fueron las hermanas Mirabal —Patria, Minerva y María Teresa—, conocidas como las Mariposas. Procedentes de una familia rural que se negaba a participar en el culto a la personalidad de Trujillo, cuando eran adolescentes enfurecieron a Trujillo al rechazar sus «insinuaciones» sexuales (es decir, su intención de violarlas). Se comprometieron a luchar contra el régimen de Trujillo y fueron acosadas por sus actividades, junto con sus esposos y otros familiares, hasta que los esbirros de Trujillo las asesinaron a las tres en noviembre de 1960 y luego intentaron torpemente encubrirlo para que pareciera que las hermanas se habían suicidado.[18] Sus asesinatos fueron la gota que colmó el vaso para muchos dominicanos. El machismo, y la convicción de que era responsabilidad de los hombres proteger a las mujeres, los hizo creer que torturar y matar a hombres era una cosa, pero asesinar a mujeres jóvenes de esta manera estaba más allá de lo que podían aceptar.

Como en el caso de la Resistencia francesa bajo Vichy, las hermanas Mirabal y otros resistentes dominicanos no iban a derrocar al régimen de Trujillo por sí mismos. Pero sabían que algo así tenía que empezar en algún sitio, con alguien, y que, si todo el mundo esperaba a que lo hiciera otro, nadie lo haría nunca. A veces, la resistencia consiste precisamente en eso: en resistir. Pero las hermanas Mirabal no pretendían ser existenciales. Querían derrocar el régimen. Aunque no tuvieran «éxito», con su activismo mostraron un modelo de liderazgo que otros encontraron inspirador (aunque, es posible, demente), y su sacrificio motivó a otros a actuar; los asesinos de Trujillo se vieron a sí mismos vengando a las hermanas Mirabal. El asesinato también tuvo

Patricia, Minerva y María Teresa Mirabal, fotografía sin fecha (de dominio público).

una larga vida posterior: persiguió a Balaguer durante toda su vida posterior a Trujillo, y cuando finalmente se vio obligado a abandonar la presidencia en 1996, fue en parte debido a su asociación con el régimen que había asesinado a las hermanas, cuya leyenda no había hecho más que crecer con el tiempo. Tres años después, en 1999, la Asamblea General de las Naciones Unidas designó el 25 de noviembre, fecha de su muerte, Día Internacional de la Eliminación de la Violencia contra la Mujer. En cierto modo, aunque se trataba de un honor, no se tenía en cuenta la esencia de las hermanas Mirabal: eran mujeres y víctimas de la violencia, pero se encontraban en esa situación porque eran líderes y se habían rebelado contra un tirano. Su asesinato fue tanto violencia política como violencia de género.

Como ocurrió con la Resistencia en Francia tras la Segunda Guerra Mundial, las hermanas Mirabal, y otras rebeldes como ellas menos famosas, dieron a los dominicanos una identidad y un modelo de liderazgo en el que basarse tras la muerte de Trujillo: durante décadas, se les pudo considerar el ejemplo que demostraba que no todos en el país se habían sometido al tirano, o habían matado por orden suya, o habían procurado niñas para su consumo. Algunas personas utilizaron sus privilegios, si los tenían, no para enriquecerse y proteger el orden existente o para formar parte del sistema de opresión, sino luchar por un mundo mejor. Estos rebeldes, con su sacrificio, contribuyeron al cambio, aunque ellos mismos no vivieran para verlo.

¿Cuántos seríamos capaces de hacer lo que hicieron las hermanas Mirabal? La respuesta es probablemente el mismo porcentaje minúsculo de personas que en Francia se unieron a la Resistencia en sus primeros días, cuando la causa parecía desesperada. De hecho, ¿quién se tomaría la justicia por su mano y, si tuviera la oportunidad, asesinaría a un tirano como Trujillo? Somos una especie violenta por naturaleza, pero no todo el mundo es capaz de matar a una persona, incluso a alguien tan desagradable como Trujillo. ¿Cuál es la moralidad de un acto así? Una vez más, juzgamos estos acontecimientos en retrospectiva. En Francia, la resistencia anti-Vichy fue celebrada en los años posteriores al final de la guerra, pero eso fue porque los nazis fueron derrotados. Los asesinos de Trujillo, que pensaban que su acto era el inicio de un golpe militar y que serían celebrados como héroes, fueron capturados, encerrados, torturados y asesinados. Según la ley, la ley de Trujillo, eran criminales. Según las normas internacionales actuales, eran asesinos políticos. Pero su acto fue una condición necesaria para todo lo que vino después, por lo que hoy en día se les considera héroes anónimos de la libertad de su país.

La historia de la dictadura, la colaboración y la resistencia en la República Dominicana de Trujillo, al igual que la historia de la dictadura, la colaboración y la resistencia en la Francia de Vichy, nos obliga a reconsiderar a quién vemos como líder y qué consideramos liderazgo. La lección aquí es que no siempre la persona que se encuentra en la cima del poder resulta ser el líder más significativo o el que ha provocado el cambio más importante. A veces es el rebelde quien resulta ser el líder que admiramos y el modelo de liderazgo que deseamos seguir. Sin embargo, los que se enfrentaron a Vichy y a los nazis en Francia y a Trujillo en la República Dominicana no eran solo gente rebelde; también eran gente guerrera, que luchaban por la libertad con todas sus fuerzas, y también manifestaban una santidad al aceptar el sacrificio personal, incluso de sus vidas, que exigían esas luchas. Debemos recordar lo que esos líderes hicieron, a veces sin ser reconocidos y de forma anónima, para llegar a la situación que hoy damos por sentada, con los líderes que aceptamos que están donde tienen que estar.

5
EL LIDERAZGO EN LA MÁQUINA DE LA MUERTE

Hemos visto lo que los líderes pueden (y deben) hacer cuando tienen poder, hemos visto lo que los líderes pueden (o deciden) hacer cuando tienen poco o ningún poder, y hemos visto lo que los líderes pueden (y no pueden) hacer cuando están en peligro frente al poder. Pero el poder que posee un líder, o el poder al que se enfrenta otro líder, difiere enormemente de una situación histórica a otra. Y existe otra relación entre los líderes y el poder que debemos explorar. ¿Y si los líderes tienen poder, pero es tanto poder que son esencialmente incapaces de controlarlo? ¿Y si el poder que poseen es demasiado poder, no solo sobre las personas a sus órdenes, sino sobre todo lo demás?

El poder no siempre está directamente vinculado a un individuo (como un presidente), una institución (como un gobierno o una empresa) o una causa (como la resistencia clandestina o un movimiento social). A veces es más difuso. Puede tratarse de la acumulación de un proceso histórico que precede con mucho la llegada del líder, que se limita a heredarlo. Y a veces no siempre está claro quién decide utilizar ese poder y cómo. Pero este poder no es abstracto. Es algo concreto y puede llegar a ser muy destructivo. Puede presentarse con la forma de un sistema, de una máquina, tan grande, poderosa y violenta que un líder no sea capaz de controlarla, y no está nada claro que alguien pueda hacerlo. Por el contrario, cualquier «líder» podría estar desempeñando un papel dentro de ese sistema o máquina, aparentemente incapaz de cambiar su rumbo o comprender hacia dónde se dirige, pero utilizándolo con consecuencias que son catastróficas, no solo para los objetivos de esa fuerza, sino incluso para aquellos que la desencadenan. En esta situación, el líder puede ser poderoso en extremo pero también, de manera paradójica, inconsecuente, porque poco de lo que está ocurriendo tiene que ver con una persona concreta que esté en el poder. Es como combinar las visiones opuestas del liderazgo, la maquiavélica y la marxista, en su forma más extrema: el líder con el máximo poder dirigiendo en circunstancias que parecen más poderosas que cualquier líder individual.

Hay varios ejemplos de esas circunstancias abrumadoras en las que actúa un líder, algunos casos en los que parece imposible que el líder, con toda su autoridad, pueda llegar a realizar cambios sustanciales. El capitalismo es un sistema tan dominante que todos los líderes políticos lo propagan o necesitan comprometerse con él si quieren tener algún éxito o influencia. El poder del capitalismo en nuestro mundo es posiblemente más fuerte de lo que podría serlo cualquier líder. Pero quizá no haya mejor ejemplo de este tipo de poder, de este sistema, de esta máquina, que la capacidad militar que Estados Unidos construyó durante la Segunda Guerra

Mundial y ha seguido aumentando y desarrollándose sin cesar desde entonces. Las diferentes formas en las que los líderes de Estados Unidos y de todo el mundo han actuado dentro de (y en relación con) este poder global son, en muchos sentidos, la historia del mundo en las últimas ocho décadas. Debemos prestar mucha atención a cómo tomaron las decisiones los líderes y con qué consecuencias en estas circunstancias, en las que un solo país dominó en gasto y avances militares. En la Segunda Guerra Mundial y después de ella, vemos a los dirigentes tomar decisiones que parecen dictadas por el impulso de la historia más que por el buen juicio e impulsadas por el pensamiento a corto plazo más que por cual quier reflexión a largo plazo, incapaces de ver más allá del estrecho horizonte mental que ocupan en una máquina de muerte aparentemente demasiado poderosa para que puedan controlarla.

Cuando la historia resulta difícil de describir, muchos de los que la enseñamos recurrimos en gran medida a las imágenes. Cuando muestro en clase imágenes clásicas de la historia moderna, pido a mis alumnos que no las vean como instantáneas de cosas congeladas en el tiempo, sino como parte de la corriente de la historia. ¿Qué condujo a lo que vemos en la foto? ¿Y cómo lo que vemos en la foto condujo a otros acontecimientos? Podemos ver una foto y preguntarnos por la historia que hay detrás. En algunos casos, estamos convencidos de que ya conocemos la historia. La Segunda Guerra Mundial es un buen ejemplo de ello. El teatro bélico del Pacífico, el conflicto entre Japón y Estados Unidos, está marcado por dos acontecimientos captados por los fotógrafos: el

Ataque japonés a Pearl Harbor, 7 de diciembre de 1941.
(Franklin D. Roosevelt Library)

ataque japonés a Pearl Harbor en diciembre de 1941 y los bombardeos atómicos estadounidenses de Hiroshima y Nagasaki en agosto de 1945. En Estados Unidos, la Segunda Guerra Mundial ha alcanzado el estatus de algo mítico.

Pero se trata de un tipo especial de mito. Todos los países que desempeñaron un papel importante en la guerra, tanto en el bando vencedor como en el derrotado, sufrieron traumas significativos: invasiones, ocupaciones, masacres, genocidio, guerra civil, bombardeos y devastación física. Estados Unidos se libró de todo esto, mientras que las cosas desagradables que les ocurrieron durante la guerra a los estadounidenses (por ejemplo, el internamiento de ciudadanos esta-

La nube atómica se alza sobre Nagasaki, Japón, 8 de agosto de 1945. (Charles Levy, Office for Emergency Management/ NARA)

dounidenses de origen japonés, el acto más vergonzoso de la administración Roosevelt) se las infligieron sus propios líderes.

En la jerga estadounidense dominante, la Segunda Guerra Mundial se conoció como «La Buena Guerra», y las tropas estadounidenses que lucharon en ella recibieron el sobrenombre de «La Generación Más Grande». Se percibía como una clara batalla del bien contra el mal, y Estados Unidos estaba, por supuesto, en el bando «bueno». También fue la última gran guerra que Estados Unidos ganó de forma decisiva. Desde una perspectiva ideológica, representó el triunfo de la liberación sobre la opresión, de la libertad sobre el fascismo, de la democracia sobre el totalitarismo. Aunque fue destructiva para muchos otros países que antes habían sido poderosos, para Estados Unidos fue sobre todo una bendición. No solo sacó al país de la persistente Gran Depresión, sino que además fortaleció extraordinariamente su economía, su ejército y su vida cultural; para bien o para mal, convirtió a Estados Unidos en la nación-estado más importante y poderosa del planeta. No hay ninguna parte del mundo que no haya sufrido de un modo u otro el impacto del poderío estadounidense.

La Segunda Guerra Mundial fue también la guerra más horrible de la historia de la humanidad. Aún no hemos sido capaces de asimilar lo terrible que fue. Esto es ciertamente evidente para la mayoría de los estadounidenses, para quienes los combates eran lejanos. (Esta brecha entre el poder militar estadounidense y lo lejanas que están las guerras de los propios Estados Unidos es quizá la característica más importante de todas las guerras estadounidenses desde la Guerra Civil). Ni siquiera conocemos aún el alcance total de la muerte y la destrucción. La guerra en Asia Oriental y el Pacífico, entre Japón y China, y entre Japón y Estados Unidos y sus aliados, fue brutal, inhumana y deshumanizadora. En cuanto a la guerra en el frente oriental de Europa, principalmente entre Alemania y la Unión Soviética, no poseemos el vocabulario apropiado para describirla. La afirmación de Theodor Adorno de que «escribir poesía después de Auschwitz es una barbaridad» puede aplicarse a cualquier intento de tratar de reflejar con palabras lo que ocurrió allí.[1] Lo que ocurrió en esos lugares escapa a nuestra capacidad de formular el lenguaje.

En la Segunda Guerra Mundial murieron 407 000 soldados estadounidenses; en aquella época había unos 131 millones de estadounidenses. Se trata de la segunda cifra más alta de bajas militares en tiempos de guerra para Estados Unidos después de la Guerra Civil, en la que perecieron unos 620 000 soldados; la población en 1861, al comienzo de esa guerra, era de unos 31 millones. Estas cifras palidecen, tanto en términos absolutos como en porcentaje de la población, en comparación con las decenas de millones de víctimas, militares y civiles, de países donde se libró la Segunda Guerra Mundial y se produjeron genocidios, como la Unión Soviética, Japón, Alemania, Yugoslavia, Polonia y China. Pero el horror de la muerte no es solo volumen y escala. Cada vida inocente que se pierde es una tragedia. La tradición judía nos enseña que cuando muere un ser humano, muere un mundo entero. Las generaciones de jóvenes aprendieron (con suerte) a empatizar con las víctimas de genocidios masivos leyendo sobre víctimas individuales, como por ejemplo Ana Frank. De hecho, hablar de la muerte masiva solo en términos de cifras corre el riesgo de insensibilizarnos ante su importancia. Sin embargo, es fundamental que nos hagamos cargo de la magnitud de la violencia que provocó la guerra.

El lugar tan importante que la Segunda Guerra Mundial ocupa en el imaginario público, aunque con frecuencia tenga como base una historia con errores, es comprensible. Seguimos viviendo en un mundo creado por la Segunda Guerra Mundial. Aparte de la destrucción y el sufrimiento inmediatos que causó, la guerra también dejó terribles legados, algunos a corto plazo y otros a más largo plazo. La guerra destruyó para siempre culturas, sociedades y modos de vida enteros. Introdujo en el mundo una nueva escala, alcance y eficiencia industrial del genocidio. También dio lugar a la llamada Guerra Fría entre Estados Unidos y el bloque comunista, que causó un enorme sufrimiento en todo el mundo, sobre todo a quienes vivían bajo el dominio y el control soviéticos o experimentaban el largo brazo o la pesada bota del poder estadounidense. Para innumerables personas de todo el mundo, la Guerra Fría no fue fría en absoluto; fue bastante caliente, y mortífera.[2]

Por último, la guerra echó a andar todo el sistema de armamento nuclear, un problema al que todavía nos enfrentamos hoy: vivimos a la sombra de una carrera armamentística nuclear en curso en la que todos podríamos perecer en un abrir y cerrar de ojos. Muchos estudiosos de las relaciones internacionales, así como los líderes de poderosas naciones interesadas, ven el poder nuclear como una «disuasión», una fuerza estabilizadora en los asuntos mundiales, que origina una jerarquía y un orden entre las naciones, que mantiene a raya a los países potencialmente renegados, que hace que los gobiernos de las potencias nucleares se comporten con madurez y se conviertan en los adultos responsables de la comunidad internacional. Pero esta es una visión pesimista de la sociedad, como si apuntarse misiles destructivos unos a otros fuera la única forma concebible de evitar las guerras. El armamento nuclear se convirtió en una parte integral e intocable de la máquina. Nuestros líderes no siempre nos lo dirán, pero tenemos otras buenas razones para evitar conflictos violentos, además de la perspectiva de la destrucción mutua asegurada.

Pero ¿cómo identificamos y debatimos el liderazgo en acontecimientos y catástrofes a tan gran escala como la Segunda Guerra Mundial? Cuando vemos esas imágenes tan llamativas de la guerra, ¿qué liderazgo vemos? Podemos ver liderazgo directamente cuando las imágenes son de Roosevelt, Stalin, Churchill o De Gaulle, o de alguien a ese alto nivel de poder. Fueron individuos importantes que tomaron decisiones cruciales, y muchos autores escribieron sobre ellos. Pero tanto si se consideran por separado como en conjunto, las historias de estos líderes no cuentan la historia completa del liderazgo en la Segunda Guerra Mundial. Esta guerra se basó en mucho más que las acciones de un grupo selecto de individuos. ¿Dónde está el liderazgo en las imágenes del ataque a Pearl Harbor? ¿Y en las impactantes imágenes de Hiroshima y Nagasaki, devastadas por completo tras los ataques nucleares estadounidenses de agosto de 1945? Podría ser que los líderes no desempeñaran ningún papel significativo en estos acontecimientos, empujados en su lugar por un poderoso impulso que no podían controlar más que un maremoto.

El enorme mercado de libros sobre líderes de la Segunda Guerra Mundial, esas biografías reverentes de Churchill, Patton y otros, es tan lucrativo porque vende la ilusión de que grandes hombres fueron capaces de dominar y superar esta catástrofe. Sin embargo, hubo muchos líderes excepcionales en la guerra, más allá de los nombres más famosos. La mayoría de ellos sigue siendo poco conocida o desconocida. Los hombres de Estado y los generales desempeñaron su función. Muchos de ellos se distinguieron por la cantidad de muertes que cometieron u ordenaron, y en eso se basan en gran medida sus leyendas. Pero probablemente el legado más importante de la Segunda Guerra Mundial es que nosotros (los seres humanos) hemos construido armas, tecnología y poderío militar que están más allá de la capacidad de comprensión de nuestros líderes, y mucho menos para frenarlos o incluso controlarlos. Hemos dado a nuestros líderes demasiado poder.

La idea de que un presidente egoísta y narcisista controle armamento capaz de destruir varias veces el planeta es algo preocupante, como es comprensible. Pero no podemos simplemente renunciar a nuestro intento de disuadir a los responsables de crear estos sistemas en primer lugar, mantenerlos y tomar decisiones en ellos. La «inercia» es, en efecto, una fuerza, pero alguien, algo, debe poner las cosas en movimiento y empujarlas en una dirección determinada para que la inercia actúe. Cuando vemos una foto de Hiroshima tras el bombardeo atómico, tenemos que preguntarnos cómo llegaron los dirigentes al momento en el que dispusieron de esa clase de armas, cómo se encontraron frente a la decisión de utilizarlas, cómo llegaron a considerar a civiles inocentes como objetivos legítimos de tales armas y, por último, qué podemos aprender sobre los dirigentes, y sobre nosotros mismos, a partir de estas decisiones.

Los orígenes de la Segunda Guerra Mundial son profundos y complejos, pero el Japón imperial fue el instigador inmediato de la guerra en Asia Oriental y el Pacífico. Japón había invadido y ocupado China, un país caótico y en decadencia, pero soberano, sometiendo al pueblo chino a una brutalidad espantosa. Fue Japón quien atacó la base naval estadounidense de Pearl Harbor a finales de 1941, tras haber establecido previamente una alianza con la Alemania nazi y la Italia fascista, dando a la administración Roosevelt el pretexto perfecto para entrar en guerra (aunque como buenos historiadores también debemos preguntarnos por qué Estados Unidos estaba en Hawái para empezar, y qué sentido tenía construir una base naval en medio del Océano Pacífico). Fue después del ataque a Pearl Harbor cuando Hitler declaró la guerra a Estados Unidos, llevando así a los estadounidenses al teatro europeo de la guerra; hasta ese momento, más de dos años después de que la Wehrmacht invadiera Polonia en septiembre de 1939, Estados Unidos había mantenido relaciones diplomáticas con la Alemania nazi, con presencia diplomática en Berlín.

Utilizando la técnica de John Lewis Gaddis de encontrar el «principio de relevancia decreciente», descubrimos que los orígenes de la guerra de Japón contra sus vecinos, y finalmente contra Estados Unidos, no estallaron de la nada con una repentina agresión japonesa. El historiador Michael Bess, en su interesante libro sobre la ética de la toma de decisiones en la Segunda Guerra Mundial, utilizó una versión de este método para remontarse a 1853, cuando Japón, entonces un país aislado en el que no se permitía la entrada de extranjeros, fue «descubierto» (por así decirlo) por Occidente.[3]

En un momento en que los imperios europeos seguían merodeando por el mundo, expandiendo sus territorios e insistiendo en que todos los territorios de cualquier rincón del planeta eran susceptibles de ser colonizados, Japón se mantuvo en un semifeudalismo insular. La llegada del comodoro estadounidense Matthew Perry a la bahía de Edo con sus «barcos negros» armados, exigiendo (de forma pacífica pero amenazadora) que Japón se abriera al comercio, forzó el término del aislamiento de Japón y al final provocó que sus élites lanzaran la llamada Restauración Meiji en la década de 1860. Aunque de manera oficial se trataba de restaurar supuestas tradiciones japonesas como la autoridad del emperador y la primacía de la religión sintoísta, la Restauración Meiji fue en realidad un gran proyecto de construcción nacional e ingeniería social que copió libremente de las naciones imperiales occidentales que obligaron a Japón a abrirse: Rusia, Francia, Gran Bretaña y Estados Unidos.[4]

Retrato estilo *conté* del Emperador Meiji (1852-1912), obra de Edoardo Chiossone, 1888. (Fotografía de dominio público)

Las élites japonesas tenían mucho que aprender de estos países, como la industria, la burocracia y la modernización económica. Los jóvenes japoneses viajaron a Occidente y tomaron abundantes notas. Incluso emularon los estilos de vestir occidentales y, una vez determinado que los japoneses eran demasiado pequeños físicamente para mantenerse en un mundo dominado por los occidentales, también cambiaron la nutrición. Pero más allá del aseo personal, la ropa y la cocina, lo que estas diferentes naciones tenían en común, y lo que Japón aprendió de ellas por encima de todo, fue su despiadada construcción de imperios.

Una vez que emprendieron el camino de imitar a las potencias occidentales y a sus líderes, los japoneses se movieron con rapidez. Pronto alcanzaron el dominio industrial y económico regional. Japón derrotó a China en la primera guerra Sino-Japonesa (1894-1895), un conflicto basado en el control de la península de Corea, y se estableció como potencia dominante en Asia Oriental. Y los años de aprendizaje de los ejércitos prusiano y francés dieron sus frutos cuando sorprendieron al mundo al derrotar al poderoso ejército imperial ruso en la guerra Ruso-Japonesa de 1904-1905. Este conflicto, casi olvidado hoy en día, fue un momento crucial en la historia mundial, un punto de inflexión para el poder y la confianza japoneses. Fue quizá la primera vez en la era moderna que una nación asiática triunfaba en una guerra contra una potencia imperial tradicional y un punto de partida para el colapso final del zar en Rusia y la revolución bolchevique en 1917. Muchos pueblos de Asia se sintieron inspirados por este triunfo japonés. Sin embargo, también fue un momento ominoso. Tras la primera derrota de China, los dirigentes japoneses habían decidido que no solo iban a ser tan fuertes (eso esperaban) como las potencias occidentales, sino que también iban a comportarse como ellas. Si los estadounidenses podían, con la Doctrina Monroe en 1823 y luego con el Corolario Roosevelt en 1904, decretarse protectores del hemisferio occidental frente a los imperios europeos e invadir y ocupar otros países para asegurarse de que estaban protegidos del codicioso y malvado colonialismo, Japón asumiría un papel paralelo en Asia Oriental.

En 1910, tras décadas de atrincheramiento colonial, Japón se anexionó la península coreana, y en las dos décadas siguientes aceleró el sometimiento de sus vecinos. Todo ello en nombre del empoderamiento asiático y la protección frente al imperialismo europeo. Los japoneses no estaban del todo equivocados. La creciente agresión japonesa en Asia y el Pacífico no hizo sino emular el imperialismo europeo anterior (y futuro) en la región. Pero los japoneses no solo copiaron la forma y las técnicas del imperialismo y el militarismo occidentales, sino también sus fundamentos ideológicos. Desde la Restauración Meiji y el desarrollo de la economía y la industria japonesas, dominó en el país una visión según la cual los demás pueblos de Asia eran inferiores y debían estar bajo la protección japonesa. Estos pueblos, según esta mentalidad, iban a ser colonizados de todos modos, dado que eran incapaces de protegerse en un mundo de puro poder. Era mejor que fueran colonizados por asiáticos superiores, que podían protegerlos de los temibles occidentales. Esa era más o menos la forma en la que los dirigentes de Estados Unidos habían justificado su dominación de América Latina desde principios del siglo XIX.

En la década de 1930, este impulso militarista e imperialista, que creció a la par que el tamaño del imperio japonés, dio un giro paralelo al que se produjo en uno de sus modelos europeos originales. Al igual que Alemania, Japón se recuperó económicamente de los efectos de la depresión económica mundial mediante una preparación y una acumulación militar masivas. Los restos de la incipiente democracia japonesa se deterioraron, y al final se derrumbaron, ante la versión japonesa del fascismo y el militarismo. El emperador era la figura sagrada, pero el país estaba gobernado por militares ávidos de guerra y sus aliados de línea dura en el gobierno civil. Sus acciones más agresivas se produjeron en China, primero en Manchuria en 1931, donde establecieron un gobierno títere y rebautizaron la región con el nombre de Manchukuo, y luego, tras consolidar su presencia militar en otras partes del país, iniciaron una guerra total en 1937, la llamada segunda guerra Sino-Japonesa, durante la cual cometieron algunas de las peores atrocidades jamás vistas, incluida la Masacre de Nanking.[5]

La justificación japonesa para invadir China se parecía a la motivación de Hitler para su invasión de la Unión Soviética cuatro años más tarde: un deseo de expansión, la necesidad declarada de materias primas y combustible para impulsar el creciente imperio japonés, el impulso de establecer el dominio sobre la otra nación importante de la región y la opinión de que, al igual que los demás pueblos de Asia, China necesitaba encontrarse bajo la protección japonesa frente al imperialismo occidental y, más recientemente, de los males del comunismo. La soberanía china no era un factor que se debiera tener en cuenta; de todos modos, China llevaba mucho tiempo repartida por las potencias occidentales, que habían creado «esferas de influencia» que habían humillado a los chinos y mantenido al país en un perpetuo estado de debilidad, discordia y corrupción. El Japón imperial y la Alemania nazi no solo eran aliados estratégicos; compartían una obsesión por la raza, el agravio, la expansión, la guerra, los recursos y la dominación. Mientras los militares japoneses cometían atrocidades indescriptibles, sus carteles de propaganda mostraban a sonrientes campesinos y niños chinos con sus amables señores japoneses, en feliz asociación en lo que los japoneses, utilizando uno de los mayores eufemismos de la historia de la geopolítica, llamaban «la Gran Esfera de Coprosperidad de Asia Oriental».

Si consideramos estos acontecimientos como un preludio del ataque japonés en Pearl Harbor (aunque antes tuvieron que ocurrir muchas cosas), ¿qué nos dice esto sobre el liderazgo japonés hasta ese momento? En este llamado camino a Pearl Harbor, es muy difícil identificar un liderazgo individual. El emperador Hirohito era la máxima autoridad, pero no era quien tomaba las decisiones; había individuos como Hideki Tojo, el primer ministro de línea dura durante la guerra, pero no era un dictador; el gobierno de Japón, incluso en su momento más fascista, nunca giró en torno al carisma o la autoridad de una persona, como en la Alemania de Hitler. En cambio, lo que vemos en el caso japonés es una especie de mecanismo de numerosos «líderes» que toman decisiones dentro de un contexto histórico que llevaba consigo un enorme peso y carga ideológica. Cada vez que se producía un conflicto entre los llamados partidarios de la línea dura y los moderados dentro de la dirección japonesa, ganaban los partidarios de la línea dura. El impulso de la historia de Japón siempre parecía estar de su lado. En este caso, la historia no solo hizo a los líderes, sino que también parecía dictar todo lo que hacían.

El ataque a Pearl Harbor se considera hoy una terrible decisión de los dirigentes japoneses. Involucró en la guerra a unos Estados Unidos hasta entonces reticentes y acabó provocando la caída del imperio japonés, la destrucción de las ciudades japonesas y la horrible muerte de masas de civiles japoneses. Pero esto es solo una valoración retroactiva. En tiempo real, fue visto como un éxito impresionante. Los japoneses fueron capaces de destruir gran parte de la capacidad naval y aérea estadounidense. Solo por casualidad no fue peor para la armada estadounidense, ya que varios portaviones se encontraban en aguas abiertas y lejos del lugar del bombardeo cuando se produjo el ataque. También fue un grave error de inteligencia por parte de los estadounidenses, y no solo, como Roosevelt lo llamaría en su justificación para ir a la guerra, «una fecha que vivirá en la infamia». Hasta el último minuto, los estadounidenses, probablemente por racismo y prepotencia, no fueron capaces de imaginar que Japón llevara a cabo un ataque tan audaz.

En la década de 1960, el politólogo de Stanford Nobutaka Ike, que como joven de origen japonés había sido enviado durante la guerra a un campo de internamiento, tradujo las transcripciones de los debates políticos de los líderes japoneses ante el emperador Hirohito, de cuarenta años, durante 1941. Esta es una de las lecturas más aterradoras que encargo en clase, pero no por las razones que cabría suponer. Teniendo en cuenta lo que sabemos sobre lo que ocurrió tras el ataque a Pearl Harbor (la frenética entrada de EE. UU. en la guerra, la maquinaria bélica que construyeron los estadounidenses, la derrota final de Japón, la desaparición de muchos de sus habitantes), uno podría abrir este libro esperando leer desvaríos lunáticos sobre la grandeza de Japón, el destino de su pueblo, la inferioridad de los estadounidenses y la gloria del emperador. En vez de eso, encontramos algo más inquietante: discusiones racionales, técnicas y detalladas, que no parecen ser diferentes de las discusiones que tendrían lugar en los círculos políticos ordinarios de hoy en día.[6]

Los líderes japoneses se sientan ante el emperador, explican sus políticas y la lógica que las sustenta, y cubren todos los ángulos necesarios. Hay largas presentaciones de la preparación en el frente interno para lo que seguramente será un gran conflicto. Hay relatos aleccionadores sobre el fracaso de las negociaciones con los estadounidenses y una señal constante de deseo de paz, junto con una voluntad declarada de continuar la diplomacia. Algunas de estas reuniones informativas tuvieron lugar ya después de que hubieran enviado los navíos de guerra que transportaba los aviones que bombardearían Pearl Harbor y que, como sabemos, acabarían llevando a la ruina total a Japón y a su pueblo.

Estos políticos y líderes eran plenamente conscientes de algunas cosas cruciales. Sabían a la perfección que Estados Unidos era un país mucho más grande que Japón y que podía movilizar una fuerza de combate más poderosa. Sabían que al luchar contra Estados Unidos estarían luchando, en total, contra tres grandes naciones, incluyendo también a Gran Bretaña y a la Unión Soviética. Sabían que disponían de medios limitados para alimentar al pueblo japonés durante una guerra prolongada contra tres imperios. Conocían todos los riesgos. Algunas de sus discusiones parecen inquietantemente proféticas sobre la fatalidad que se avecinaba, incluso cuando intentan proyectar calma y optimismo.

Es difícil cuadrar la racionalidad y la conciencia de las discusiones políticas de estas transcripciones con la realidad de la situación tal y como la entendemos ahora. Estos líderes japoneses estaban manteniendo discusiones técnicas sobre una decisión importante, el ataque a Pearl Harbor, que sabemos llevaría a la catástrofe a su pueblo. Hay algo inquietante en ello: allí estaban, con todo el conocimiento y la confianza del mundo, a punto de desatar el fuego del infierno sobre sí mismos. La lectura de estas transcripciones me hace pensar en la aterradora escena de la gran película de James Cameron *Terminator 2: El juicio final* (1991) en la que Sarah Connor, que conoce el sombrío futuro de la humanidad, tiene una pesadilla en la que se encuentra junto a una valla y se ve a sí misma como una joven madre olvidadiza con su hijo en un parque infantil. Intenta desesperadamente advertir a su yo más joven del desastre que se avecina, pero nadie puede oír sus gritos, y el apocalipsis nuclear llega, incinerando a todos y todo.

Sabemos que la razón inmediata de la beligerancia japonesa fue el bloqueo estadounidense que privaba a Japón de combustible y otros artículos de primera necesidad: era la respuesta de la administración Roosevelt a la invasión japonesa de la Indochina francesa. Sabemos que la guerra entre ambos países llevaba años gestándose porque los estadounidenses, al igual que otras potencias occidentales, nunca aceptaron la supremacía japonesa en el Pacífico y Asia Oriental, ni siquiera su desafío al dominio occidental. Sabemos que los líderes japoneses estaban convencidos de que no tenían elección. Tal y como ellos lo veían, estaban luchando por sus propias vidas y por la supervivencia misma de su nación. Lo que aparece repetidamente en estos debates políticos es la sensación de que los estadounidenses (y sus aliados) eran del todo irrazonables, bravucones, poco dispuestos a ver las cosas desde la perspectiva japonesa. Es probable que no se equivocaran: Estados Unidos no tenía más derecho que Japón a exigir la supremacía en Asia Oriental. Sabemos que comprendían la necesidad de derrotar con rapidez a los norteamericanos porque una guerra prolongada con Estados Unidos no les favorecería, y creían que un ataque a Pearl Harbor conmocionaría a los norteamericanos y les haría retroceder, por falta de voluntad para luchar contra una nación tan comprometida como Japón. En esto, como sabemos, estaban completa y trágicamente equivocados.

Incluso dentro de este marco, en las transcripciones se pueden ver signos reveladores del estado mental y psicológico de los líderes japoneses en ese momento crucial, y no era un buen estado para ellos. Cuando, por ejemplo, mencionan la exigencia estadounidense de que los japoneses pongan fin a su ocupación de China, la tratan como una petición insultante, un fracaso, una señal de que los estadounidenses están decididos a ir a la guerra. Pero vale la pena detenerse un momento para preguntarse si la exigencia estadounidense no se trataba de algo razonable. La verdad es que lo era: China era un país soberano y Japón un invasor extranjero. Pero los dirigentes japoneses ni siquiera se pararon a considerar esta posibilidad. Veían su presencia en China casi del mismo modo que veían su presencia en el propio Japón: como autodefensa y su derecho natural como protector supremo de Asia Oriental. Es cierto que cuando se trataba de exigir que los países se abstuvieran de invadir y ocupar otros países soberanos, los estadounidenses no tenían ninguna clase de derecho al respecto; prácticamente habían inventado ese comportamiento. Pero este tipo de «y tú qué» (justificar el mal comportamiento propio señalando el mal comportamiento ajeno) no justifica la guerra japonesa en China, que era ilegítima al margen de lo que hicieran los estadounidenses en otros lugares.

Lo que las transcripciones no muestran es el contexto más amplio del mundo en el que estos líderes operaban y tomaban decisiones. Para ello, debemos alejarnos. Era un mundo en el que los líderes japoneses se encontraban en ciertas posturas debido a su creencia incuestionable en la rectitud de su nación y en un enfoque de suma cero de los asuntos internacionales. Se les había educado sobre la larga historia de humillaciones occidentales a Japón y de racismo hacia los asiáticos, que nunca disminuyó. A todos ellos se les había conformado durante décadas sobre cómo debían pensar en el mundo y en su país de un modo concreto que casi inevitablemente los llevó a Pearl Harbor. Estaban atrapados en una especie de lógica extraña, incapaces de ver fuera del paradigma en el que estaban atrapados. Tenían una idea nada realista de su lugar en el mundo y de los límites de su poder. La impresión es que eran un producto directo de la historia, que continuaban la trayectoria establecida por sus predecesores, sin hacer nada para modificar el rumbo de los acontecimientos, excepto a través de la muerte y la destrucción. Da la sensación de que no tuvieran libre albedrío. Pero sus cadenas eran mentales e ideológicas, no físicas. La pregunta es: ¿cómo pueden los líderes escapar de estas jaulas mentales? El reto, y el objetivo, es alejarnos de nuestras situaciones específicas de liderazgo para examinar el panorama general de dónde estamos y cómo llegamos hasta aquí.

Existe la tentación de decir que los japoneses, basándose en su historia, estaban «destinados» a llegar a ese momento, que estaban «destinados» a entrar en guerra con Estados Unidos y que su país estaba «destinado» a ser destruido. Como historiador, no creo en el destino. Nadie está destinado a ir a la guerra. Hay escuelas de pensamiento en relaciones internacionales, por ejemplo, que adoptan una visión determinista de lo que las naciones «hacen» en el mundo. Pero, por desgracia, el mundo real no funciona según las teorías académicas. La realidad es que las naciones no hacen cosas, y no hay principios metahistóricos que funcionen en el mundo. Las personas hacen cosas. Siempre hay personas que toman decisiones, aunque nos cueste identificarlas. A finales de 1941, los dirigentes japoneses que hablaban ante su emperador decidieron bombardear Pearl Harbor. La historia no tomó esa decisión por ellos, sino que la tomaron como resultado final de muchas décadas de historia que habían moldeado la realidad que los rodeaba y la habían distorsionado, de modo que estaban manteniendo lo que, a primera vista, parecían discusiones sensatas, pero en un marco de locura.

Todos somos productos de nuestro tiempo y lugar. Heredamos las circunstancias en las que vivimos, como observó Marx. Aprendemos a pensar de una determinada forma que, a veces, solo las generaciones futuras pueden ver como algo insensato o inmoral. Tanto por la situación política del país como por haber construido un imperio en guerra durante décadas y seguir el ejemplo de las potencias occidentales (que habían creado las reglas que todo el mundo seguía), Japón en 1941 no tenía el tipo de líderes que imaginarían la exigencia de abandonar China, por ejemplo, como base para una negociación; por el contrario, era impensable. Independientemente de si los estadounidenses actuaron de buena fe en este caso, los buenos líderes deben estar preparados para poner a prueba sus suposiciones más básicas, las cosas que más dan por sentadas. Examinando esta historia, no podemos evitar pensar que hoy vemos a los líderes, a los responsables de cómo vivimos en el mundo, manteniendo discusiones en apariencia racionales en un marco irracional, poniendo a las personas de las que son responsables en el camino del desastre.

Una vez que llegamos al punto final del camino de Japón a Pearl Harbor, descubrimos que conduce a otro más sombrío: el camino a Hiroshima y Nagasaki. Pero aquí debemos tener cuidado. Las cosas no se siguen de forma automática de una a otra. Nunca debemos trazar una simple línea recta entre Pearl Harbor e Hiroshima. El ataque japonés contra Pearl Harbor, un objetivo militar, no causó finalmente el bombardeo atómico de Hiroshima y Nagasaki, objetivos civiles. Los japoneses no provocaron la destrucción nuclear. Es cierto que los niños inocentes incinerados en ambas ciudades no provocaron que los estadounidenses utilizaran bombas atómicas contra ellos. El lanzamiento de bombas atómicas sobre Hiroshima y Nagasaki, tras años de guerra brutal con terribles atrocidades cometidas por ambos bandos, fue una decisión de los dirigentes estadounidenses, no de los japoneses. No había relación alguna entre los líderes japoneses que en diciembre de 1941 enviaron aviones para atacar Pearl Harbor y las personas inocentes que perecieron en las explosiones nucleares de agosto de 1945 en Hiroshima y Nagasaki, excepto su común accidente de nacimiento. Este tipo de cosas se olvidan en tiempos de guerra, en especial en una tan racista y deshumanizadora como la Segunda Guerra Mundial.

Los bombardeos atómicos de Hiroshima y Nagasaki forman parte de una historia más larga, no solo de la Segunda Guerra Mundial o incluso solo de Estados Unidos y Japón. También forman parte de la sombría historia de los ataques militares contra civiles indefensos, una historia que, por desgracia, no terminó con Hiroshima y Nagasaki. Los primeros ataques se realizaron desde tierra, con artillería, y después, a medida que mejoraba nuestra tecnología y nuestra capacidad de matar, desde el aire. Los humanos siempre han matado a otros humanos en tiempos de guerra, lo que con frecuencia les permite cometer asesinatos legalmente, pero la mejora de la tecnología aumentó la cantidad de destrucción y el número de víctimas humanas.

Los primeros ataques aéreos contra civiles estuvieron relacionados, como era de esperar, con el colonialismo europeo. Los italianos bombardearon Trípoli en 1911, como parte de sus intentos de conquistar Libia y Túnez; los historiadores consideran este uso del bombardeo de saturación el primer ataque aéreo contra civiles. La Primera Guerra Mundial, un baño de sangre en toda Europa, también marcó las primeras veces que los civiles fueron blanco de bombardeos durante una guerra. Los alemanes y británicos, pero también franceses, austrohúngaros, italianos y rusos, bombardearon ciudades y civiles inocentes. Después de la guerra, durante la cual los imperios europeos se preocuparon de apagar las primeras llamas de la lucha anticolonial, esta práctica aumentó en frecuencia. Por citar solo algunos ejemplos, la Real Fuerza Aérea británica bombardeó Bagdad en 1920, la primera vez de muchas en el siglo siguiente que esta desafortunada ciudad sería bombardeada por potencias extranjeras; los españoles bombardearon pueblos marroquíes en 1924, durante la guerra del Rif; Francia bombardeó pueblos drusos, y la ciudad de Damasco, en Siria, en 1926, durante la Gran Revuelta Siria. En todos estos casos, fueron los fuertes los que atacaron a los débiles, y los fuertes argumentaron que su ataque era una forma de autodefensa. Y en todos estos casos, el resultado fue el mismo: la muerte de civiles.[7]

El principal precedente de los horrores de los bombardeos aéreos de la Segunda Guerra Mundial se estableció en 1937 en Guernica, España, un año después del estallido de la guerra civil española. El conflicto comenzó cuando el general Francisco Franco encabezó una revuelta de fuerzas militares, clericales y terratenientes de derechas contra la República Española y su gobierno del Frente Popular, elegido democráticamente. Las fuerzas de Franco contaban con el apoyo (total e ideológico) de la Alemania nazi y la Italia fascista, mientras que la República Española tenía el apoyo (parcial y oportunista) de la Unión Soviética. Guernica, una hermosa y antigua pequeña ciudad, era el centro espiritual del País Vasco en España. Los vascos apoyaban en general a la república, pero Guernica, en el extremo norte del país, no participaba en la guerra. Sin embargo, el 26 de abril de 1937, la Fuerza Aérea Alemana, la Luftwaffe, destruyó la ciudad con bombas incendiarias, por orden directa del alto mando nazi Hermann Göering, que respondía a una nueva petición del bando franquista. Cientos de habitantes de la pequeña ciudad acabaron quemados vivos aquel día. Las imágenes fueron tan horribles (los bombardeos incendiarios eran una novedad en el campo del asesinato de niños desde el aire) que el gran artista español Pablo Picasso supo que la única forma de representar lo que allí había sucedido era simbólicamente, como hizo en su obra maestra de 1937, *Guernica*.

La Segunda Guerra Mundial llevó estas acciones a un nivel sin precedentes. Los ataques aéreos se convirtieron en una característica central de la guerra, en todos los bandos. Por ejemplo, los bombardeos de ciudades chinas como Shanghái y Chongqing formaron parte de la estrategia japonesa para derrotar a China a partir de 1937. También fue el método principal con el que los alemanes intentaron derrotar a los británicos, uno de los pocos países que no se habían rendido después de 1940. Invadir una isla como Gran Bretaña no es cosa sencilla, así que los alemanes recurrieron a una estrategia de bombardeo de las ciudades británicas, apuntando de manera implacable a aquellos lugares donde la producción militar-industrial era más intensa, y donde el dolor se sentiría más agudamente. La ciudad industrial de Coventry fue destruida casi por completo. Las ciudades más grandes con industrias y población obrera, como Liverpool, Birmingham, Manchester, Sheffield y Southampton, sufrieron intensos bombardeos nazis. Y casi cualquier persona interesada en la historia conoce las fotos del primer ministro británico Winston Churchill contemplando entre lágrimas los restos de Londres, que sufrió algunos de los bombardeos más intensos. Por supuesto, los británicos (y los estadounidenses) también bombardearon a civiles y, con el tiempo, los bombardeos se convirtieron en una de las principales tácticas de los Aliados (el «bando bueno», que luchaba contra el fascismo y el racismo), dejando tras de sí un terrible legado que continuó, como veremos, por ejemplo, en Vietnam más de dos décadas después.[8]

Una vez que las naciones combatientes en la Segunda Guerra Mundial traspasaron la línea del bombardeo industrializado y a gran escala de civiles, el camino hacia los bombardeos atómicos de Hiroshima y Nagasaki se hizo más claro. Los aviones estadounidenses ya habían bombardeado ciudades japonesas, donde habían quemado vivos a decenas e incluso cientos de miles de civiles. Hay historiadores (y filósofos morales) que creen que los bombardeos incendiarios, y no necesariamente los nucleares, fueron la verdadera línea moral que se cruzó durante la guerra. Se puede racionalizar, como hicieron los líderes estadounidenses en aquel momento y como hicieron muchos desde entonces, que era la mejor forma de evitar un mayor número de bajas, y se puede señalar cuántos japoneses más (y tropas estadounidenses) habrían muerto si no se hubieran lanzado las bombas atómicas y Estados Unidos hubiera invadido Japón. Pero si llegaste a un punto, como dirigente, en el que las dos únicas opciones que ves ante ti son matar a 120 000 civiles instantáneamente en ataques nucleares y condenar a muchos miles más a una muerte lenta e insoportable o matar a 800 000 civiles durante un periodo más largo, hace tiempo que cruzaste una línea roja que nunca podrás volver a cruzar. Puede que estés luchando por la democracia y la libertad, pero no ves seres humanos al otro lado, solo enemigos que hay que erradicar, si es necesario, aunque ese «enemigo» sea solo un recién nacido.

Incluso con todos los horrores que las naciones combatientes infligieron a la gente durante la Segunda Guerra Mundial, hay algo fundamentalmente diferente en las armas atómicas. No se trata solo de la cantidad de muertes; las bombas incendiarias mataron más. Las bombas atómicas no solo matan gente y queman ciudades. Borran sociedades enteras. Su destrucción es a largo plazo. Envenenan el medio ambiente. Crean un sufrimiento que se extiende a lo largo de generaciones. Una bomba «convencional» cae, explota, destruye edificios, mata gente; al día siguiente, potencialmente, en medio del duelo y la furia, puede comenzar la reconstrucción (a menos que haya más bombardeos). Una bomba atómica garantiza que la gente no se recupere, que la tierra y el agua queden destrozadas, los supervivientes contraigan enfermedades horribles, los niños crezcan condenados al ostracismo por miedo y nunca tengan familia. Las bombas atómicas se utilizaron dos veces en la historia contra civiles, y nunca más... todavía. Es un hecho significativo y revelador. Pero, repito, vivimos en un mundo lleno de armas nucleares, y su amenaza pende sobre todos nosotros, siempre.

Nuestra difícil tarea como historiadores del liderazgo no consiste solo en analizar los acontecimientos desde la comodidad y superioridad de nuestros días, sino en intentar ponernos en la piel de quienes tomaron decisiones difíciles en

Hiroshima después de la bomba atómica, fotografía firmada por el piloto del *Enola Gay*, Paul Tibbets Jr. (PJF Military Collection/Alamy Stock Photo)

el pasado. Puede ser demasiado fácil proclamar, en 2023, que el uso de bombas atómicas estaba fuera de lugar, independientemente de las circunstancias, o que se trataba de una simple decisión estratégica, nada personal, destinada a poner fin a una guerra, dos argumentos opuestos que escucho con frecuencia. Las cosas parecen diferentes cuando se viven los acontecimientos. La gente del pasado no sabía lo que nosotros sabemos ahora, del mismo modo que nosotros no sabemos cosas que la gente sabrá en el futuro.

En el verano de 1945, la guerra en Europa había terminado. Hitler se había pegado un tiro en su búnker de Berlín mientras los soviéticos se acercaban; el ejército nazi se había rendido; estadounidenses, británicos y soviéticos se repartían la Europa de posguerra; la Guerra Fría ya había comenzado. Pero en el Pacífico, la horrible guerra con Japón se prolongaba. Aunque los japoneses parecían vencidos, superados por la maquinaria bélica estadounidense, continuaban atrincherados y atacando barcos estadounidenses con pilotos kamikaze (suicidas), prometiendo luchar hasta el último hombre. Las atrocidades continuaron en ambos bandos. Los líderes militares y políticos estadounidenses, que combinaban la guerra con un odio personalizado hacia los japoneses, estaban desesperados por ganarla y poner a Japón de rodillas. Una invasión de las islas japonesas costaría incontables víctimas adicionales. La guerra podría durar años, y las pilas de cadáveres no harían más que crecer.

Hubo amplios debates sobre la decisión estadounidense de utilizar bombas atómicas en Hiroshima y Nagasaki, y si eran necesarias para ganar la guerra.[9] ¿Por qué no una bomba sino dos? ¿Se trataba de derrotar a Japón o de intimidar a la Unión Soviética, que estaba a punto de invadir Japón y posiblemente unirlo al bloque comunista? Incluso en tiempo real, los dirigentes y responsables políticos estadounidenses se plantearon algunas de estas preguntas y consideraron alternativas, como hacer estallar la bomba en algún lugar vacío como una aterradora demostración de fuerza, pero uno no puede evitar llegar a la sombría conclusión de que la decisión de utilizar las bombas atómicas sobre las ciudades japonesas era una conclusión inevitable. Se habían invertido años y cantidades ingentes de dinero en la producción de estas nuevas armas, y muchos funcionarios estadounidenses estaban ansiosos por verlas en acción, no solo para conseguir que los testarudos japoneses se rindieran, sino también para demostrar la superioridad militar y tecnológica de Estados Unidos sobre cualquier adversario, presente o futuro. Sin embargo, una cosa está clara: se trata de un caso en el que los vencedores de una guerra determinan tanto cómo se escribe su historia como quiénes son juzgados como criminales contra la humanidad y quiénes escapan impunes de cualquier responsabilidad y emergen en su lugar como la superpotencia mundial.

Para nosotros, hay cuestiones aún más difíciles en juego: ¿dónde está el liderazgo en todo esto? ¿Quién era el líder? La verdad es que es difícil de decir. Este caso nos confunde porque ni Maquiavelo ni Marx son capaces de explicarlo. Tenemos el impulso de la historia creando estas impresionantes armas y una máquina de muerte, y tenemos líderes que deciden utilizarlas y cambiar el rumbo de la historia. Pero no está claro quién es el responsable de estas decisiones de bombardear niños y lanzar bombas atómicas. Para asignar el liderazgo en el caso de la bomba atómica lanzada sobre Hiroshima, a la que se dio el simpático nombre de «Little Boy», ¿deberíamos fijarnos en el comandante Curtis LeMay, que ya había ordenado el bombardeo de Tokio, que mató a más de 100 000 civiles en una sola noche? Hubo muchos comandantes así en la Segunda Guerra Mundial. ¿Deberíamos fijarnos en los científicos del Proyecto Manhattan, como J. Robert Oppenheimer, que lo desarrolló? Los nazis también tenían a sus mejores científicos trabajando en una bomba atómica; solo que no llegaron a tiempo. ¿Deberíamos fijarnos en el piloto Paul Tibbets Jr. que lanzó la bomba desde el bombardero B-29, el *Enola Gay*, al que había bautizado tan dulcemente con el nombre de su madre? Hubo innumerables pilotos en la guerra, pertenecientes a muchas fuerzas aéreas, que bombardearon y mataron a civiles, y cualquiera de ellos habría seguido esta orden.

¿Deberíamos fijarnos en el presidente Harry S. Truman? Era el comandante en jefe de las fuerzas armadas de los Estados Unidos y tenía que dar la orden de lanzar las bombas, primero sobre Hiroshima y luego sobre Nagasaki, y así lo hizo. Pero Truman había asumido el cargo apenas tres meses antes, tras la muerte de Roosevelt, mucho después de que comenzara el desarrollo de estas armas, años después de que empezara la guerra, décadas después de que aumentaran las tensiones en Asia Oriental, casi un siglo después de que los barcos negros estadounidenses obligaran a Japón a abrir sus fronteras, desencadenando todo lo que vino después. Truman era un político inteligente de Missouri que ascendió en el Partido Demócrata, el último vicepresidente de Roosevelt. Era un hombre al que pocos observadores tomaban muy en serio como líder, cuyo conocimiento del mundo era el del estadounidense medio (es decir, extremadamente limitado), al que de repente se le dio el poder de matar instantáneamente a cientos de miles de personas y se le dijo que era la mejor manera de acelerar el final de una guerra brutal que ya había matado a millones de personas, incluidos cientos de miles de soldados estadounidenses. No había estado al tanto de las serias discusiones sobre la guerra antes de asumir el cargo, ni siquiera de la existencia de la bomba, y nada lo preparó para la magnitud de las decisiones a las que ahora se enfrentaba. Pero nadie estaba preparado. En este sentido, Truman no tenía nada de especial. Dio luz verde, y su decisión tuvo consecuencias, pero parece más que nada una formalidad. No podía comprender realmente el significado de semejante poder: se había metido en política para servir al público, no para «convertirse en la muerte, la destructora de mundos» (por mencionar a Oppenheimer, que citó las escrituras hindúes). No tenemos motivos para creer que Roosevelt se hubiera negado a utilizar las bombas que había ordenado desarrollar, o que los líderes japoneses, alemanes o británicos se hubieran negado a utilizar bombas atómicas si las hubieran tenido. No se trata de eximir a nadie de responsabilidad por la decisión de utilizar bombas atómicas, pero es difícil imaginar un escenario en el que Truman decidiera otra cosa. Esta era la dirección que habían tomado las cosas durante mucho tiempo, mucho antes de que él asumiera el cargo, mucho antes de que entrara en política, mucho antes de que naciera. Como presidente, simplemente heredó la máquina de la muerte, que ningún líder podía siquiera empezar a entender cómo controlar.

Esto nos lleva a uno de los aspectos más difíciles y dolorosos de esta historia de horror: el racismo. Una pregunta que siempre divide a mis alumnos es si Estados Unidos habría utilizado las bombas contra Alemania si los nazis no se hubieran rendido. Sabemos que la Segunda Guerra Mundial fue racista de principio a fin. Hitler empezó la guerra por su ideología racista, y el exterminio del pueblo judío y la esclavización de los pueblos eslavos eran los rasgos centrales de su visión del futuro. La guerra en Asia Oriental comenzó con la concepción racista que Japón tenía de sus vecinos. Tanto en el caso alemán como en el japonés, los fundamentos ideológicos racistas de los regímenes se volvieron más frenéticos y asesinos cuanto más duró la guerra. Mientras tanto, en la década de 1940 Estados Unidos había prohibido la esclavitud tan solo tres generaciones atrás y seguía sumido en las leyes segregacionistas y el maltrato brutal a su ciudadanía negra. Con las puertas cerradas a la inmigración, incluidos los refugiados judíos que huían desesperadamente de Europa, Estados Unidos libró su guerra contra el racismo de los nazis (y en nombre de la democracia y la libertad) con un ejército segregado. Las tropas afroamericanas podían tener mandos negros o blancos, pero las tropas blancas solo podían tener mandos blancos. La guerra estadounidense contra Alemania y Japón fue una guerra antirracista librada con un ejército racista.

¿Podemos saber si los dirigentes estadounidenses habrían utilizado las bombas atómicas contra una ciudad alemana? Cuando hago encuestas sobre esta cuestión en clase, el resultado es casi siempre un 50% de síes o noes (en una clase en la que los estadounidenses son minoría entre los alumnos). Por un lado, la guerra contra los alemanes fue tan despiadada como la guerra contra los japoneses, y las emociones estaban a flor de piel. En primer lugar, Roosevelt había impulsado el desarrollo de un arma atómica como respuesta a la noticia, que le había llegado al principio de la guerra, de que Hitler había ordenado a los científicos alemanes (al menos a los que no había asesinado por ser judíos) a trabajar también en el desarrollo de un arma de este tipo, por lo que el Proyecto Manhattan nació en este contexto. Los bombardeos de Hamburgo y Dresde demostraron que los estadounidenses, y los británicos, eran tan propensos a quemar vivos a niños alemanes como a niños japoneses. Pero la cuestión es hasta qué punto el uso de una bomba atómica implica una concepción fundamentalmente diferente de las personas sobre las que se lanza dicha bomba.

En su clásico libro *War Without Mercy* [La guerra sin piedad], el historiador John Dower demostró hasta qué punto el «odio racial», como él lo llamaba, formó parte integral de la guerra contra Japón, arrastrando a los líderes junto con la gente común, y cómo la propaganda de guerra en Estados Unidos describía a los japoneses de una forma claramente diferente a la forma en que se dirigía a los alemanes. El enemigo alemán era visto como el propio nazismo, un conflicto ideológico, no necesariamente con los alemanes como pueblo, mientras que las atrocidades y la conducta bélica de Japón se consideraban arraigadas en la cultura japonesa. En esta mentalidad, que se extendió por toda la sociedad estadounidense a medida que toda la economía nacional y el frente interno se movilizaban para construir una gigantesca máquina de guerra, todos los japoneses (la «raza» japonesa, como tal) se convertían en el enemigo. La guerra con Japón estaba envuelta en el racismo y la xenofobia existentes en Estados Unidos. No hay ejemplo más claro de esto que cuando el gobierno envió a los ciudadanos estadounidenses de origen japonés a campos de internamiento por considerarlos una amenaza para la seguridad nacional, pero no a los estadounidenses de origen alemán. (En ese sentido, las cosas habían cambiado desde la Primera Guerra Mundial, cuando los germanoamericanos eran blanco de la violencia y la lengua alemana estaba ampliamente prohibida).[10]

Uno de los momentos más desagradables de mi clase se produce cuando muestro (tras una advertencia sobre el contenido) una serie de carteles de propaganda bélica y otros materiales de las autoridades estadounidenses (incluido el ejército), de imágenes repelentes del enemigo japonés como bichos, serpientes y ratas, acompañadas de tropos y lenguaje racistas. La retórica sugiere desviación sexual, violencia inherente y brutalidad, sin dejar lugar a dudas sobre la necesidad de exterminar a estas supuestas criaturas feroces y peligrosas. Todo ello formaba parte de la campaña del gobierno para animar a los estadounidenses de a pie a contribuir al esfuerzo bélico de cualquier forma posible. Estas imágenes son especialmente perturbadoras para los estudiantes que solo están familiarizados con el patriotismo y el empoderamiento, como el cartel «We Can Do It!» («¡Podemos hacerlo!») con la mítica Rosie *la Remachadora*, que simboliza la contribución de las mujeres al esfuerzo bélico, haciéndose cargo de la producción de la cadena de montaje después de que se hubieran enviado a los hombres trabajadores al ejército para luchar en la guerra. Eso es lo que significa la «guerra total»: todo y todo el mundo, incluidas las mujeres, los niños y los ancianos, cumplen su parte, y cada sector de la sociedad se canaliza hacia la necesidad de derrotar y destruir al enemigo. La propaganda racista funcionaba del mismo modo. Junto con las mundanas peticiones cívicas para preservar la chatarra y evitar accidentes de coche o de trabajo, el despiadado racismo se integró a la perfección en el esfuerzo bélico cívico. El racismo estaba en el corazón de la Segunda Guerra Mundial, y Estados Unidos no fue una excepción. También esto formaba parte de la máquina de la muerte.

La historia de cómo los líderes estadounidenses construyeron una máquina de guerra, una que Estados Unidos todavía posee en forma aún mayor hoy en día, va de la mano de la deshumanización gradual del enemigo japonés. Incluso en mi versión más cínica, dudo que ningún líder pueda decidir utilizar bombas atómicas contra civiles sin antes expulsarlos (psíquicamente) de la humanidad. Dudo que los líderes sean capaces de utilizar bombas atómicas contra personas en las que pueden reconocerse a sí mismos. Y dudo aún más que, en este sentido, haya algo especial en los estadounidenses como pueblo, o en sus líderes, que les empujara a llegar tan lejos como lo hicieron en la búsqueda del triunfo militar. Debemos desconfiar de los argumentos culturales, o esencialistas, sobre los pueblos y sus líderes. Lo que hizo (y sigue haciendo) únicos a los líderes estadounidenses es el poder destructivo del que disponen y la dinámica política que esta cantidad de poder creó.

Es importante recordar estas cosas siempre que nos encontremos con algún homenaje a un general de la Segunda Guerra Mundial como Patton o MacArthur o libros sobre la guerra que explican su resultado desde puntos de vista estratégicos o tácticos, como si se tratara de algún acontecimiento deportivo decidido por la grandeza individual. También debemos evitar las afirmaciones ahistóricas sobre la superioridad de un sistema político o una ideología concretos como razón del resultado de la guerra. Los vencedores de las guerras siempre se arrogan la prerrogativa de juzgar la justicia o la maldad de los contendientes. Josef Stalin fue uno de los mayores asesinos políticos que el mundo conoció, pero sin la Unión Soviética bajo su dictadura, y los millones de soldados del Ejército Rojo, no habría habido victoria sobre los nazis. Los estadounidenses y los soviéticos no entraron y lucharon en la guerra por razones ideológicas, sino geopolíticas, y su alianza fue temporal, basada en la necesidad. La «Gran Generación» de soldados estadounidenses, los héroes de tantas superproducciones de Hollywood, eran buenos soldados, pero los soldados alemanes y japoneses también eran valientes y estaban igual de comprometidos con sus países y sus compañeros de armas. Los generales estadounidenses y soviéticos eran buenos, pero Alemania y Japón también tenían excelentes generales. No fue una estrategia superior lo que decidió el resultado de la guerra entre Estados Unidos y

Japón, ni la superioridad moral, ni las cualidades de los individuos. Fueron las ventajas geopolíticas y materiales, y una máquina de guerra, una máquina de muerte, que Japón no podía esperar igualar. Al final, en la Segunda Guerra Mundial no fueron los líderes los que hicieron la historia, sino la historia la que hizo a los líderes.

El uso estadounidense de las bombas atómicas sobre Hiroshima y Nagasaki se basó en el supuesto de que «había que ganar la guerra» y que cualquier decisión que tomaran sus líderes debía responder a este imperativo. Pero aquí es donde estos debían ser capaces de salir de sus circunstancias, cuestionar sus suposiciones más básicas, liberarse de las cadenas mentales en las que los había metido el ímpetu de la historia. Porque si, en efecto, «había que ganar la guerra» a cualquier precio, eso significaba que los líderes podían hacer básicamente cualquier cosa en busca de la victoria. Si ganar una guerra es lo más importante, se deduce que los líderes pueden matar a un número infinito de personas, quizá a todas y cada una de las personas del otro bando. Significa que no hay líneas que no se puedan cruzar.

En este sentido, los líderes estadounidenses que decidieron lanzar las bombas atómicas sobre ciudades japonesas en el verano de 1945 se encontraban en una situación paralela a la que habían vivido los líderes japoneses cuatro años antes, cuando discutieron con tranquilidad sus descabellados planes ante su silencioso emperador y decidieron atacar Pearl Harbor. El mismo emperador rompió finalmente su silencio en agosto de 1945 e instruyó a su gobierno para que se rindiera a Estados Unidos después de comprender lo que las bombas atómicas estadounidenses podían hacerle a su país. En ambos casos, el impulso de la historia parecía abrumador. Los líderes (como Truman) parecían, en la mayoría de los casos, una ocurrencia tardía. Una diferencia entre los estadounidenses de 1945 y los japoneses de 1941 es que la decisión japonesa provocó el desastre para ellos mismos, mientras que la decisión estadounidense provocó el desastre para los demás.

Hay una forma algo más optimista de ver las bombas atómicas sobre Hiroshima y Nagasaki que la que he descrito: como un acontecimiento preventivo, un espectáculo aterrador que no solo puso fin a la peor guerra de la historia más rápidamente de lo que lo habría hecho de otro modo, sino que también cerró la puerta a la posibilidad de volver a utilizar ese tipo de armas. Viendo y comprendiendo lo que las armas nucleares podrían hacer, como comunidad internacional hemos trabajado para mantenerlas bajo control. Puede que todo esto sea cierto, pero soy escéptico. La máquina de la muerte, de la que forman parte las armas nucleares, nunca fue desmantelada. Las armas de que disponen hoy los dirigentes de las potencias nucleares hacen que las bombas llamadas «Little Boy» y «Fat Man» que arrasaron Hiroshima y Nagasaki parezcan cartuchos de dinamita en comparación. Sabemos (y lo veremos) lo cerca que estuvo el mundo de la destrucción nuclear, en más de una ocasión, durante la Guerra Fría.

La Segunda Guerra Mundial no fue el final de una era, como creyeron muchas élites de posguerra, sino el amanecer de la era en que vivimos. No hemos renunciado verdaderamente a su herencia ni hemos aprendido sus lecciones. La máquina de la muerte es hoy más grande y fuerte que nunca. Pero no se mantiene por sí sola. La sostienen y apuntalan personas en el poder que tienen interés en hacerlo, desde políticos nacionalistas a comerciantes de armas, pasando por quienes se benefician y prosperan gracias a su tamaño y crecimiento. Se trata de un fenómeno global y no solo estadounidense, ya que vivimos en un mundo que, por lo general, está armado hasta los dientes, pero uno no puede evitar quedarse boquiabierto al ver el presupuesto anual de defensa de Estados Unidos: 816 700 millones de dólares en 2023, una suma que aumenta cada año de forma maravillosamente bipartidista (a pesar de las quejas de los comentaristas sobre la muerte del bipartidismo político en el país, está vivo y coleando cuando se trata de financiar esta maquinaria). Estados Unidos, como otros países del mundo, no ha encontrado líderes capaces de dominar la máquina, de enfrentarse a ella, de limitar su poder, de intentar desmantelarla o incluso de cuestionarla. Aparte de la violencia que esto desata, los ejemplos de liderazgo en la Segunda Guerra Mundial, tanto en el bando japonés como en el estadounidense, nos enseñan que la incapacidad de los líderes para tomar buenas decisiones que vayan en contra del impulso, a veces asesino, de la historia puede conducir a tragedias personales y no solo públicas. Los líderes pueden ser guerreros (en el sentido directo de luchar en una guerra real, por todos los medios disponibles), pero si no son rebeldes contra la historia que les dio origen y contra el sistema en el que operan, no hacen historia, sino que se ven arrastrados por el impulso de la historia. En el próximo capítulo veremos el cuento con moraleja de cómo incluso líderes en apariencia magistrales sucumbieron a la máquina de la muerte, utilizándola para destruir a otros antes de ser ellos mismos destruidos por ella.

6
CÓMO LIDERAR CUANDO NOS QUEDAMOS SIN LA LUZ

Imagínate a un líder, a nivel nacional o en una institución o en cualquier otro lugar, que asciende a una situación de liderazgo con enormes ventajas. Talento. Arrojo. Inteligencia. Motivación. Habilidades. Apoyo. Financiación. En gran parte de las obras sobre líderes, incluidos los superventas que se encuentran en las librerías de los aeropuertos, estas son las personas que aparecen en las portadas. Pero ¿qué aprendemos de estos casos? No debería sorprendernos que personas que disponen de grandes ventajas en la vida alcancen el éxito financiero o profesional. Tampoco debería sorprendernos que las personas incompetentes en situaciones difíciles fracasen estrepitosamente. Pero ¿qué ocurre cuando un líder con unas capacidades considerables, en una situación que a primera vista parece favorable, fracasa de un modo estrepitoso? ¿Y si ese fracaso de liderazgo conduce al desastre, no solo para los demás, sino también para el propio líder? Se puede considerar que estos son algunos de los casos de liderazgo más esclarecedores, aunque sean los menos inspiradores. Como siempre, debemos ir más allá del líder individual y examinar la historia en la que se desenvolvió ese líder, las «circunstancias dadas y transmitidas desde el pasado» a las que se refería Marx.

Podemos afirmar desde el principio que la guerra estadounidense de Vietnam fue un desastre sin paliativos. Se llevó a cabo de un modo criminal, fue mal concebida y estuvo enraizada en un pensamiento psicológico retorcido sobre el mundo y en una grotesca mala interpretación (o ignorancia) de la historia. Es importante plantear esto desde el principio, antes de entrar en la guerra en sí, porque existe una desafortunada e insidiosa tendencia en nuestra vida pública a olvidar deliberadamente los desastres del pasado, a no responsabilizar a las personas poderosas que los causaron, a blanquear la historia y dejar que el paso del tiempo ofusque su atrocidad. Esto da pie a los intentos revisionistas de presentar episodios oscuros como más brillantes de lo que fueron. No deberíamos, no podemos, aceptar esta tendencia.

¿Por qué, entonces, centrarnos en un pésimo ejemplo de liderazgo sin apenas cualidades redentoras? Porque queremos aprender la verdad de la historia. Aprendemos de los casos difíciles, y la guerra de Vietnam es uno de los más difíciles. Aprendemos del fracaso del liderazgo porque el fracaso con frecuencia nos enseña más que el propio éxito. Se dice que el éxito tiene muchos padres, pero el fracaso es huérfano. La guerra de Vietnam fue un fracaso con muchos padres, algunos de los cuales acabaron confesando su paternidad. Al igual que otros grandes acontecimientos de los que hablamos, la guerra de Vietnam fue el producto de poderosas fuerzas históricas. Los líderes que llevaron la máquina de muerte estadounidense al sudeste asiático en los años sesenta se vieron atrapados a medio camino entre la noción de Maquiavelo de forjar su propio destino y el énfasis de Marx en el poder de las circunstancias históricas. No fueron capaces de cambiar los vientos en contra de la descolonización y la revolución del Tercer Mundo, y heredaron un paradigma incuestionable de la Guerra Fría para la política exterior y militar. Aun así, estos líderes tenían cierto control individual. Podían haber evitado el desastre. No eran incompetentes. Tenían inteligencia, talento y visión. Las cosas no tenían por qué haber salido como salieron. Estos líderes deberían haber triunfado. En cambio, ahora son cuentos con moraleja para nosotros, porque podrían haber sido líderes que deberíamos aspirar a ser o tener. Podrían haber sido los líderes que buscamos en las crisis. Pero no se vieron simplemente frustrados o derrotados por el impulso de la historia. Fracasaron por sus propias decisiones.

En el momento de mayor involucramiento de la participación del ejército de los EE. UU., los manifestantes antibelicistas que protestaban en Estados Unidos contra la guerra en Vietnam se preguntaban: «¿Por qué estamos en Vietnam?». La respuesta, como en el caso de cualquier cosa que queramos entender sobre el presente, solo puede encontrarse en la historia, y el mejor lugar de partida, desde el punto de vista estadounidense (no vietnamita), es el final de la Segunda Guerra Mundial. Expongo esta historia no solo para proporcionar antecedentes. Lo hago para que podamos entender el mundo que produjo a los líderes que luego produjeron la guerra de Vietnam. Lo hago para que podamos ver el mundo a través de los ojos de esos líderes. Un desastre de liderazgo como este se debe comprender, no solo criticar.

Para preparar el escenario del desastre estadounidense en Vietnam, debemos remontarnos al menos al final de la Segunda Guerra Mundial. Estados Unidos emergió de aquella guerra como superpotencia militar y económica, pero no estaba del todo solo: pronto se vería inmerso en una lucha geopolítica con el otro principal vencedor de la guerra, la URSS. Mientras tanto, los dos principales imperios europeos, el británico y el francés, no aceptaban en absoluto lo que muchos observadores veían como una transición inminente a una era poscolonial, y con frecuencia se aferraban lo mejor (y de la forma más violenta) que podían a sus «posesiones» coloniales. Las dos décadas posteriores a la guerra fueron testigo de una oleada masiva de descolonización e independencia de nuevas naciones en Asia, África y Oriente Medio. Estados Unidos, que pocos años antes había estado sumido en una crisis económica, tenía ahora poder nuclear, un auge económico y una seguridad ilimitada en la rectitud de sus prioridades globales, su sistema de creencias ideológicas y su capacidad para influir en el resto del mundo.

Desde el momento en que terminó la Segunda Guerra Mundial, las negociaciones entre los «vencedores» de la guerra sobre cómo sería el mundo de posguerra en Asia Oriental y especialmente en Europa resultaron difíciles. Las famosas fotos de los llamados Tres Grandes (Roosevelt, Churchill y Stalin) en la Conferencia de Yalta en febrero de 1945 son a la vez reveladoras y engañosas. La guerra seguía su curso, pero su resultado final, la derrota de Alemania y Japón, parecía claro. A pesar de unas pocas sonrisas para las cámaras, no fue una reunión amistosa, y el encuentro tampoco lo fue. El ambiente general no fue bueno. Los tres líderes se pusieron de acuerdo sobre la creación de las Naciones Unidas, pero en poco más.[1] Roosevelt estaba delicado de salud; doce años de dirigir su país a través de la Gran Depresión, seguidos de la guerra, habían hecho mella en el hombre. En las fotografías, esa antigua fuerza política de la naturaleza, de solo sesenta y tres años, parece demacrada y agotada, al borde de la muerte, como así fue: murió nueve semanas después. Churchill, que tenía setenta y un años cuando llegó a Yalta, un hombre conocido por su gran bravuconería y energía, había visto cómo su país era bombardeado sin descanso durante cinco años. Gran Bretaña, en apariencia victoriosa, estaba debilitada por la guerra, y su imperio se extinguía. También lo estaba Churchill, aunque haría todo lo posible por escapar de esa realidad, y permaneció en la vida política durante otra década. Y ya hemos visto cómo fue la guerra en la Unión Soviética: Stalin tuvo gran parte de responsabilidad en los primeros apuros soviéticos durante el comienzo de la guerra, ya que había ordenado la muerte o el encarcelamiento de muchos de sus generales en las purgas masivas de los años treinta y sufrió un colapso nervioso cuando Hitler traicionó su Pacto de No Agresión lanzando la Operación Barbarroja e invadiendo Rusia en junio de 1941. Stalin llegó a Yalta más rígido y hostil que nunca.

Vale la pena detenerse en esta imagen, y en este momento, que es de los que damos por sentados. Se nos enseña a ver a esos líderes como titanes omnipotentes, para bien o para mal. A veces olvidamos, o no nos damos cuenta, de que eran seres humanos con puntos fuertes y débiles, y a principios de 1945 eran individuos con profundos traumas psicológicos y cicatrices emocionales. Todos ellos habían hecho, visto y oído cosas abominables e indecibles y habían experimentado una presión inimaginable. Todos eran responsables de muertes masivas en la búsqueda del triunfo sobre un enemigo malvado, Hitler, que había asesinado a millones de personas antes de pegarse un tiro en la cabeza. Se habían enfrentado a la máxima oscuridad de la humanidad, habían estado inmersos en ella y habían contribuido a ella. Y ahora, estos hombres dañados iban a decidir cómo sería el mundo después de la guerra.[2]

En 1947, Europa estaba dividida a efectos prácticos entre el este y el oeste por lo que se conocería de un modo simbólico como el Telón de Acero. Alemania estaba dividida en dos estados enfrentados, al igual que el propio Berlín, en la Alemania Oriental (el tristemente célebre Muro de Berlín se empezó a construir en 1961 y no se derribaría hasta 1989). Desde la perspectiva estadounidense, el paso crucial en la escalada de hostilidad con el bloque soviético fue la llamada Doctrina Truman. El presidente Truman, en respuesta a las insurgencias comunistas tanto en Grecia como en Turquía, anunció al Congreso que Estados Unidos apoyaría a las

Winston Churchill, Franklin D. Roosevelt y Josef Stalin en la Conferencia de Yalta, Crimea, febrero de 1945. (Library of Congress)

naciones o pueblos amenazados (según lo vieran los dirigentes estadounidenses) por las fuerzas soviéticas o los comunistas de su interior. Ese principio, tal y como era, sería la base de la política exterior y militar estadounidense durante las cuatro décadas siguientes aproximadamente, ya que Estados Unidos apoyó a casi cualquier gobierno o movimiento «anticomunista» del mundo, por muy autoritario y violento que fuera; a veces, cuanto más lo era, con más entusiasmo lo apoyaba Estados Unidos.

Durante la Guerra Fría, los términos *comunista* y *anticomunista* se sobreutilizaron hasta quedar irreconocibles. La Guerra Fría también afianzó la antigua política de vincular la política exterior y la influencia mundial de Estados Unidos con los intereses económicos y empresariales estadounidenses. En 1948, el gobierno de EE. UU. autorizó el Plan Marshall, un programa histórico por un valor de 13 000 millones de dólares para los devastados países de la posguerra (161 000 millones de dólares en 2023), destinado a reconstruir esas sociedades siguiendo proyectos liberales y democráticos (al menos en principio), estabilizar los nuevos gobiernos del bloque occidental (a los gobiernos comunistas del bloque oriental también se les ofreció ese apoyo, pero lo rechazaron), extender unas políticas de libre comercio y favorables a los negocios y, quizá lo más importante, aplastar cualquier influencia comunista.

Los años siguientes se vieron marcados por una vuelta de la violencia y por un creciente temor mutuo. Por parte estadounidense, no hubo año más aterrador que 1949, cuando los comunistas chinos, liderados por Mao Zedong, llegaron al poder tras la larga guerra civil en ese país, que había sido aliado de Estados Unidos durante mucho tiempo. Esta «pérdida de China» (como la llamaron los estadounidenses) se vio agravada ese año por la sorprendente detonación de una bomba atómica por parte de los soviéticos, mucho antes de lo que esperaban los responsables políticos estadounidenses, y ello marcó el comienzo de la era de la «destrucción mutua asegurada» (MAD, por sus siglas en inglés) y provocó que los líderes estadounidenses centraran su atención en el espionaje soviético en Estados Unidos. Julius y Ethel Rosenberg, un matrimonio judío de Nueva York con hijos pequeños, fueron condenados (con pruebas dudosa) en 1951 por un tribunal federal por pasar secretos atómicos a la Unión Soviética y ejecutados en 1953 en la prisión de Sing-Sing. Su caso fue el ejemplo más destacado de un fenómeno que se extendió por toda la sociedad estadounidense, encabezado por (y bautizado con el nombre de) un senador de Wisconsin, Joe McCarthy.

Aunque Estados Unidos tenía problemas de seguridad nacional, y había espías en el país, el macartismo fue sobre todo una manifestación neurótica interna estadounidense de la Guerra Fría. Fue un periodo de cinismo y oportunismo durante el cual los dos partidos mayoritarios compitieron por ver quién era más anticomunista, lo que azuzó en el país un frenesí de caza y purga de educadores, actores de Hollywood y funcionarios públicos que podían haber sido comunistas, o que simplemente las autoridades se imaginaban que lo eran. Muchos estadounidenses perdieron sus medios de vida, su reputación y, a veces, más que eso, como castigo por tener alguna conexión real o imaginaria con el «comunismo».[3] A partir de ese momento, incluso después de que el alcohólico senador McCarthy cayera en desgracia y saliera de la vida pública, el miedo al comunismo siguió desempeñando un papel importante en la política nacional, no solo en relación con los asuntos mundiales, sino también en respuesta a los problemas internos del activismo político y social, sobre todo de aquellos que protestaban contra la injusticia social y económica o el racismo. Y muchos de los que serían figuras importantes de la política nacional en los años venideros, como el futuro presidente republicano Richard M. Nixon y el futuro aspirante demócrata a la presidencia Robert F. Kennedy, se iniciaron en la caza de comunistas reales o imaginarios en este periodo.

Desde el otro lado de esta Guerra Fría cada vez más hostil, las cosas parecían aún más aterradoras. En abril de 1949, se creó la Organización del Tratado del Atlántico Nortc (OTAN), en la que se aliaron doce naciones, entre ellas Estados Unidos, en un bloque estratégico y militar contra la influencia y el alcance soviéticos, y el gobierno empezó a adoptar una postura anticomunista global mucho más agresiva. En abril de 1950, Truman encargó y firmó el Informe de Seguridad Nacional 68, un documento político elaborado conjuntamente por el Departamento de Estado y el Departamento de Defensa, en el que se señalaba el paso de la «contención» del comunismo en el mundo al «retroceso»: en concreto, esto significaba una expansión masiva del poder militar estadounidense, el desarrollo de una bomba de hidrógeno (porque las bombas atómicas que destruyeron Hiroshima y Nagasaki no eran, al parecer, lo bastante destructivas) y un mayor apoyo militar a los aliados de Estados Unidos. Esta explosión del presupuesto de defensa y el crecimiento de la industria armamentística se convirtieron en rasgos centrales de la vida política estadounidense durante la Guerra Fría y más allá.[4]

Pero el acontecimiento más importante durante ese sombrío año de 1950, y el más significativo en el largo periodo previo a la guerra de Vietnam, fue el comienzo de la guerra de Corea. Este sangriento conflicto, que se sitúa entre la Segunda Guerra Mundial y la guerra de Vietnam, se tiende a pasar por alto en los grandes relatos del siglo XX. Sus orígenes se remontan a la Segunda Guerra Mundial, cuando Estados Unidos y la URSS lucharon contra Japón en la península coreana. Tras la rendición japonesa, soviéticos y estadounidenses acordaron dividir el país en dos partes, una al norte y otra al sur, y en cada parte se estableció un régimen autoritario obediente a sus respectivos amos.

Tras años de creciente tensión entre el norte y el sur, que se negaban a aceptar la legitimidad del otro, el bando más fuerte del norte, un bastión comunista, decidió que había llegado el momento de unificar el país bajo su dominio e invadió el sur. El gobierno estadounidense (oficialmente, las Naciones Unidas) se movilizó para contraatacar. Cuando las fuerzas de la ONU se dirigían hacia la zona norte del conflicto, hacia la frontera con China, el nuevo gobierno de Mao Zedong, en una demostración de fuerza y ambición regional, envió a su ejército a apoyar a Corea del Norte e hizo retroceder a las fuerzas dirigidas por Estados Unidos hasta el llamado Paralelo Treinta y Ocho, donde los combates acabaron en tablas (en términos oficiales, un alto el fuego) y donde aún se mantiene la frontera que divide la península coreana en dos partes irreconciliables.[5]

Los combates duraron tres brutales años. La guerra de Corea suele verse a través del prisma del gran enfrentamiento geopolítico entre Estados Unidos y el mundo comunista y como una precursora de la más mundialmente famosa guerra de Vietnam. Pero, sobre todo, fue una tragedia para el pueblo coreano, que aún perdura y cuyas heridas nunca cicatrizaron. Cerca de tres millones de coreanos, la inmensa mayoría civiles, murieron. Las Fuerzas Aéreas estadounidenses bombardearon Corea del Norte hasta casi destruirla por completo, utilizando todo tipo de armamento (excepto la bomba atómica) utilizado en la Segunda Guerra Mundial, incluidos los bombardeos incendiarios y el ataque indiscriminado contra ciudades. Fue un presagio de lo que más tarde ocurriría en Vietnam y contribuyó a afianzar y envalentonar a la dictadura norcoreana, que se convertiría en la más siniestra y aislada del mundo. En la actualidad, Corea sigue siendo un peligroso punto de ignición; salvo quizá Ucrania, ningún lugar del planeta es un candidato más probable para una guerra nuclear. El pueblo coreano sigue dividido por una frontera militarizada. La consecuencia de esta hostilidad y de las luchas por poder, así como del desarrollo de armas nucleares en ambos bandos de la Guerra Fría, fue la destrucción mutua asegurada (MAD). En todo el mundo, y en especial a ambos lados de la línea de demarcación de la Guerra Fría, la gente vivía con un miedo constante y realista a la aniquilación nuclear.

Parece que la lección más importante que los dirigentes estadounidenses extrajeron de la guerra de Corea era que no debía permitirse que ningún otro país del mundo se convirtiera en comunista, ni siquiera que lo pareciera. Sin embargo, los objetivos de esta política rara vez eran comunistas reales. Se trataba más bien de líderes del Tercer Mundo que promovían políticas basadas en el concepto de autodeterminación nacional. En el contexto de la Guerra Fría, el gobierno estadounidense se opuso firmemente a este tipo de política. La lista de países en los que Estados Unidos y sus aliados intervinieron de un modo u otro en nombre de la lucha contra el comunismo, entre los años cincuenta y ochenta, es larga.[6]

El momento estadounidense más importante en el camino hacia la guerra de Vietnam estaba muy cerca de casa: Cuba. En 1959, un joven nacionalista de izquierdas, Fidel Castro, condujo a su ejército guerrillero desde las montañas, tras años de lucha, hasta la capital, La Habana, y derrocó al régimen del dictador Fulgencio Batista, apoyado por Estados Unidos. Es imposible exagerar la consternación que este acontecimiento causó en la clase política estadounidense, o su importancia desde entonces. Podría decirse que ningún otro país experimentó el alcance de la propiedad de Estados Unidos en la misma medida que Cuba, que se encuentra a tan solo 165 km de la costa de Florida.[7] El gobierno de EE. UU. consideró durante mucho tiempo a Cuba como su dominio, y siempre intervino en ese país, y todavía lo hace hoy día con sanciones, restricciones de viaje y un embargo comercial que perjudica sobre todo al pueblo cubano por el que los líderes estadounidenses dicen preocuparse.

Antes de la revolución de Castro, Cuba tenía un próspero mercado económico, con ricos recursos naturales controlados casi exclusivamente por empresas estadounidenses, en particular el lucrativo cultivo del azúcar. Pero solo una élite de cubanos ricos se beneficiaba de esta abundancia. En la década de 1950, La Habana estaba controlada por familias del crimen organizado estadounidense, propietarias de los famosos casinos y clubes nocturnos de la ciudad, que pagaban a las fuerzas del orden y trataban la ciudad como su burdel personal, mientras la mayoría de la población luchaba por sobrevivir (en 1974, el director de cine estadounidense Francis

Ford Coppola captó de un modo magnífico esta situación cuando ambientó una parte clave de su gran drama criminal *El Padrino. Parte II* en La Habana de los últimos días del corrupto gobierno de Batista).

Aunque la cruda dinámica de la Guerra Fría convirtió a Cuba en una parte importante de la lucha entre Estados Unidos y la URSS, y en un momento concreto (la crisis de los misiles cubanos de finales de 1962) en la chispa potencial del fin del mundo, la revolución castrista tenía sus raíces en el impulso nacionalista de asumir el control popular de recursos y sectores que gobiernos extranjeros y corporaciones ricas consideraban suyos. Los líderes estadounidenses no se mostraron inmediatamente hostiles a Castro, que al principio fingió que no era comunista. Al comienzo lo consideraron solo como el siguiente hombre fuerte de una sucesión de hombres fuertes que gobernaban el país. Pero pronto empezó a cometer el mayor crimen de la Guerra Fría: nacionalizar empresas y negocios controlados por Estados Unidos. Como las relaciones entre los dos países se deterioraron con rapidez, Castro cometió entonces el crimen definitivo de la Guerra Fría: se dirigió a la Unión Soviética en busca de ayuda económica y comercio, y en 1961 Estados Unidos cortó las relaciones diplomáticas con Cuba, tras lo cual Castro cimentó una alianza con la Unión Soviética.

Así es como funcionaba la dinámica, y hoy es importante entenderla, ya que en lo que respecta a la política no cambió mucho. ¿Cuál era el objetivo original de Castro como líder? No era convertir a Cuba en parte del bloque soviético. Era hacer que Cuba fuera de verdad un país independiente, quizá por primera vez, siguiendo líneas socialistas. Pero no fueron las ideas izquierdistas de Castro las que convirtieron a Cuba en un punto caliente de la Guerra Fría. Fue la dinámica de la Guerra Fría la que acabó convirtiendo a Castro en un líder apoyado por los soviéticos. Una vez más, los líderes individuales de ambos bandos se vieron atrapados por el poderoso impulso de la historia. En contra de la imagen que se creó de él (y que él mismo cultivó) con el tiempo, y a pesar de su atractivo para los radicales y activistas de todo el mundo (especialmente en África, donde muchos lo consideraban un gran aliado de los movimientos independentistas), Castro no pensaba, en un principio, en una política más allá de su propio país. Eso cambió una vez que Cuba se convirtió en el centro de una lucha más amplia y mortífera. Cuba es un pequeño país insular. Tenía algo de poder, pero el poder mucho mayor lo tenían EE. UU. y la URSS, y ambos veían a Cuba (con el consentimiento de Castro) como una pieza de su tablero geopolítico.

Podemos ir de Cuba directo a Vietnam. Indochina, como bautizaron los franceses a la región tras colonizarla en 1877, había sido su «posesión» más preciada (junto con Argelia, que Francia se anexionó formalmente). El movimiento independentista vietnamita combinaba el nacionalismo con el marxismo, como era habitual en gran parte del mundo colonial. Cuando los derrotados japoneses se fueron en 1945, los franceses se negaron a aceptar la declaración de independencia de Vietnam y restablecieron el control colonial. El Vietminh, dirigido por Ho Chi Minh, se rebeló y acabó derrotando a sus amos coloniales en mayo de 1954 en la batalla de Dien Bien Phu. Sin los franceses, Vietnam se dividió, como Corea, en un norte comunista y un sur no comunista; a partir de 1955, el sur tuvo un dictador, Ngo Dinh Diem, un católico aristocrático en un país cuya población era budista en un 80%.

El Vietcong, un movimiento guerrillero alineado con Vietnam del Norte, libró una encarnizada lucha contra Diem.

Todo esto coincidió con el apogeo de la Guerra Fría, cuando las nuevas naciones independientes del mundo descolonizado se convirtieron en el campo de batalla de la amarga lucha mundial entre Estados Unidos y el bloque comunista. Temerosos de lo que ocurriría una vez que Vietnam se independizara, los dirigentes estadounidenses intentaron primero ayudar a los franceses a mantener el control de Indochina, vinculándose así, a ojos de muchos vietnamitas, con la opresión colonial. Tan pronto como los franceses fueron derrotados, Estados Unidos hizo de Vietnam, y de la lucha contra una posible toma del poder por los comunistas, su prioridad.[8]

La idea subyacente era la llamada teoría del dominó, según la cual la caída de un país en el comunismo provocaría la caída de todos los demás países de la región en el mismo régimen, una ficha de dominó tras otra. Los hombres brillantes extremada y altamente educados que idearon esta teoría (que no se daba cuenta de que las sociedades nacionales no son, de hecho, fichas de dominó) pronto convertirían a Vietnam en su principal preocupación. En 1956, la administración Eisenhower apoyó la negativa de Diem a celebrar elecciones generales en Vietnam, temiendo que los comunistas ganaran con facilidad. En este contexto (la Guerra Fría, la teoría del dominó, la voluntad y las preferencias del pueblo vietnamita, el impulso del nacionalismo anticolonial y la naturaleza y el poder de la maquinaria bélica estadounidense), Vietnam parecía condenado a sufrir una guerra horrible. Pero los líderes aún tenían que tomar esa decisión.

En enero de 1961, el recién elegido presidente John F. Kennedy dirigió a la nación (y al mundo) su famoso discurso inaugural, en el que prometía el apoyo y la amistad de Estados Unidos al tiempo que ensalzaba los valores de la nación y su deseo de paz y exhortaba a sus conciudadanos a «no preguntar qué puede hacer su país por ustedes, pregunten qué pueden hacer ustedes por su país». Los liberales estadounidenses creían que JFK tenía el potencial de transformar el compromiso del país con el mundo: menos agresivo, belicoso y letal.

Pero mientras que para muchos estadounidenses el ascenso de Kennedy podía parecer el comienzo de una nueva era idealista, al resto del mundo (y a la mayoría de los estadounidenses) se les podía perdonar que vieran más continuidad que cambio. En el breve tiempo que JFK estuvo en el cargo (menos de tres años), tuvo que hacer frente a varias crisis de política exterior; su enfoque del mundo era una mezcla de poder blando y poder duro (el primero solo fun-

El presidente John F. Kennedy saluda a voluntarios del Cuerpo de Paz, 28 de agosto de 1961. (Abbie Rowe/NARA)

ciona si existe la posibilidad de utilizar el segundo). Como presidente, JFK pudo atribuirse el mérito de fundar los Cuerpos de Paz, a través de los cuales jóvenes estadounidenses idealistas y educados se ofrecían voluntarios para salir al mundo y ayudar en el desarrollo económico, la educación y otros ámbitos; también promovió los llamados Boinas Verdes, fuerzas militares especiales diseñadas para luchar contra las insurgencias que tenían lugar en algunos de los mismos lugares donde los sonrientes miembros de los Cuerpos de Paz difundían buena voluntad.

A pesar de los muchos mitos y fantasías sobre el hombre que han prosperado con el tiempo, Kennedy no era el mesías, y él también estaba fuertemente atrapado en la lógica de la Guerra Fría. Como joven senador, había llegado a la sensata conclusión de que los franceses estaban condenados a fracasar en Indochina y que no había forma plausible de negar al pueblo vietnamita su determinación de conseguir la independencia bajo el Vietminh; se había mostrado contrario a la

John F. Kennedy visitando las Fuerzas Especiales del Ejército de EE. UU. en Fort Bragg, Carolina del Norte, 12 de octubre de 1961. (Cecil Stoughton, Fotografías de la Casa Blanca, Biblioteca y Museo Presidencial John F. Kennedy, Boston)

implicación de EE. UU. allí. A diferencia de la mayoría de sus compañeros y de muchos líderes, Kennedy tenía un agudo sentido de la historia y trataba de aprender de ella. Incluso contaba con un historiador profesional, Arthur Schlesinger Jr. de Harvard, amigo íntimo desde hacía mucho tiempo, que lo asesoraba. Pero Schlesinger (como muchos otros eruditos que Kennedy leía y apreciaba) compartía su forma de pensar sobre el mundo y no podía hacerlo salir de su zona de confort. Como presidente de la Guerra Fría, Kennedy heredó y aceptó el compromiso americano con un Vietnam no comunista, y no se apartó de él. A pesar de toda su energía liberal y su voraz lectura histórica, era un hombre de su tiempo, que operaba dentro de la mentalidad preexistente de la Guerra Fría y no mostraba signos de salir de ella.

Ha habido acalorados debates entre historiadores sobre si Kennedy, de haber vivido toda su presidencia, habría puesto fin a la participación militar estadounidense en Vietnam antes de cualquier escalada. Estos debates incluso han alimentado una serie de teorías conspirativas sobre su asesinato, incluyendo las que culpan a actores invisibles e indeterminados del llamado estado de seguridad nacional de matarlo por miedo a que estuviera a punto de poner fin a sus felices días de guerras, cambios de régimen y producción de armas.

Es cierto que Kennedy vio muy bien lo corrupto, incompetente y brutal que era Diem: su represión de los budistas en 1963 condujo al horrible espectáculo del monje budista Quang Duc protestando contra el régimen prendiéndose fuego en una calle de Saigón (la horrible imagen se retransmitió a todo el mundo). Diem perdió legitimidad y apoyo entre su propio pueblo, con el Vietcong y Vietnam del Norte acercándose. Y JFK era un hombre más sabio en otoño de 1963 de lo que había sido en abril de 1961, cuando autorizó una invasión de Cuba en Bahía de Cochinos, un plan insensato urdido durante la presidencia de Eisenhower, y uno de los intentos estadounidenses más torpes de destruir a Castro y su régimen. El plan se basaba en la delirante idea de que cuando las tropas estadounidenses y los exiliados cubanos desembarcaran en la isla, las masas del pueblo cubano se rebelarían contra Castro, porque ¿qué pueblo en su sano juicio no se rebelaría en masa contra el socialismo y a favor del dominio estadounidense? Como era previsible, esto no ocurrió; a los invasores se les capturó con rapidez, y los exiliados fueron despreciados por la mayoría del pueblo, que tenía buenas razones para querer que los americanos se mantuvieran fuera de Cuba y que Castro estuviera en el poder.

Un año después de aquella debacle, JFK lo hizo mucho mejor durante la crisis de los misiles cubanos de octubre de 1962. Se han escrito innumerables palabras (y se han hecho películas) sobre este episodio de trece días, considerado uno de los más ricos en lecciones de liderazgo de la historia moderna. Así que vale la pena echarle un vistazo. El terror se apoderó de los dirigentes estadounidenses cuando los cubanos invitaron a los soviéticos a emplazar misiles nucleares en Cuba, más cerca de Estados Unidos de lo que cualquiera de los dirigentes estadounidenses podría aceptar. Lo que pocos estadounidenses sabían entonces (o saben hoy) es que Estados Unidos tenía sus propios misiles nucleares estacionados en Turquía, un país fronterizo con la Unión Soviética. A pesar de tener generales y asesores que le instaban a atacar Cuba, una acción que desencadenaría una guerra atómica (y ahora sabemos que los dos bandos estaban mucho más cerca del conflicto militar de lo que la mayoría de los observadores consideraron en aquel momento), y con gran parte de los medios de comunicación y la clase política gritando a favor de la guerra, Kennedy mantuvo la calma, trabajando con el líder soviético Nikita Jrushchov para apaciguar la situación.[9]

Sucesivos académicos y periodistas se sintieron fascinados por la idea de que Kennedy y Jrushchov demostraron una gran responsabilidad y sensibilidad al conseguir sacar al mundo del borde de la destrucción mutua, y desde entonces les han aplaudido. Supongo que en parte es cierto, pero siempre me ha parecido más útil (e importante) preguntarme cómo se encontraron estos líderes en una situación tan grotesca y peligrosa. Para nosotros, lo más importante de la Crisis de los Misiles de Cuba es que las personas poderosas de Estados Unidos, la URSS y Cuba estaban bastante predispuestas, por una combinación de fanatismo, incompetencia, estupidez, patrioterismo, paranoia y machismo, a dejar morir a millones de personas en una guerra nuclear, pero que, por suerte, Kennedy (la persona más poderosa de todas) no era una de ellas. Por supuesto, las propias acciones previas de Kennedy al tratar de deshacerse de Castro ayudaron a crear la crisis en primer lugar, ya que el líder cubano estaba comprensiblemente molesto porque el líder estadounidense intentaba matarlo con regularidad. Pero al menos Kennedy contribuyó a que la crisis terminara sin un holocausto nuclear, demostrando que, incluso frente a un poderoso impulso y bajo una tremenda presión para utilizar la fuerza, un líder puede tomar decisiones sensatas que den prioridad a salvar vidas humanas. Esto contrasta fuertemente con lo que ocurriría más tarde en Vietnam.

Kennedy sigue siendo el protagonista de las fantasías de mucha gente, en especial de los liberales de cierta edad, pero la verdad es que simplemente no sabemos qué habría hecho en Vietnam si hubiera vivido. Las hipótesis sobre este tipo de supuestos pueden llegar a ser entretenidas (en la medida en que cualquier cosa sobre la guerra de Vietnam puede ser entretenida), pero para entender qué ocurrió, debemos analizar *lo que* ocurrió, no *lo que no* ocurrió o lo que *nos hubiera gustado* que ocurriera. Para aprender lecciones sobre liderazgo, debemos enfrentarnos a la realidad, no escapar a un universo alternativo. Sabemos que, influido por sus asesores de la línea dura, Kennedy aumentó el número de asesores militares de EE. UU. en Vietnam de 900 a unos 16 000. Pero también sabemos que, para el otoño de 1963, ya se había hartado de Diem; a principios de noviembre se produjo un golpe contra Diem dirigido por la CIA que la administración Kennedy autorizó. Sabemos que JFK estaba sopesando la idea de retirar a todos los asesores militares de Vietnam, aunque no sabemos si lo habría llevado a cabo.

Pocas semanas después del golpe contra Diem, el 22 de noviembre de 1963, Kennedy, con solo cuarenta y seis años, fue asesinado en Dallas. Su vicepresidente, Lyndon B. Johnson, prestó juramento como presidente en una dramática escena en el Air Force One, diciendo conmovedoramente al conmocionado pueblo estadounidense: «Lo haré lo mejor posible. Es lo único que puedo hacer. Pido su ayuda, y la de Dios». Estaban a punto de producirse cambios históricos en la sociedad estadounidense. Al mismo tiempo, el desastre de Vietnam no tardaría en comenzar.

Cuando Lyndon Johnson llegó a la Casa Blanca, con cincuenta y cinco años, era un veterano de la política estadounidense y del Partido Demócrata, un político duro, áspero e inteligente procedente de un entorno pobre de la Texas rural. Dada la popularidad y juventud de Kennedy, la mayoría de la gente había asumido que la vicepresidencia era lo más alto a lo que LBJ podría llegar. En muchos aspectos, era lo opuesto a Kennedy: sin un pasado rico y privilegiado, sin un padre bien relacionado que abriera puertas y financiara campañas, sin un título de Harvard, sin una sonrisa deslumbrante, sin romances con Marilyn Monroe, sin frecuentar con intelectuales. En privado, y a veces en público, Johnson era un hombre vulgar y rústico. Era un hacedor, no un orador; nadie había salido nunca especialmente inspirado de sus discursos. Pero conocía el sistema a la perfección y sabía cómo hacerlo funcionar: conocía a todos los miembros del Congreso, sus familias, sus puntos fuertes y sus puntos débiles. Su biógrafo, Robert A. Caro, lo llamaría «Señor del Senado».[10] No le caía muy bien a las élites, incluidos los Kennedy. Pero cuando asumió el cargo, mantuvo a la mayoría de las personas que JFK había traído a su administración, incluido el hombre al que vamos a echar un vistazo de cerca: Robert S. McNamara, el secretario de Defensa.

La gran ventaja de Johnson al llegar al poder era su incomparable experiencia en política interior. Aprovechando la ola de popularidad y buena voluntad, ya que seguía los pasos de un líder mártir, consiguió que el Congreso aprobara una importante ley en su primer año de mandato: la Ley de Derechos Civiles. Al año siguiente le seguiría la Ley del Derecho al Voto. Basándose en iniciativas anteriores de Kennedy, fueron dos logros valientes en muchos sentidos: trabajó con líderes de los derechos civiles como Martin Luther King Jr. (personas que nunca transigirían en nada esencial cuando se tratara de justicia e igualdad) y engatusó a los congresistas de estados sureños que todavía practicaban la segregación racista; podría decirse que Johnson empezó a crear una auténtica democracia en Estados Unidos por primera vez. Sabedor de que su legislación sobre derechos civiles perjudicaría a su partido en el sur, donde había reinado durante mucho tiempo, Johnson (que había tenido como mentor a segregacionistas de Texas, incluido su propio tío, y que utilizaba un lenguaje racista en privado) actuó, no obstante, en interés público, utilizando el inmenso poder que se le había conferido para hacer el bien.

Johnson no tardó en dejar claras sus ambiciones como líder al declarar la «guerra contra la pobreza» como parte de

Reunión del presidente Lyndon B. Johnson con los líderes de los derechos civiles Martin Luther King Jr., Whitney Young y James Farmer en el Despacho Oval, 18 de enero de 1964. (Yoichi Okamoto/ Biblioteca y Museo Presidencial Lyndon B. Johnson)

la creación de lo que pronto llamó la Gran Sociedad: una serie de grandes programas de gasto que abordaría la educación, el desarrollo urbano, la pobreza rural, las infraestructuras, el transporte y la atención médica, y convertirían a Estados Unidos en un país avanzado, justo y desarrollado para toda su población. La idea subyacente a esta iniciativa, la acción presidencial más importante desde el New Deal de Franklin D. Roosevelt, era que en el país más rico del mundo, que disfrutaba de un auge económico y reivindicaba su superioridad moral e ideológica sobre el resto del mundo, era inaceptable una tasa de pobreza del 19%, así como el trato a los negros estadounidenses, que seguían sufriendo una brutalidad y una discriminación constantes. En las elecciones de noviembre de 1964 se enfrentó a un candidato republicano alarmista y con lentes, el senador Barry Goldwater de Arizona, que trató de presentar a Johnson y a los demócratas como blandos con los comunistas y dio a los votantes la impresión de que estaba deseando entrar en una guerra nuclear con la Unión Soviética. LBJ ganó las elecciones con la mayor victoria aplastante desde el apogeo de FDR décadas antes. Fanfarrón, ambicioso, popular, con un amplio mandato, rodeado de asesores inteligentes, con los vientos del progreso y el cambio a su espalda, a finales de 1964 Johnson estaba a punto de convertirse en uno de los líderes más importantes de la historia de Estados Unidos, quizá el mejor presidente desde Roosevelt, y quizá incluso desde Lincoln.

Y, sin embargo, solo treinta y nueve meses más tarde, en marzo de 1968, que es más o menos el momento en el que un presidente de primer mandato suele anunciar su candidatura a un segundo mandato, Johnson pronunció un discurso desolador televisado a la nación. Era el mismo hombre, pero todo en él era distinto. Daba la impresión de que había envejecido trece años y no tres cuando pronunció estas sombrías palabras: «Con los hijos de América en tierras lejanas, con el futuro de América en entredicho aquí mismo en casa, con nuestras esperanzas y las esperanzas de paz del mundo en la balanza cada día, no creo que deba dedicar ni una hora ni un día de mi tiempo a ninguna causa partidista personal ni a ningún otro deber que no sean los impresionantes deberes de este cargo, la presidencia de su país. En consecuencia, no buscaré, y no aceptaré, la nominación de mi partido para otro periodo como su presidente».

Johnson continuó en la presidencia durante otros diez meses, pero su carrera, y su liderazgo, se acabaron en el momento en que terminó ese discurso. En cuanto terminó su mandato, en enero de 1969, se retiró a su rancho de Stonewall, Texas. Quienes lo vieron cara a cara después se sorprendieron con frecuencia por su deterioro físico, su aspecto desaliñado, su cabello largo y su actitud nerviosa. Volvió a fumar sin parar. Murió apenas cuatro años después de dejar el cargo, en enero de 1973, a la edad de sesenta y cuatro años. Aunque la causa oficial de la muerte fue un ataque al corazón, no murió de causas naturales. Fue asesinado. Fue una víctima más de la guerra estadounidense en Vietnam y de sus propias decisiones como líder. Así que debemos preguntarnos: ¿dónde comenzó a salirle todo mal a Lyndon Johnson? ¿Cómo esta fuerza política, este líder al borde de la grandeza, cayó de forma tan estrepitosa?

Como presidente entrante en la Guerra Fría, cuando el anticomunismo se veía como una credencial necesaria para el éxito político, Johnson estaba ansioso por establecerse como un verdadero guerrero frío. Tuvo la oportunidad de demostrar que él también podía llevar el peso de Estados Unidos por todo el mundo. Uno de esos casos ya lo vimos: la República Dominicana, a la que Johnson envió decenas de miles de tropas para intervenir en las luchas que siguieron al asesinato de Rafael Trujillo, en concreto para impedir el regreso de Juan Bosch a la presidencia y asegurar la elección de Joaquín Balaguer. Esa misión se cumplió, pero la mayor preocupación de Johnson desde que asumió el cargo fue el sudeste asiático. Pronto demostró ser más belicoso que Kennedy, aunque no entendiera del todo (o quizá no le importara entender) lo que estaba ocurriendo en Vietnam.

En la primera semana de agosto de 1964, exactamente un mes después de que Johnson promulgara la Ley de Derechos Civiles, tuvo su oportunidad: el destructor naval estadounidense USS Maddox, que navegaba frente a Vietnam, resultó alcanzado por torpedos norvietnamitas. Este ataque sirvió de pretexto para una enérgica respuesta militar. LBJ, rebosante de confianza, decidido a demostrar lo duro que era con el comunismo y ansioso por establecerse como su propio hombre, acudió al Congreso y exigió autorización para «tomar todas las medidas necesarias» para proteger a las fuerzas estadounidenses e «impedir nuevas agresiones» en el sudeste asiático. La Resolución del Golfo de Tonkín fue aprobada con facilidad en la Cámara de Representantes y en el Senado; para Johnson, se convirtió en una autorización legal indefinida para intensificar el conflicto de Vietnam. También sentó un precedente para la forma en que los presidentes librarían las guerras, ya que el Congreso cedió su responsabilidad constitucional de declarar la guerra y, en su lugar, dio permiso a Johnson para hacer lo que considerara oportuno. Esto significaba que el presidente podía librar una guerra en Vietnam (o en cualquier parte del mundo) sin acudir formalmente al pueblo estadounidense o a sus representantes y explicar la necesidad de dicha guerra. Desde el principio, la guerra de Vietnam tuvo un carácter secreto y criminal que no haría sino empeorar.

Hagamos una pausa para analizar esta votación del Congreso. Podría enseñarnos algo sobre el liderazgo. Una de las nociones más comunes en la vida estadounidense es que la política nacional es irremediablemente «partidista», dividida entre dos partidos políticos que no pueden coincidir en nada. Esto, sin embargo, es falso. En algunas de las cuestiones más fundamentales, los dos partidos trabajan, de forma histórica, en perfecta armonía. Uno de ellos es el gasto militar (o de «defensa»), que es la forma en que el Pentágono ha llegado a los astronómicos niveles de financiación de los que dispone hoy en día.

La Resolución del Golfo de Tonkín es la quintaesencia, incluso conmovedora, de la armonía bipartidista. En la Cámara de Representantes, la votación para autorizar al presidente a usar la fuerza fue de 416 a 0. Cero representantes del pueblo pensaron que podría haber un problema. En el Senado, hubo dos disidentes. Uno era Wayne Morse, demócrata de Oregón (conocido por sus colegas como «María Tifoidea» porque les molestaba al negarse a emborracharse con ellos en los actos sociales), que declaró: «Creo que esta resolución es un error histórico». El otro fue Ernest Gruening, demócrata de Alaska, que declaró que la resolución supondría «enviar a nuestros chicos a combatir en una guerra en la que no tenemos nada que hacer, que no es nuestra guerra, a la que nos hemos visto arrastrados erróneamente, y que se está intensificando constantemente».[11] El senador de setenta y siete años dijo más tarde algo (en una discusión en el Congreso con el asesor de seguridad nacional de Johnson, McGeorge Bundy) que debería haber sido de sentido común para sus colegas y los líderes de la nación, pero que aparentemente no lo fue: «Después de bombardear de un modo constante a los aldeanos con napalm, va a ser muy difícil persuadirlos de que eres su amigo».[12]

¿Por qué quiero insistir aquí en las voces solitarias de dos desconocidos congresistas que no consiguieron cambiar nada y que estaban en inferioridad numérica? Porque es nuestra responsabilidad identificar a aquellos que hicieron lo correcto en el momento que se debía, no solo después de los hechos o cuando ya era demasiado tarde como para que importara, y darles, para que así conste, el crédito que se merecen. Este tipo de personas suelen caer en el olvido, y sus nombres resultan desconocidos para las generaciones futuras. Wayne Morse y Ernest Gruening no destacan en los anales de la historia estadounidense. Eso dice más de nosotros y de nuestra concepción popular del liderazgo que de ellos. Pero como demostraron previsión, resistieron al sentimiento popular y a la presión política, comprendieron la importancia de lo que se les pedía que votaran y se enfrentaron a las burlas por ir contra corriente, y también porque demostraron tener razón con clarividencia mientras que todos los demás a su alrededor estaban terriblemente equivocados, demostraron un tipo de liderazgo que debería emularse y conmemorarse, no ignorarse ni borrarse de la historia. Fueron, a su manera, rebeldes. Teniendo en cuenta lo que sabemos ahora, deberían enseñarse en las escuelas. Deberían ser nombres conocidos.

El senador Wayne Morse (derecha), demócrata de Oregón, con el senador William Fulbright de Arkansas, en una audiencia en el Senado con el secretario de Defensa Robert McNamara, el 11 de mayo, 1966. (Warren K. Leffler/Library of Congress)

El senador Ernest Gruening, demócrata de Alaska, 1959. (Warren K. Leffler/Library of Congress)

Y, por cierto, ¿en qué se basó la aprobación de la Resolución del Golfo de Tonkín? ¿Qué fue este importante acontecimiento que condujo a la llamada americanización de la guerra de Vietnam, a la horrible década de devastación, desastre y desilusión? Nada. No hubo ningún incidente, al menos no el que se informó inicialmente. El ataque con torpedos norvietnamita no había ocurrido. No se lo inventaron de la nada. Algo ocurrió: oyeron algo y se convencieron de que era un torpedo. Parece que había tantas ganas de guerra, desde los altos mandos del país hasta los hombres del USS Maddox, que un ataque falso se convirtió, en sus mentes, en algo por completo real. (Podría haber habido otro ataque dos días antes, pero eso sigue sin estar claro). Basándonos en lo que sabemos ahora, McNamara pudo haber engañado a Johnson sobre el ataque, quien pudo haber estado de acuerdo con que lo engañaran porque deseaba con fervor que el ataque fuera real y demostrar que podía ser un líder en una crisis. El Congreso votó 514-2 para dar luz verde al presidente a intensificar una guerra al otro lado del mundo basándose en información falsa. (No sería la última vez que Estados Unidos saliera a librar una guerra en el extranjero basándose en información falsa y engaños). Pero eso no era suficiente. Johnson aún tenía que decidir hacer de la guerra de Vietnam su guerra.

Hay una vívida escena en la excelente película de John Frankenheimer de 2002 *Path to War* (*Camino a la guerra*, su última película) en la que Johnson se reúne con sus asesores en el retiro presidencial de Camp David. Es a comienzos del verano de 1965. LBJ todavía está disfrutando de la aprobación de la Ley de Derechos Civiles y a punto de ver aprobada la Ley del Derecho al Voto. En el ámbito nacional, su presidencia va viento en popa. Goza de gran popularidad entre el público. Pero las noticias de Vietnam son preocupantes. Ya decidió aumentar la participación militar de Estados Unidos; ahora debe decidir cómo proceder. Se sienta en privado con dos personas de su confianza: Clark Clifford, abogado y miembro del Partido Demócrata que ya había asesorado a los presidentes Truman y Kennedy y que se opone a una escalada de la guerra, y su secretario de Defensa, McNamara, que está a favor de esa escalada. Clifford (Donald Sutherland) habla primero; se preparó lo mejor que pudo e intenta durante varios minutos convencer al presidente de que evite una guerra mayor en Vietnam, le insta a pensar en las cosas importantes que está haciendo en casa, le recuerda el anterior fracaso francés en Dien Bien Phu, le suplica que se centre en ayudar a la gente y no en matarla, y termina con una advertencia ominosa: una escalada de la guerra en Vietnam destruirá la presidencia de Johnson y al propio Johnson. Es un monólogo espeluznante porque sabemos que cada palabra de Clifford se hará realidad; incluso vemos de cerca la cara de Johnson, aparentemente asustado por las palabras del asesor.

Mientras Clifford habla, la cámara muestra de vez en cuando a McNamara (Alec Baldwin), que lo mira con escepticismo y escucha a Clifford con lo que parece desprecio. Cuando Clifford termina, y tras una pausa dramática en la que Johnson (Michael Gambon) pronuncia una grosería y bebe un trago, pero no responde, le pide a McNamara que hable. La película solo nos ofrece una visión truncada de las palabras de McNamara a Johnson, que es una repetición de esos puntos que conocemos tan bien: lo que está en juego en la guerra contra el comunismo, la teoría del dominó y el empleo racional, basado en datos, del poder militar. McNamara también advierte al presidente que su credibilidad personal como líder está en juego. La confianza de McNamara es palpable, desbordante. Mientras habla, no hay duda de qué camino tomará el presidente.

La película muestra a McNamara y Clifford en el exterior tras la discusión, cuando ambos saben que McNamara ha ganado. Clifford presiona a McNamara para que le asegure que cree lo que le dijo a Johnson, que Estados Unidos puede ganar en Vietnam, que es el mejor plan de acción para el presidente. McNamara responde: «Hice los cálculos, vi las gráficas... todo lo demás no son más que especulaciones blandas», antes de despedirse con un alegre «Nos vemos en la cena, Clark». Lo último que vemos en esa escena, antes del fundido, es un primer plano de la cara de preocupación de Clifford, con un sonido de fondo, un presagio de lo que sabemos que vendrá.

Se trata de una escena dramatizada, pero Clifford y McNamara eran reales y sabemos que así fue como presentaron las opciones disponibles al presidente. La escena deja claro que, en esta fase, Johnson escuchó los dos argumentos opuestos, pero también parece obvio que estaba obligado a seguir el consejo de McNamara. El secretario de Defensa le estaba diciendo al presidente lo que quería oír. Johnson no solo era un halcón de la Guerra Fría, sino que también parecía creer que echarse atrás en Vietnam, reducir sus pérdidas, lo haría parecer débil y poco viril. Esto no es precisamente una línea de pensamiento racional para un líder nacional a la hora de tomar una decisión tan importante, en especial una que implicaba la vida y la muerte. Una actitud masculina no tiene por qué ser algo malo en la vida, pero los líderes nunca deben confundirlo con la dureza, como hizo Johnson en este caso.

Además, en la escena, los dos hombres presentan enfoques muy diferentes del problema. Clifford pide al presidente que mire la historia; McNamara exige que el presidente mire los «datos». El primer enfoque exige que el líder vea los problemas de forma holística, comprenda sus causas y reflexione sobre sus propias limitaciones. El segundo enfoque permite al líder esconderse detrás de las estadísticas y los números, y de ese modo evitar los problemas más profundos y las dudas más acuciantes. No es sorprendente que muchos líderes prefieran el segundo enfoque a la hora de tomar decisiones. Es bastante común ver a los líderes mundiales rodeados de asesores económicos; los asesores históricos todavía no se han puesto de moda. Como veremos, los «datos» eran la carta de presentación de McNamara, la razón de su prestigio. Pero ni siquiera ahí servían: sus datos eran erróneos. Se basaban en suposiciones erróneas sobre Vietnam, la región y el mundo. No importaba: su argumento encajaba y reforzaba la concepción que Johnson tenía de sí mismo, de su presidencia y del mundo. En *Path to War*, LBJ finge estar dividido entre sus dos asesores y sus puntos de vista alternativos. Pero en realidad no tiene una opción real. Convirtió en su misión personal no perder Vietnam a manos de «los comunistas», y esto tiene prioridad sobre todo lo demás.

Una vez que tomó la decisión de intensificar la guerra, Johnson comenzó a enviar un número creciente de tropas a Vietnam. La suerte estaba echada. En la primavera de 1965 había 100 000 soldados estadounidenses en Vietnam; en diciembre de 1965, había 180 000. En julio de 1966, el número había aumentado a más de 200 000. En julio de 1966, el número ascendía a 360 000; a finales de 1967, que marcó el apogeo de la participación militar estadounidense en Vietnam, había 550 000 soldados.

La guerra se hizo cada vez más cruenta. Quedó bastante claro que Vietnam del Sur era incapaz de luchar por su propia supervivencia. Las bajas militares estadounidenses comenzaron a aumentar (aunque estas cifras no eran nada en comparación con el número de muertes vietnamitas en la guerra, tanto militares como civiles, dos categorías que, en el contexto vietnamita, eran difíciles de separar). Desde una perspectiva militar estadounidense, la guerra se convirtió en un desastre sin paliativos. Al igual que los franceses antes que ellos, LBJ y sus asesores subestimaron la resistencia popular en Vietnam ante la presencia estadounidense. Estados Unidos no iba a poder ser capaz de ganar esa guerra como ganó la Segunda Guerra Mundial, con toda la potencia de su maquinaria bélica; estaban en guerra (al menos, en apariencia) para salvar Vietnam, no para derrotarlo. Afirmaban que estaban en Vietnam como parte de una guerra global contra la tiranía, pero se habían limitado a tomar parte por el bando perdedor y ya condenado en una guerra civil. Estados Unidos nunca llegó a utilizar el poder militar suficiente para ganar una guerra así, pero lo que sí utilizó causó una terrible devastación. Se habían embarcado en la misión imposible de matar vietnamitas y destruir su país al tiempo que intentaban ganarse «corazones y mente», como explicó Johnson de un modo que no resultaba creíble. Para poner todo esto en perspectiva: las toneladas de bombas lanzadas por el ejército estadounidense durante toda la guerra de Vietnam fueron más del triple de las lanzadas por el mismo ejército estadou-

imágenes horribles que jamás habían visto (y que no han vuelto a ver desde entonces, ya que los medios de comunicación se han cuidado mucho desde entonces de no mostrar al público estadounidense los violentos resultados de las guerras que libra su país).

La combinación del fracaso militar y los informes de atrocidades provocó el crecimiento de un enorme y polifacético movimiento antibélico en Estados Unidos. Desde el principio hubo oposición a la guerra, con frecuencia motivada por el pacifismo. En noviembre de 1965, Norman Morrison, un cuáquero de treinta y un años de Pensilvania, casado y padre de tres hijos pequeños, inspirado por los monjes budistas que se autoinmolaron en las calles de Saigón, murió tras prenderse fuego frente al Pentágono, bajo la ventana de McNamara, para protestar por la matanza de niños en Vietnam. En 1967 se produjeron grandes protestas en todo el país, normalmente pacíficas, pero a veces conflictivas. La mayoría de los manifestantes eran jóvenes, con frecuencia mujeres, y era fácil para los que estaban en el poder descartarlos como *hippies* despistados de cabello largo que no podían entender el funcionamiento del mundo real. Era cierto que muchos de estos manifestantes podían llegar a ser molestos y odiosos respecto a sus mayores, y muchos de ellos glorificaban en exceso al Vietcong y cualquier tipo de violencia contra Estados Unidos. Pero era difícil no darse cuenta de que los *hippies* de cabello largo y poco poder tenían razón en general y que los serios hombres trajeados que dirigían la guerra estaban muy equivocados. A partir de 1967, las encuestas mostraron que la mayoría de los estadounidenses consideraba un error la participación de Estados Unidos en Vietnam. En todo el mundo, el antiamericanismo se disparó, con violentos disturbios en Londres, París y muchas otras ciudades; Estados Unidos no tenía aliados importantes en la guerra, los gobiernos francés y británico se negaron a apoyarla, y, en general, se la consideraba en el ámbito internacional como un empeño anárquico, obsceno y exclusivamente estadounidense.[13]

Las cosas empezaron a torcerse para Johnson cuando incluso la economía, la base del apoyo de cualquier presidente, empezó a sufrir las consecuencias de la guerra. La inflación aumentó, un pequeño y desagradable golpe para un público que había experimentado un largo auge tras la Segunda Guerra Mundial. Finalmente, Johnson tuvo que pedir al Congreso una subida de impuestos para financiar la guerra (en aquella época, la guerra todavía se pagaba con el presupuesto, y no a crédito o pidiendo préstamos a China). Los conservadores del Congreso, a los que nunca les había gustado la Gran Sociedad de LBJ (al igual que sus antecesores odiaban el New Deal de FDR), vieron su oportunidad de perjudicarla y aprovecharon la debilidad política de Johnson para exigir una reducción de 6 000 millones de dólares en la financiación de los programas que más apreciaba, y el presidente accedió. Este fue el momento más bajo y triste de Johnson. Estaba tan comprometido con la guerra de Vietnam que estaba dispuesto a sacrificar el trabajo de su vida y el bienestar de los estadounidenses más necesitados.

A partir de ahí, las cosas fueron de mal en peor, para el ejército de EE. UU., para el pueblo vietnamita y para el propio Johnson, tal como Clark Clifford había profetizado. La popularidad de Johnson cayó en picada. El antiguo amo del Senado ya no era el amo de su propia presidencia. La Ofensiva del Tet norvietnamita de principios de 1968 puso el último clavo en el ataúd de su esperanza de victoria militar. Johnson se hundió en la depresión y se enfrentó a una campaña de reelección sin energía, y pronto hizo su sorprendente anuncio. Se pasó el resto de 1968 inmerso en una espiral descendente. La guerra le ocupaba casi todo el tiempo. La sociedad estadounidense parecía desmoronarse. Pero pasara lo que pasara a su alrededor, Johnson no podía ni quería ceder en Vietnam.

El idealismo de la era de los derechos civiles dio paso a la rabia y la reacción, y la razón principal fue la guerra de Vietnam. La escalada de violencia que Estados Unidos estaba cometiendo en el sudeste asiático se extendió al frente interno. Tras la guerra contra la pobreza, Johnson continuó con la guerra contra el crimen, dirigida principalmente contra las comunidades negras. La respuesta de mano dura de su gobierno a las protestas contra la guerra, que se habían fusionado con las protestas por los derechos civiles, solo hizo que las protestas fueran mayores y más airadas. Aunque las principales víctimas de la guerra fueron los pueblos del sudeste asiático, el tejido civil que conformaba la sociedad estadounidense también fue una víctima del conflicto.

Cuando un racista blanco asesinó a Martin Luther King en Memphis en abril de 1968, los afroamericanos de todo el país, a los que se había hecho creer que su gobierno se comprometía a ayudarles, salieron a la calle llenos de dolor y rabia. Cuando, en junio de 1968, Robert Kennedy, hermano menor de John Kennedy y aspirante demócrata a la presidencia, fue asesinado en Los Ángeles, muchos jóvenes sintieron que su idealismo y sus aspiraciones de paz también habían sido asesinados. Como Johnson no se presentó a la reelección, el escenario quedó entonces en manos de su vicepresidente, Hubert Humphrey, otra figura patética de esta historia que sufrió las consecuencias de su propia timidez y falta de liderazgo.

Humphrey fue uno de los primeros partidarios de los derechos civiles, un liberal que había estado en contra de la guerra de Vietnam desde sus inicios, e incluso intentó disuadir a LBJ, sin éxito. Johnson acabó expulsándolo de su círculo más íntimo, pero en público el leal Humphrey siguió apoyando la guerra hasta el amargo final, incluso realizando una infausta visita a Europa en 1967 para intentar (en vano) convencer a los aliados europeos (que estaban enojados porque Estados Unidos había centrado su atención, en plena Guerra Fría, en Asia en vez de en Europa) de que la guerra estaba justificada. Humphrey se mostraba leal a algo totalmente equivocado: debería haber sido leal a la verdad (que él conocía), y hacia el público, y no hacia el presidente. En casi todas las ciudades europeas que visitó, Humphrey fue recibido por manifestantes que le lanzaban huevos y jitomates. Se presentó como candidato demócrata en las elecciones de noviembre de 1968 (después de haber sido nominado en una caótica convención en Chicago) y perdió ante el candidato republicano Richard Nixon, un hombre inteligente, pero sin escrúpulos, que hizo campaña para ganar la «paz con honor» en Vietnam mientras saboteaba en secreto las negociaciones entre la administración Johnson y los norvietnamitas para tener más posibilidades de ganar.[14]

En enero de 1969, Johnson ya no estaba. Pero la guerra de Vietnam se volvió algo cada vez más perverso, ya que Nixon siguió los horripilantes consejos de su asesor de seguridad nacional Henry Kissinger, aumentó la potencia de fuego y la extendió a las vecinas Camboya y Laos, donde los combatientes del Vietcong se escondían en la jungla. El movimiento antibelicista en Estados Unidos se volvió más extremista (y más jóvenes se unieron a grupos clandestinos) cuando quedó claro que «paz con honor» significaba que Nixon no tenía intención de poner fin a la guerra hasta conseguir lo que él consideraba un final satisfactorio, mientras la matanza y la muerte seguían y seguían. La respuesta del gobierno a las protestas se hizo más violenta: en uno de los incidentes más traumáticos, el 4 de mayo de 1970, la Guardia Nacional de Ohio abrió fuego contra los manifestantes en la Universidad Estatal de Kent y mató a cuatro estudiantes e hirió a nueve, uno de los cuales quedó permanentemente paralizado.

Pero fue en esos días oscuros cuando algunos estadounidenses, con frecuencia desconocidos hasta entonces para el gran público, mostraron un liderazgo inspirador, en marcado contraste con los líderes reales de la nación, que no lo hicieron. Fueron, en muchos sentidos, rebeldes. En 1971, Daniel Ellsberg, analista de la RAND Corporation, filtró los Papeles del Pentágono (el estudio secreto del Departamento de Defensa sobre la participación de Estados Unidos en Vietnam entre 1945 y 1967) al periodista del *New York Times* Neil Sheehan, revelando las acciones ilegales que el gobierno estadounidense cometió durante la guerra, pero que había mantenido ocultas al público y al Congreso. Como recompensa por este heroico acto de delación, la administración de Nixon hizo todo lo posible por destruir a Ellsberg (incluido un allanamiento en la consulta de su psiquiatra, que fue el comienzo del escándalo Watergate que acabaría con Nixon). Pero su lugar en los anales del servicio público estaba asegurado.

Los veteranos del ejército que salieron con vida de Vietnam, muchos de ellos con daños físicos y emocionales consi-

John Kerry entrevistado en una manifestación de veteranos en Washington D. C., el 21 de abril de 1971. (Warren K. Leffler/ Library of Congress)

derables, empezaron a desempeñar un papel más importante en el movimiento contra la guerra. En abril de 1971, miles de veteranos se reunieron en Washington D. C., muchos de ellos arrojaron sus medallas y declaraciones en las escaleras del Capitolio y testificaron sobre lo que habían visto y hecho en Vietnam. Los dirigentes que envían jóvenes a la guerra suelen esperar que guarden silencio a su regreso (si es que regresan), que participen en ceremonias o sirvan de apoyo político cuando se les llama, pero desde luego que no intervengan políticamente criticando la guerra. Estos veteranos no estaban dispuestos a aceptar esa farsa.

Uno de sus portavoces más visibles era un antiguo oficial de la marina de veintisiete años, John Kerry, que había ganado dos corazones púrpuras durante su tiempo de servicio en Vietnam (se había presentado voluntario) como comandante de una lancha patrullera fluvial. En abril y mayo de 1971, el senador J. William Fulbright, de Arkansas, celebró una serie de audiencias públicas sobre la guerra. El 22 de abril, Kerry se convirtió en el primer veterano de Vietnam en declarar ante el Congreso en contra de la guerra. Defendió la retirada inmediata y unilateral de todas las fuerzas estadounidenses y habló de las atrocidades y crímenes de guerra de los que había sido testigo o de los que se había enterado por otras tropas. Fue un momento de claridad moral y liderazgo que brilló con luz propia en una época sombría, y que el propio Kerry nunca recuperó del todo en los siguientes cincuenta años de su carrera pública como respetable figura del estamento político. Su honestidad y sinceridad juveniles se volverían en su contra cuando fue candidato presidencial demócrata en las elecciones de 2004, presentándose como un veterano de guerra patriota, y los agentes republicanos, algunos de los cuales le guardaban un gran rencor que se remontaba a su época como líder de Veteranos de Vietnam contra la Guerra, mintieron sobre su historial militar y atacaron su testimonio en el Congreso de 1971 como una difamación de las tropas estadounidenses.

La guerra en Vietnam llegó a su ignominioso final en 1973, con la salida de las últimas tropas estadounidenses. El gobierno intentó dar una imagen positiva del resultado de la guerra, utilizando términos orwellianos como «paz con honor», pero todo el mundo sabía que había sido una derrota humillante para Estados Unidos, y que había tenido un costo terrible, sobre todo para la población del sudeste asiático, que todavía se está recuperando. Vietnam se convirtió en una nación comunista unificada, precisamente lo que se suponía que la guerra debía evitar. Cientos de miles de vietnamitas huyeron del país, creando una de las peores crisis de refugiados de la historia; millones más tendrían que ser reasentados en los veinte años siguientes. La guerra mató a más de tres millones de vietnamitas. La devastación de Camboya creó las condiciones para la aparición de los Jemeres Rojos, que asesinaron a más de un millón de personas, empezando por los que llevaban lentes, en los famosos Campos de la Muerte entre 1975 y 1979.

Todas las muertes y el sufrimiento derivado habían sido en vano. Murieron 58 000 soldados estadounidenses. En Estados Unidos, la guerra, junto con el escándalo Watergate, que surgió del conflicto y reveló al pueblo estadounidense que su presidente (Nixon) era un mentiroso y un criminal, dañó gravemente la confianza pública en el gobierno, que nunca se ha recuperado realmente.[15] El sucesor de Nixon como presidente, su vicepresidente Gerald Ford, empeoró las cosas al indultar a Nixon, que debería haber ido a la cárcel como cualquier otro delincuente convicto (y como los demás funcionarios convictos implicados en el caso Watergate). En su toma de posesión, Ford prometió al pueblo estadounidense que «nuestra larga pesadilla nacional había terminado»; de hecho, gracias en parte a él, no había hecho más que empezar. La idea equivocada de Ford era que el indulto ayudaría a «curar» al pueblo estadounidense. En lugar de ello, el indulto sentó un terrible precedente y afianzó la peligrosa norma de que, en los Estados Unidos, la gente de las altas esferas no paga por sus delitos, un mensaje recibido alto y claro tanto por los presidentes posteriores como por los estadounidenses de a pie. A largo plazo, uno de los principales problemas de la desconfianza del público estadounidense en el gobierno (un impulso saludable en principio) es que puede ser (y ha

El presidente Lyndon Johnson y el secretario de Defensa Robert McNamara en una reunión del Gabinete, 7 de febrero de 1968. (Yoichi Okamoto/NARA)

sido) explotada por actores de mala fe que prosperan en un sistema político corrupto y cínico, y que no actúan en el mejor interés del público, incluidos los que tratan de persuadir a la gente de que están mejor con poco o ningún gobierno en sus vidas. Los ciudadanos necesitan un buen gobierno y merecen un gobierno veraz y fiable.

Hay una impresionante serie de fotos tomadas durante la guerra de Vietnam al presidente Johnson y al secretario de Defensa McNamara. Las fotos muestran a dos hombres (dos líderes) claramente angustiados; las imágenes se vuelven cada vez más sombrías a medida que avanza la guerra. En la más inquietante de ellas, Johnson levanta la cabeza y mira al cielo, como si apelara a un poder superior (McNamara parece alguien con una fuerte migraña). Estas imágenes sugieren, en primer lugar, lo mal que iba la guerra. Pero también muestran algo que ya no se ve mucho y que a mis alumnos les llama la atención: unos líderes que parecen preocuparse, si no por las numerosas víctimas de sus decisiones y acciones, en este caso, al menos por su propio fracaso personal. Vivimos en un mundo en el que muchos de nuestros líderes más poderosos parecen incapaces de mostrar vergüenza o remordimiento. Solo en ese sentido, estas imágenes de un presidente y un secretario de Defensa infelices encabezando un desastre del que son responsables parecen no solo de otra época, sino de otro mundo.

Cuando, en la década de 1990, McNamara empezó a expresar públicamente su arrepentimiento por su papel en la guerra de Vietnam, a muchos les sorprendió. Es bastante raro oír a altos cargos públicos de ese nivel pedir perdón por los terribles errores que cometieron en el pasado, en particular cuando no parece haber otro motivo que el de poner las cosas en su sitio y aprender de ellos. No estaba claro si McNamara pedía perdón o compasión, o ambas cosas. En cualquier caso, no todo el mundo estaba dispuesto a perdonar. Sus numerosos detractores señalaron que abandonó su puesto de secretario de Defensa en 1968, tras haber decidido en un primer momento que la guerra era un fracaso y creyendo que Johnson se equivocaba al querer continuar con ella; pero hasta el final de su mandato, siguió justificando la guerra, y durante años había mentido incesantemente al pueblo estadounidense, diciéndole que la guerra iba bien cuando él sabía muy bien (y ellos cada vez más) que no era así. Después de eso, McNamara se escabulló para convertirse en presidente del Banco Mundial, cargo que ocupó durante trece años, y nunca dijo una palabra pública sobre la guerra, que se prolongó durante varios años más.

Sin embargo, es importante centrarse en McNamara y su relato de las cosas, y no apresurarse a descartarlo. En sus memorias de 1995, *In Retrospect* [En retrospectiva], y en el documental de Errol Morris de 2003, *The Fog of War* [La niebla de la guerra], McNamara habló (frecuentemente con emoción, a veces con cautela, no siempre con fiabilidad) de cómo acabaron llamándolo el arquitecto de la guerra de Vietnam.[16] En un mundo mejor, en un universo con sentido, compadeceríamos a McNamara y lo admiraríamos. En lugar de eso, el antiguo secretario no es más que un cuento con moraleja, al que solo podemos mirar con horror.

Cuando Kennedy le ofreció a McNamara el puesto de secretario de Defensa en diciembre de 1960, se consideró que se trataba de un nombramiento audaz e innovador, parte de la idea del presidente liberal de que el gobierno moderno debía estar dirigido por los hombres más inteligentes del país (y todos eran hombres), un grupo que el periodista David Halberstam llamaría más tarde (de un modo sarcástico) «los mejores y los más brillantes».[17] McNamara, hijo de una modesta familia californiana de origen irlandés, no formaba parte de una red de viejos amigos. Tenía muchas ventajas sociales, por supuesto, y ni su origen étnico ni su sexo fueron obstáculos para ascender como lo fueron para muchos otros, pero creció de forma «meritocrática», en el contexto de la época: se esforzó mucho, le fue bien en la escuela (pública), estudió en la Universidad de California en Berkeley porque no podía permitirse ir a Stanford, donde había sido aceptado, y obtuvo una excelente educación superior pública por la gran suma, incomprensible hoy en día, de 53 dólares al año.

Las primeras partes de *The Fog of War* ofrecen un retrato fascinante de McNamara como un niño prodigio, un genio precoz que deslumbra a todos los que le rodean, que de joven prácticamente inventa un campo (el análisis de sistemas) que sigue siendo la base de la enseñanza de la política pública y los negocios en las universidades más elitistas de Estados Unidos y del mundo. En la Segunda Guerra Mundial, la inteligencia y el talento de McNamara para hacer números se vincularon a la construcción de la maquinaria bélica estadounidense. Formó parte del grupo de élite que aplicó el análisis de datos de vanguardia al poder aéreo, cuyos horribles resultados pudieron verse en el bombardeo e incendios a gran escala de las ciudades japonesas. En referencia a esta atrocidad, McNamara dice abiertamente en *The Fog of War* (citando a su despiadado oficial al mando en la guerra, Curtis LeMay) que si Estados Unidos hubiera perdido, todos ellos habrían acabado juzgados como criminales de guerra.

Tras esta experiencia, McNamara regresó triunfante. En lugar de ocupar un puesto seguro como profesor de empresariales en Harvard, entró en el mundo empresarial, se unió a la Ford Motor Company y ascendió con rapidez en el escalafón. Rescató a Ford de su larga decadencia, hizo cosas tremendamente innovadoras como poner cinturones de seguridad en todos los coches y, por fin, fue nombrado presidente de la compañía (como expresa con orgullo en *The Fog of War*, el primero que no pertenecía a la familia Ford). Y poco después, cuando McNamara tenía cuarenta y cuatro años, Kennedy (que tenía cuarenta y tres) le pidió que formara parte de su nuevo gabinete. En *The Fog of War*, McNamara relata divertido cómo Robert Kennedy, en nombre de su hermano, le pidió primero que fuera secretario del Tesoro, y cuando McNamara dijo que no creía estar cualificado (es probable que se tratara de falsa modestia por su parte), Kennedy le ofreció entonces el puesto de secretario de Defensa. Ni siquiera importaba qué puesto del gabinete tomara McNamara; lo importante, para JFK, era tener a este hombre donde se tomaban las decisiones.

Fue entonces cuando McNamara tomó una decisión sorprendente. No procedía de una familia acaudalada. Podía haber seguido el resto de su vida en una empresa que lo habría hecho increíblemente rico y cómodo, pero al parecer no era eso lo que buscaba. En su lugar, eligió un trabajo que le daba gran acceso al poder y la influencia; su familia no pasaría hambre, pero él tan solo ganaría una fracción de lo que podría haber ganado en el sector privado.

McNamara pertenece al grupo de personas que encontramos en otras partes de este libro, que sienten una vocación pública de algún tipo y buscan liderar al servicio del poder. No necesariamente cortan su conexión con los lucrativos beneficios del mundo de los negocios, y no están por encima de monetizar esas conexiones más tarde. Esto, también, es un notable (aunque poco discutido) elemento básico de la vida política de élite en los Estados Unidos y muchos otros países. En el caso de McNamara, no tenemos por qué sospechar de sus motivos. No aceptó el cargo de secretario de Defensa para ayudar a matar a millones de personas o para enriquecerse. Sin duda le gustaba el poder y la influencia que conllevaba, quizá demasiado, pero aceptó el puesto porque disponer de la atención del hombre más poderoso del mundo es una propuesta atractiva, un hombre que te parece impresionante y que tiene más o menos tu edad. Por propia experiencia, muchos jóvenes inteligentes conciben el trabajo por el bien público de esta forma: al servicio de los poderes fácticos en las instituciones más importantes.

McNamara, en principio, es un modelo de servicio público. Con una buena formación, trabajador y confiado en sus capacidades, iba a conseguir que el Departamento de Defensa fuera racional, eficiente e imparcial. Las cosas no se harían por corazonadas, conexiones o sentimientos. Todo se analizaría desde la estadística y la política se determinaría racionalmente. Las guerras no se librarían de un modo emocional o irracional, impulsadas por odios y temores. Un civil orientado a los detalles, y no un militar fanfarrón, supervisaría la guerra estadounidense. ¿Qué podía salir mal si se entre-

Robert McNamara en una conferencia de prensa sobre Vietnam, 26 de abril de 1965. (Marion S. Trikosko/Library of Congress)

gaban las llaves de la maquinaria militar de la nación a un individuo semejante?

Muchas cosas podían salir mal y de hecho salieron mal. Tras la muerte de JFK, McNamara era el hombre equivocado trabajando para el hombre equivocado en el momento equivocado. Johnson y él no eran una buena combinación. McNamara sabía por intuición lo que Johnson quería oír y seguía diciéndoselo, a pesar de que (por lo que parecía) albergaba en privado dudas que no hacían más que crecer pero que nunca compartió de forma explícita. A pesar de todo su talento, McNamara tenía una idea equivocada (y bastante común) de lo que es el servicio público. Contrariamente a lo que parecen creer los Robert McNamara del mundo, el buen servidor público no sirve a los poderosos, ni siquiera a su antojo. El buen servidor público sirve al pueblo, siempre. El buen servidor público no busca la influencia por sí misma. La influencia del servidor público debe ser en beneficio del pueblo, de lo contrario carece de valor. Así es como un servidor público puede ser un buen líder. El verdadero servicio público es liderazgo. Y un buen líder es sin duda un servidor público.

McNamara no sirvió al pueblo, al que siguió mintiendo durante todo su mandato. Pero la ironía es que, al final, tampoco sirvió a Johnson. Toda la pericia técnica del mundo no puede superar la falta de veracidad sobre la realidad política e histórica, ni la falta de empatía por las víctimas de tu influencia. Cuando llegó el desastre de Vietnam, McNamara, en sus memorias y en *The Fog of War*, siguió alegando ignorancia, explicando que él y otros dirigentes estaban tan inmersos en la Guerra Fría que no se dieron cuenta de que la guerra de Vietnam nunca tuvo que ver con Estados Unidos, ni con la URSS, ni con China, ni siquiera con el comunismo;

se trataba de la liberación vietnamita del imperialismo y el control occidentales.

Esto, sin embargo, parece una mala excusa para un liderazgo deficiente. McNamara era un gran conocedor de la historia en general, y de la historia de Vietnam en particular. Pero prefirió dejar de lado esa historia y tratarla como algo sin importancia, algo «impreciso» que no podía competir con los datos puros y el análisis estadístico que estaba imponiendo a la campaña militar. Y luego, cuando los «datos» resultaron ser muy engañosos, McNamara los dejó de lado para seguir propagando la fantasía de una victoria inminente. Hay momentos inquietantes en *The Fog of War* que muestran a McNamara, como secretario de Defensa, diciendo a los medios de comunicación cosas sobre la guerra que él sabe (y nosotros sabemos) que eran falsas. No está claro qué lo motivó a mentir de esta manera. No creo que entrara en la vida pública para mentir al pueblo. Pero que todas tus suposiciones salten por los aires de una forma tan espectacular no puede ser algo fácil, especialmente para alguien tan seguro de sí mismo como McNamara, un hombre al que toda su vida le habían dicho que era un genio que no podía equivocarse. No podía soportar equivocarse y no podía admitir que se había equivocado ante el pueblo al que se suponía que estaba sirviendo. Tal vez mintió para salvar las apariencias, para proteger la reputación del presidente y la suya propia, y para defender el prestigio del sistema que lo había creado y elevado a tales cotas de poder e influencia. Tal vez creyó que era su deber mentir a la opinión pública. Si es así, se equivocó con rotundidad. Al final, lo más criminal fue continuar la guerra cuando sabía que no se podía ganar. Todo lo que eso significó fueron más muertes en vano, tanto estadounidenses como, sobre todo, vietnamitas. Pero la guerra de Vietnam se basó en mentiras y engaños y habría seguido siendo una causa criminal, aunque EE. UU. hubiera «ganado».

Pero, al fin y al cabo, no podemos conformarnos con culpar a asesores o subordinados. Tenemos que fijarnos en el líder de la cúpula, el que tomó las decisiones más fatídicas. Fue el presidente Johnson quien hizo caso omiso de las advertencias sobre el probable fracaso de Vietnam y su propio pesimismo sobre la guerra. Fue Johnson quien sopesó la importancia de sus logros nacionales frente al imperativo de luchar contra el «comunismo» en todo el mundo, y a la hora de la verdad optó por lo segundo, en detrimento de la gente a la que se había propuesto ayudar. Fue Johnson quien, por una guerra condenada al fracaso que incluso él sabía que no se podía ganar, estuvo dispuesto a sacrificar su propia presidencia, que había dado esperanzas a tanta gente en Estados Unidos, que antes no las tenían, de que sus vidas mejorarían. Fue Johnson quien convirtió la guerra de Vietnam en algo personal, olvidando que se suponía que tenía que ver con el pueblo vietnamita. Y como Clark Clifford le dice en una escena devastadora cerca del final de *Path to War* [Camino a la guerra], después de que un furioso Johnson despotrique de McNamara y sus otros asesores y de cómo lo llevaron por el mal camino: «Ellos solo le aconsejaron, señor presidente. Usted decidió».

Como demostró el historiador Fredrik Logevall en su clásico estudio sobre la decisión de intensificar (o «americanizar» la guerra), Johnson estaba cada vez más obsesionado con su «credibilidad», convirtiendo ese vago concepto en el factor más importante de su toma de decisiones.[18] A los líderes les resulta muy difícil alejarse del impacto emocional del mundo que les rodea, y las emociones pueden y deben ser algo bueno para los líderes si crean una empatía más profunda, un sentido del bien público y la capacidad de tomar la decisión correcta. Este no fue el caso de Johnson y Vietnam. Como líder seguro de sí mismo (no arrogante ni egocéntrico) en un ámbito, la política interior, hizo cosas históricas: fue quizá el último presidente de EE. UU. que mejoró significativamente el bienestar material y social del pueblo estadounidense. Pero como líder inseguro de sí mismo (y, por tanto, arrogante y egocéntrico) en otro ámbito, la política exterior, hizo un daño enorme. Al excluir las voces que se mostraban escépticas ante su enfoque personalizado de la guerra de Vietnam, incluida la de su propio vicepresidente, creó una burbuja de pensamiento grupal uniforme. Cuando se combinan esas cosas con un poder militar sin parangón y la licencia sin control para utilizarlo, lo que se consigue es un desastre.

Pero, por supuesto, todo esto nos habría interesado mucho menos si los líderes que crearon el desastre de Vietnam hubieran sido tipos cínicos y deshonestos, como sus sucesores que llegaron después de 1968 y llevaron la guerra en una dirección aún más siniestra. O si hubieran sido tipos corruptos e incompetentes, como los que llevaron a Estados Unidos a la guerra de Oriente Medio dos generaciones después, basándose en mentiras, mala fe, codicia, unos medios de comunicación crédulos y con ánimo de lucro, una oposición política inútil y la explotación de la creencia generalizada de mucha gente en la democracia, los derechos de la mujer y los derechos humanos. Son casos más sencillos. Desde la perspectiva del liderazgo, la guerra de Vietnam es más complicada y, por tanto, más inquietante, y aprendemos más de ella.

Hubo personas en Estados Unidos que salieron de aquel desastroso episodio como líderes admirables: de distintas maneras, Muhammad Alí, John Kerry, Daniel Ellsberg, Ernest Gruening, Wayne Morse, y las mujeres y hombres que exigieron algo mejor a su país, a veces con valentía y con grandes (y a veces horribles) sacrificios, demostraron ser guerreros, rebeldes e incluso santos. Pero cuando llegó la guerra estadounidense en Vietnam, los líderes que eran guerreros, rebeldes y santos no eran los que tenían el poder decisivo, mientras que los líderes con el poder decisivo no eran ni guerreros ni rebeldes ni santos. Esperemos que llegue el día en que sean una misma cosa.

7
CÓMO IDENTIFICAN LOS LÍDERES A SUS ENEMIGOS

Algunos de los líderes mundiales más emblemáticos y conocidos en la actualidad, como Nelson Mandela, Mao Zedong o Aung San Suu Kyi, surgieron en un momento concreto y relativamente reciente de la historia mundial: el declive del colonialismo y la gran oleada de independencias nacionales. Mahatma Gandhi, indio, es quizá el mejor ejemplo de todos, sin duda uno de los nombres más famosos en todo el mundo, aunque pocas personas fuera de la India podrían decir con exactitud qué fue lo que hizo que se convirtiera en alguien tan famoso. Uno de los retos de la enseñanza sobre líderes históricos es destacar la importancia de figuras desconocidas o incluso anónimas, como en el caso, por ejemplo, de la Resistencia francesa en la Segunda Guerra Mundial; otro es debatir el liderazgo cuando no parece haber ningún líder identificable, como en el ejemplo del ataque japonés a Pearl Harbor o el bombardeo atómico estadounidense de Hiroshima y Nagasaki. Pero quizá el mayor reto de todos sea enseñar sobre un líder famoso: en concreto, por qué ese líder fue importante y por qué las cosas que nos enseñan sobre las figuras más famosas suelen ser manipuladas, selectivas o erróneas. En el caso de Gandhi, la principal asociación que la mayoría de la gente de todo el mundo puede tener de él es la «no violencia»; es fascinante especular por qué los sistemas educativos de todo el mundo están tan entusiasmados con la enseñanza de ese aspecto del liderazgo de este individuo. Es importante señalar que el objetivo de Gandhi no era ser «no violento». La no violencia (que ni siquiera significa lo que la mayoría de la gente cree que significa) era un método, no una vocación. No era el objetivo de la vida de Gandhi. La violencia en general no era el enemigo que él identificaba. Su enemigo era el colonialismo, en concreto el colonialismo británico en la India. La causa principal de Gandhi no era la no violencia, sino la independencia nacional de la India.

Nos gusta pensar que el liderazgo es positivo, que representa una causa, que busca el cambio o la transformación «uniendo a la gente». Pero esto es un cliché. Pasa por alto una realidad dura y permanente: la razón de que surjan causas admirables, de que se desee la transformación, de que se quiera mejorar el mundo, es que las cosas van mal, o están empeorando. Nuestros mayores problemas son siempre de origen humano, resultado de las decisiones tomadas por quienes ostentan el poder. Eso significa que esas fuerzas poderosas (personas, instituciones, intereses) son los obstáculos para un mundo mejor. Pero ¿contra qué debe luchar un líder para mejorar el mundo? Si quieres liderar, pero crees que las cosas van bien, ¿por qué necesita el mundo tu liderazgo? Si la sociedad se encuentra en buenas condiciones, no te necesita como líder, y si no lo está (y, alerta de *spoiler*, no lo está), no eres el tipo de persona que necesita como líder. De hecho, si crees que el *statu quo* está bien, podrías ser el obstáculo que los líderes transformadores deben superar para hacer del mundo un lugar mejor.

La realidad es que los líderes importantes de la historia siempre tienen (e identifican a los) enemigos poderosos. Si no lo hacen, su liderazgo nunca se enfrenta a una oposición importante y no tienen motivos para convertirse en, bueno, importantes. «Unir a la gente» es un concepto sin sentido si no se tiene un adversario al que vencer. En el peor de los casos, el supuesto líder inventa enemigos ficticios, incluso los señala para destruirlos, como hizo Hitler con los judíos. Aquí, sin embargo, quiero centrarme en los líderes que identificaron enemigos en la realidad, que se preocuparon por el bien público y no por la gloria nacional, el dominio o el genocidio. A diferencia de la «raza», la obsesión homicida e inventada de Hitler, el colonialismo era real y poderoso. Y como explicaron activistas y teóricos desde Albert Memmi hasta Frantz Fanon, cuando se colonizaba a un pueblo, no solo se le arrebataba la tierra, no solo se le robaban sus recursos y no solo se subyugaba su cuerpo; también se embrutecía su mente.[1] Todos los líderes anticoloniales que querían la autodeterminación de su pueblo sabían que parte de la liberación no era solo militar, política o económica, sino también psicológica. La diferencia entre los líderes anticoloniales más significativos no solo radicaba en qué camino político tomar, sino también en cómo identificar al enemigo principal al que se enfrentaban y qué tendrían que hacer para derrotarlo. Identificar al enemigo (el enemigo del pueblo que uno dirige) es una parte esencial del liderazgo en la historia. «Les pido que me juzguen por los enemigos que me creé», dijo Franklin Roosevelt. Él sabía por qué era importante.

En los últimos años ha habido mucho revisionismo sin sentido en torno al tema del colonialismo, por lo que es importante reiterarlo y dejarlo claro: el colonialismo fue una institución siniestra, unida de forma muy estrecha a otras instituciones que hoy pocos defenderían, como el comercio de esclavos y las economías basadas en la esclavitud. Se trataba de una visión del mundo que era de forma intrínseca algo violento y opresivo. A los pueblos colonizados, incluidas las decenas de millones de personas que se calcula que perecieron, no se les dio la oportunidad de elegir ni se les preguntó si creían que el imperialismo estaba justificado. Si se resistían y respondían de algún modo (y muchos lo hicieron) eran tratados de un modo brutal y asesinados en masa. Es imposible saber con exactitud cuántas personas murieron en las guerras coloniales de conquista o como consecuencia de esa política durante la era del colonialismo. Si el genocidio fue una de las peores características del siglo XX, debemos recordar que fue una característica básica de la era colonial. Estados Unidos tiene sus orígenes en el genocidio y la limpieza étnica de su población indígena, y lo mismo puede decirse de muchos otros países del hemisferio occidental.

Fue la Segunda Guerra Mundial la que acabó con los dos grandes imperios europeos, el británico y el francés. Al principio de la guerra, incluso antes del ataque japonés a Pearl Harbor y de la entrada de Estados Unidos en la guerra, Estados Unidos y Gran Bretaña elaboraron la Carta del Atlántico, un acuerdo de ocho principios entre Roosevelt y Churchill que establecía cómo sería el mundo si los Aliados ganaban la guerra. Según el Principio 3 de la Carta del Atlántico, Estados Unidos y Gran Bretaña se comprometían a «respetar el derecho de todos los pueblos a elegir la forma de gobierno bajo la cual vivirán; y desean ver restablecidos los derechos soberanos y el autogobierno de aquellos que fueron privados de ellos por la fuerza».[2] En otras palabras, todos los pueblos tenían derecho a la autodeterminación.

Churchill, un imperialista convencido, no tenía intención de renunciar a las posesiones coloniales británicas en África y Asia, y el acuerdo se refería a la gente de los lugares (en Europa, principalmente) que los alemanes, los japoneses y los soviéticos ocuparon durante la guerra. Mientras Gran Bretaña luchaba contra Hitler y los nazis en nombre de la libertad y la democracia liberal, los británicos continuaban con su asfixia imperial sobre sus colonias desde la India hasta Kenia.[3] Para Churchill, el Imperio británico era algo natural y virtuoso y estaba exento de su propio principio de autodeterminación. Pero los pueblos del mundo colonial, incluidos los que contribuyeron en gran medida al esfuerzo bélico de los Aliados (la India colonial, por ejemplo, que envió 2.5 millones de soldados a luchar en Asia y África, y 87 000 de ellos perecieron), se tomaron en serio las palabras de la Carta del Atlántico y las consideraron el fundamento para un mundo poscolonial.

Esto se desarrollaría de forma dramática y violenta una vez que la Alemania nazi y el Japón imperial fueran derrotados en 1945 y el mundo entrara en la era de la Guerra Fría. De este mundo colonial en transición surgió una notable generación de líderes, una cohorte que el historiador Odd Arne Westad denominó «los Revolucionarios». Por lo general, se trataba de miembros de las élites locales, hombres y mujeres jóvenes de la capa superior (relativamente hablando) de la población colonizada, que estudiaban y trabajaban en la metrópoli, la capital del imperio que los colonizó. De África a Oriente Medio, pasando por Asia Meridional y Oriental, estos jóvenes se comprometieron con la idea de la libertad nacional de sus pueblos. Discrepaban en cuanto a los caminos para llegar a ella, y solían combinar el nacionalismo con una de las dos grandes ideologías de la época, el marxismo o el capitalismo. Pero sin importar el lado de la división ideológica que eligieran, estos revolucionarios eran originalmente siervos del imperio que se convirtieron en opositores estratégicos, y a veces militares, del imperio. Muchos de estos futuros líderes pasaron un tiempo en Europa y comprendieron lo subdesarrolladas que estaban las cosas en su país; se dieron cuenta de que la riqueza de los europeos se basaba en la explotación y la extracción coloniales, y llegaron a la conclusión (aunque es probable que ya lo sospechaban) de que, a pesar de la clásica justificación de los colonizadores para la colonización (la promesa de enriquecer y desarrollar el mundo colonizado), no era así en absoluto. La brecha era demasiado grande para ellos.[4]

Muchos de estos jóvenes súbditos coloniales querían las mismas cosas que los habitantes de la metrópoli daban por sentadas. Querían entrar en el mundo moderno. Pero no se tragaban la premisa de que el imperio los llevaría hasta ese punto del desarrollo social, y ya no se creían que esa fuera alguna vez la intención de sus gobernantes, así que decidieron luchar por su independencia. Pero ¿cómo iban a hacerlo? ¿Y qué harían si los colonizadores se negaban? Estas fueron las preguntas a las que tuvieron que responder los jóvenes líderes del mundo colonial, desde África a Asia y Oriente Medio, y al hacerlo identificaron a su enemigo.

La batalla de Argel (1966), de Gillo Pontecorvo, no solo es una de las películas políticas más impresionantes de su época, sino quizá una de las mejores películas que se han rodado. La película no es ficticia, ni siquiera en la forma en que se rodó; describe el comienzo de la guerra de Independencia de Argelia (1957-1962), pero aparte de un actor profesional (en un papel clave), la mayoría de las personas que aparece en la pantalla son participantes reales en los acontecimientos históricos, junto con residentes reales de Argel, que solo unos pocos años antes habían vivido los sucesos que se muestran en la película. La ciudad mediterránea es la protagonista.

No se trata de una película romántica. Es realista. Retrata a los dos bandos de la guerra: a los rebeldes argelinos (Le Front de Libération Nationale, el FLN) y a los colonos franceses. Casi a mitad de la película, la atención se centra en los paracaidistas militares franceses dirigidos por el despiadado y reflexivo coronel Mathieu (una amalgama de varios comandantes franceses reales), que llegan para aplastar la revuelta. La fotografía en blanco y negro al estilo de los noticiarios, la evocadora banda sonora del gran compositor Ennio Morricone, la negativa a suavizar el salvajismo de los acontecimientos, la insistencia en la ambigüedad moral y la actuación naturalista de los protagonistas, que con frecuencia se interpretan a sí mismos, propician debates explosivos. Muchos países han vivido ambas experiencias, luchando por la libertad nacional en un momento dado y contra la libertad de otros pueblos en un momento posterior. *La batalla de Argel* tiene el efecto de hacer que la gente de esos países (Estados Unidos, China, India e Israel son ejemplos, pero hay muchos más) se identifique o se enorgullezca de lo primero y se sienta avergonzada (o lo niegue) de lo segundo. Una imagen especular puede ser dura.

La película plantea una cuestión central en el arte del liderazgo: ¿cuándo es legítimo que los líderes autoricen o ejer-

Una escena de *La batalla de Argel*, dirigida por Gillo Pontecorvo, 1966. (Moviestore Collection Ltd./ Alamy Stock Photo)

zan la violencia contra otros? Es una pregunta a la que los líderes políticos se enfrentan siempre, en escalas grandes y pequeñas. En este sentido, *La batalla de Argel* es uno de los documentos más notables de los que disponemos sobre el significado del liderazgo. La tarea de equilibrar el peso moral con los objetivos que tenemos es una preocupación universal del liderazgo (suponiendo que la moral desempeñe algún papel en nuestra toma de decisiones). Y si la violencia es legítima, ¿quién o qué es un objetivo legítimo? La película muestra una variedad de víctimas de la violencia: rebeldes, delincuentes, prisioneros, policías, civiles, incluso niños. La creación de una jerarquía de vidas humanas y su valor resulta bastante difícil: en todos los casos de violencia que vemos, la película muestra eficazmente la incertidumbre moral que implica. No hay muertes gratuitas. Cada muerte importa.

La película puede valorarse por sí misma, pero conocer su trasfondo histórico la hace más legible. Argelia fue la primera y más preciada posesión colonial de Francia, tomada por la fuerza en 1830. Cientos de miles de colonos franceses llegaron al país a lo largo de los años y vivieron una existencia protegida como ciudadanos franceses, con supremacía económica y política sobre los nativos, la inmensa mayoría del país. Esta desigual existencia de los dos grupos en la población hace más potentes muchas escenas de *La batalla de Argel*. Entre todas las colonias francesas, Argelia tenía un estatus especial porque quedó incorporada a la nación francesa como otro departamento en 1848, lo que significa que pasó a formar parte oficialmente de Francia, aunque solo los colonos franceses de Argelia disfrutaban de los beneficios de la ciudadanía francesa. Los argelinos eran súbditos de Francia, y la ley francesa exigía que cada argelino solicitara como individuo la ciudadanía francesa y renunciara de manera formal al islam y a sus leyes. Incluso como ciudadanos, seguían siendo de segunda clase.[5]

Las primeras escenas de la película describen vívidamente la relación colonial en Argelia, en especial, la jerarquía, la altanería señorial de los *colons*, su racismo soterrado o manifiesto. La parte europea de la ciudad, frente al mar, es blanca, elegante y reluciente. La *casbah* argelina, donde vivía la mayoría musulmana, está superpoblada y es pobre. *La batalla de Argel* describe los acontecimientos que tuvieron lugar tras más de ciento veinte años de colonización. Cuando ocuparon el país por primera vez, los militares franceses sometieron brutalmente a los argelinos. La propaganda colonial posterior mostraba a unos argelinos felices y agradecidos por la llegada de los franceses, que se consideraban comprometidos en lo que sus estadistas llamaban con arrogancia *la mission civilisatrice* («la misión civilizadora»), la tarea autoimpuesta de Francia de llevar el desarrollo, la ilustración y la cultura a las masas sucias, bárbaras y paganas. (La versión británica de esta tremenda autoestima imperialista fue el poema de Rudyard Kipling de 1899 *La carga del hombre blanco*, en el que exhortaba a los Estados Unidos a ganar la guerra filipino-estadounidense y anexionarse Filipinas).[6]

Pero los argelinos no querían que los extranjeros les robaran y colonizaran sus tierras y no pensaban (al contrario que los europeos) que la colonización fuera el orden natural del universo. Miles de argelinos murieron en las llamadas *enfumades*, cuando el ejército francés condujo a los civiles a cuevas y provocó incendios para asfixiarlos dentro. La conquista total de Argelia duró décadas; en 1875, los franceses habían matado a cientos de miles de argelinos. El número total de personas asesinadas durante toda la época del colonialismo francés en Argelia es casi imposible de determinar.

Esa época llegó a su fin en 1962, con la independencia de Argelia. Los argelinos tuvieron que librar una guerra larga y sangrienta contra los franceses para conseguir su libertad.[7] Es difícil calcular cuántos argelinos murieron durante su guerra de independencia: las cifras oscilan entre unos 500 000 (según fuentes francesas) y hasta 1.5 millones (según algunas fuentes argelinas). Esta increíble violencia no se limitó a Argelia, sino que se extendió a Francia, donde los inmigrantes argelinos (y los ciudadanos franceses de origen argelino) fueron víctimas habituales de la violencia estatal, incluida la famosa Masacre de París del 17 de octubre de 1961, cuando la Policía Nacional atacó una manifestación a favor del FLN y mató a cientos de personas golpeándolas o arrojándolas al Sena. El entonces prefecto de policía, Maurice Papon, fue colaborador de Vichy durante la Segunda Guerra Mundial y participó en la deportación de unos 1 600 judíos franceses a campos nazis. Tras décadas de negar la Masacre de París de 1961, el Estado francés admitió finalmente su culpabilidad en 1998; ese mismo año, Papon, que había disfrutado de una larga y próspera carrera en las altas esferas del Estado, y treinta y siete años después de haber recibido la Legión de Honor de manos de De Gaulle (en 1961, cuando ordenó el ataque contra los manifestantes argelinos), fue juzgado y condenado por sus crímenes de guerra durante los años de Vichy.[8]

No podemos entrar en todos los detalles de lo que fue la experiencia colonial para la gente de todo el mundo; en este sentido, *La batalla de Argel* es una representación del fenómeno histórico más amplio y del liderazgo que produjo. De ella aprendemos cómo funcionó el colonialismo en la práctica, cómo se enfrentaron a él y cómo, finalmente, se le puso fin. Aprendemos el precio que la gente pagó por su libertad, cuánto se sacrificó y cómo luchó contra sus colonizadores. También aprendemos lo que los colonos estaban dispuestos a hacer para aferrarse a su poder y supremacía, y cómo se veían a sí mismos como víctimas de terroristas odiosos. La película es buena a la hora de mostrar el proceso de racionalización de la violencia horrible. Los estudiantes se sienten con frecuencia frustrados por el derramamiento de sangre en la película, el sangriento tira y afloja entre el FLN y los militares franceses, y les resulta difícil entender por qué las dos partes no «negociaron», por qué los argelinos no adoptaron la «no violencia» y por qué los franceses torturaron a miembros del FLN e incluso mataron a argelinos que supuestamente estaban bajo su protección.

Este tipo de reacciones son de esperar cuando vemos esta película y estudiamos esta historia. Pero, como ya hemos visto, jamás ni siquiera las libertades más básicas fueron (o casi nunca) se concedieron por las buenas. La gente tuvo que luchar por ellas, y normalmente lo hizo de forma violenta, y con frecuencia tuvo que morir por ellas. La no violencia funcionó en algunas circunstancias anticoloniales; no funcionó (o no era una opción) en otras. El objetivo era liberarse del colonialismo, no establecer una virtud superior y complacer a las futuras generaciones de occidentales educados.

Por eso tenemos que aceptar que las guerras anticoloniales, incluida la de Argelia, implicaron el uso de métodos y tácticas que las potencias siempre denuncian como terrorismo: violencia ilegítima y gratuita. En 1956, cuando el FLN empezó a asesinar a policías franceses en Argel, solo habían pasado dos años desde la derrota de Francia en la batalla de Dien Bien Phu y la «pérdida» de Indochina, su otro tesoro colonial. En consecuencia, los franceses se replegaron en Argelia y no estaban dispuestos a irse a ninguna parte sin una lucha que esperaban ganar. De hecho, renunciar a Argelia era tan inconcebible para los dirigentes franceses de los años cincuenta como lo habría sido renunciar a Marsella o Lyon. Argelia formaba parte de Francia para ellos, aunque no consideraran franceses a todos los que vivían allí.

Sin embargo, la lucha por la independencia de Argelia no se limitó a la violencia. En la escena mundial, especialmente en las Naciones Unidas (una institución mucho más emotiva y consecuente con sus principios entonces que hoy), el FLN aprovechó con éxito las presiones de la Guerra Fría y las corrientes antiimperialistas de la época en su beneficio; numerosos estudiosos han demostrado el esfuerzo diplomático que los argelinos realizaron para presionar a los franceses a través de sus aliados, en especial Estados Unidos, y cómo la lucha argelina animó los movimientos y simpatías anticoloniales en todo el mundo.[9]

Pero estaba claro desde el principio de su lucha que este poder blando, como podría llamarse hoy, no era suficiente. El FLN nunca iba a derrotar a los franceses tan solo apelando a la comunidad internacional. Tampoco los derrotaría militarmente. En lugar de eso, tenían que demostrar un compromiso con su causa, una voluntad tanto de letalidad como de autosacrificio, que superaran el poder y la influencia del imperio francés (en declive, pero todavía poderoso). Tenían que sobrevivir a sus opresores siendo guerreros, rebeldes y (a veces) santos. Pero aquí debemos reconocer otro factor que va en contra de nuestra intuición, o pensamiento ilusorio, de que lo que ocurre en la historia depende de los líderes y sus elecciones. El mundo entero estaba en pleno proceso de descolonización. Argelia era la batalla de retaguardia de Francia, el último suspiro del colonialismo clásico, y su guerra contra el FLN llegó casi al término de ese proceso global. Al final, el impulso de esa historia, la presión del cambio que se estaba produciendo en todas partes, también resultó demasiado para los franceses. En última instancia, la presencia colonial en Argelia y la guerra contra el FLN perdieron el apoyo de la mayoría de la población francesa. A veces, los líderes se ven atrapados por los vientos del cambio, y poco pueden hacer salvo intentar sobrevivir.

Sin embargo, los protagonistas de *La batalla de Argel* no conocían el final de la historia, como nosotros, y los líderes que aparecen en la película toman decisiones que tienen duras consecuencias de vida o muerte. Lo mejor de la película es cuando plantea preguntas difíciles, a veces directamente de boca de los protagonistas. En una rueda de prensa celebrada tras la captura de un dirigente del FLN, Ben M'hidi, se le pregunta al insurgente detenido si no es «cobarde» enviar a mujeres y niños a matar a civiles franceses en Argel con explosivos improvisados escondidos en cestas, y él responde: «¿No les parece aún más cobarde lanzar bombas de napalm sobre pueblos indefensos? Por supuesto, si tuviéramos sus aviones, nos resultaría mucho más fácil. Dennos sus bombarderos y podrán tener nuestras cestas».[10]

Más tarde, M'hidi aparentemente se ahorca en su celda (fuera de la pantalla) para evitar que le sigan sometiendo a la tortura (del tipo que se muestra en un montaje dramático al final de la película) que los militares franceses utilizaron para obtener información de los rebeldes capturados (pero también, al parecer, para castigarlos de un modo sádico por su obcecación). Cuando se le pregunta en una rueda de prensa sobre el uso de la tortura, el coronel Mathieu recuerda a su audiencia que es un soldado y que él y sus hombres fueron enviados a Argel por las autoridades civiles francesas con la exigencia de que acabaran con la insurgencia argelina, costara lo que costara. Es sincero sobre el meollo de la cuestión: «El FLN quiere que abandonemos Argelia y nosotros queremos quedarnos. ¿Debemos quedarnos en Argelia, sí o no? Si la respuesta es "sí", hay que aceptar todas las consecuencias».[11] La implicación es clara: si apoyas el derecho de tu país a mantener ocupado a otro pueblo o a defenderse de un levantamiento (o «terrorismo», según cómo se vea el asunto), o incluso si prefieres no pensar en todo el asunto y limitarte a vivir tu vida normal, siempre estarás implicado en todo lo que tu país haga en tu nombre.

Al igual que *El ejército de las sombras* de Melville, la película de Pontecorvo no se interesa tanto por los grandes líderes, de los que la mayoría de la gente ha oído hablar, sino más bien por los líderes sobre el terreno, sometidos a una presión inimaginable, decididos a prevalecer, dispuestos a morir. En este caso, hay una doble ironía: el nombre más importante del lado francés en las historias de la Resistencia francesa y la descolonización de Argelia es Charles de Gaulle. Había sido el líder formal de la Resistencia durante la Segunda Guerra Mundial y reapareció en la vida política en 1958-1959 tras el colapso de la Cuarta República Francesa (a su vez resultado de la guerra de Argelia). Al final fue De Gaulle quien, como presidente francés, puso fin formalmente a la presencia colonial francesa en Argelia, reconociendo de hecho la derrota. Pero, aunque De Gaulle no es la estrella de estas películas, está representado en ellas por el hecho irónico de que (como señala el oficial francés Mathieu en la película) algunas de las mismas personas que en su día habían luchado contra los nazis y el régimen de Vichy estaban, solo una década después, luchando contra el intento de los argelinos de conseguir su liberación nacional. Pero para los dirigentes franceses de la guerra de Argelia no había contradicción: en ambos casos, en 1944 y en 1957, luchaban, a sus ojos, en defensa de su nación. Para estos dirigentes franceses, los rebeldes del FLN eran el enemigo, del mismo modo que los alemanes lo fueron en la Segunda Guerra Mundial. Y al final de la Batalla de Argel, pensaron que habían triunfado. Sus técnicas de contrainsurgencia (como se diría en la jerga militar actual) fueron tan eficaces que el Pentágono estadounidense, durante los momentos más tensos de la ocupación de Irak en agosto de 2003, proyectó la película a su personal como herramienta didáctica.[12]

Pero si se considera la película como una mera descripción de un conflicto entre insurgentes y contrainsurgentes, es que no se le ha entendido. Para los franceses, ganar la Batalla de Argel (un enfrentamiento aislado y el primer asalto de una guerra mayor) fue una victoria pírrica. Creyeron que el levantamiento argelino había muerto. Se equivocaron. No había solución militar a lo que era un problema político y moral. Sin desvelar demasiado de la película, una de sus principales lecciones es que los líderes pueden ganar la batalla, pero perder la guerra. Lo más importante fue la capacidad de los rebeldes argelinos para identificar a su enemigo y derrotarlo en última instancia, aunque la victoria tuviera un alto costo y el gobierno autoritario de los franceses en Argelia acabara siendo sustituido por el gobierno autoritario del FLN. Pero esa es otra historia para otro libro.

En 1956, los líderes rebeldes argelinos identificaron como enemigo a las autoridades coloniales francesas y, por extensión, al colonialismo en general. Pero al hacerlo, tuvieron que elegir sus objetivos. En *La batalla de Argel*, empezaron por los policías y escalaron hasta los civiles, en represalia por los asesinatos de argelinos a manos de los franceses. En una secuencia impactante, con la música de Morricone de fondo, una joven argelina que tiene la misión de colocar una bomba en un café del barrio europeo mira a su alrededor y, a través de sus ojos, vemos los rostros de las víctimas en sus momentos más inocentes: un niño pequeño comiendo un helado, una mujer joven tomando una copa, un mesero mayor riendo. Nos vemos obligados a contemplar lo que significa luchar contra un colonialismo arraigado. Estos civiles inocentes vivían en Argel debido a la ocupación colonial, y su presencia era la razón por la que los argelinos no podían tener su libertad e independencia. Desde la perspectiva del FLN, nadie que formara parte del proyecto colonial francés era «inocente».

Pero como también muestra la película, incluso antes de empezar a atacar directamente a los colonos, los rebeldes anticoloniales argelinos identificaron a un enemigo más básico, pero difícil de alcanzar. Se trataba del enemigo interior: la mentalidad de las personas que vivían bajo el colonialismo, generación tras generación, que habían sido condicionadas a aceptar esta situación como permanente y a ver su propia sumisión e inferioridad como algo tan natural como que el sol saliera por el este y se pusiera por el oeste.

Algunos eran oportunistas: el colonialismo les beneficiaba a título personal. Otros eran completamente apolíticos. Por lo general, la gente solo intenta sobrevivir. Todas las grandes luchas anticoloniales incluían un elemento de identificación de aquellos miembros de la población que no querían un cambio en el *statu quo*, lo que les venía muy bien, o aquellos que temían lo que pasaría una vez que el poder colonial desapareciera, o tan simple como que no les importaba. Los líderes rebeldes reconocieron que la influencia del colonialismo era profunda y omnipresente y podía durar mucho después de que los colonos se hubieran ido. Los principales problemas internos a los que se enfrentaron los líderes de la revuelta argelina al principio fueron la indiferencia, la resignación, el cinismo y la depresión de su propio pueblo. Tenían que transformar primero a su propia comunidad (por cualquier medio, incluida la coerción) antes de poder enfrentarse al poderoso imperio francés.

Las primeras escenas de *La batalla de Argel* muestran el juego, el consumo de drogas, el alcoholismo, la prostitución y otros males sociales relacionados con la pobreza y el racismo, que contribuían a mantener a la gente en la miseria y el sometimiento. En una escena, un grupo de niños pequeños en la *casbah* (la película muestra la importancia de los niños en el levantamiento; no tuvieron el lujo de crecer con inocencia) acosan y golpean a un borracho mayor. La escena es perturbadora, pero su implicación es que todos los argelinos, incluidos los niños, tendrían que erradicar el alcoholismo y otros vicios de su sociedad antes de estar preparados para luchar por la independencia del colonialismo francés. Esta parte de la lucha anticolonial, liberar la mente y el espíritu además de la tierra, fue universal, incluso en diferentes lugares que lograron su independencia de forma diferente, ya fuera con brutalidad o con tranquilidad. Por supuesto, este camino también podía conducir (y condujo) a la autocracia y el fanatismo: con frecuencia con el pretexto de limpiar sus comunidades de la delincuencia y el vicio, muchos regímenes poscoloniales impusieron dictaduras que sustituyeron la represión colonial por otro tipo de represión, esta vez autóctona y «soberana».

Fue en la década de 1970, a unos 3 000 kilómetros al sur de Argel, en Lagos (Nigeria), cuando Fela Kuti se dio a conocer como músico popular. Nació en 1938, cuando Nigeria era colonia británica, y tenía veintidós años cuando, en 1960, en plena guerra de Argelia, Nigeria obtuvo su independencia. Fue una transición más pacífica que la de Argelia. Por aquel entonces, Fela estudiaba en Londres y parecía encaminarse a una vida respetable. Su familia esperaba que fuera abogado o médico. Pero pronto tomó un camino diferente, que acabaría convirtiéndolo en el enemigo público número uno a los ojos de su propio gobierno.

Fela Ransome-Kuti nació en una familia que encajaba en la descripción de Westad de élites colonizadas que absorbían los modales y la cultura de la potencia imperial, pero luego se rebelaban políticamente y exigían la independencia. El padre de Fela era un sacerdote anglicano; su madre, Funmilayo Ransome-Kuti, era una fuerza política, una figura importante del movimiento independentista nigeriano y fundadora del feminismo nigeriano. Fela declaró que, junto con el líder panafricano ghanés Kwame Nkrumah, fue su principal fuente de inspiración. Al igual que sus hermanos, Fela debía convertirse en miembro de la élite profesional y política del país tras la independencia. Y así fue. También él permaneció en la élite, pero de un modo diferente: se convirtió en el músico más famoso de África. Sin embargo, la música de Fela no fue la única razón de su impacto y fama.

En 1969, Fela viajó a Los Ángeles con su banda, especializada en *highlife*, la música popular del África occidental de la época. Durante su breve y turbulenta estancia en el sur de California, algo que le cambió la vida, descubrió la lucha de los negros estadounidenses, especialmente el legado de Malcolm X y el activismo de los Panteras Negras, que se consideraban nacionalistas negros que se rebelaban contra el imperialismo occidental. Se llevó esa visión (y mucha música estadounidense) a Nigeria. A principios de la década de 1970, Fela combinó su visión musical pionera con un temperamento contrario a las clases dirigentes, basado en su visión anticolonial de la cultura africana. La música, que Fela bautizó como «Afrobeat», empezó como una fascinante combinación de *highlife* africano, jazz y el soul y funk del cantante negro estadounidense James Brown, y evolucionó hasta convertirse en una extravagante declaración social y política. La combinación de una música apasionante e innovadora, un estilo de vida extravagante y una crítica mordaz a los dirigentes del país le valió a Fela un seguimiento masivo y lo convirtió en un líder, uno de los más significativos (e inusuales) que el movimiento anticolonial haya producido jamás.

Cuando mis alumnos oyen por primera vez hablar de Fela Kuti, ya estudiaron y debatieron sobre todo tipo de líderes; están acostumbrados a ver líderes en el poder, en los movimientos sociales, en las guerras y en los negocios, vestidos con trajes o atuendos tradicionales, incluso con taparrabos. Pero Fela es el primer líder que ven cuyas principales actividades eran tocar y grabar música y fumar marihuana sin parar, que prefería vestirse con ropa interior, que vivía con una familia y un séquito poco convencionales en un complejo destartalado, que dormía la mayor parte del día y trabajaba toda la noche. Para algunos, Fela da la impresión de ser una figura de culto, rodeado de acólitos, «casado» con múltiples mujeres a las que llama las Reinas, que presidía ritos religiosos esotéricos y expresaba sus opiniones sobre diversos temas, desde el sexo al capitalismo. Pero si hemos de tomarnos en serio el liderazgo como arte, no solo como oficio o profesión, también deberíamos considerar al artista como líder público. La historia de Fela Kuti puede entenderse no solo en el contexto específico de Nigeria, o en el contexto más amplio de África, sino también en el contexto universal del liderazgo no convencional con fuentes inexploradas en lugares inesperados.

Se puede leer sobre Fela, pero la única forma de comprender su atractivo es escuchar su música y ver (y oír) cómo era en persona. Nada de lo que escriba aquí podrá transmitir su efecto en la gente que lo vio y escuchó actuar en sus mejores tiempos. Es mejor ir a la fuente. Cuando se rodó el documental *Music Is the Weapon* [La música es el arma] en 1982, Fela tenía cuarenta y pocos años. Para entonces, llevaba más de una década siendo una estrella y había publicado docenas de discos. Probablemente ya había pasado su apogeo artístico. Pero lo que es más sorprendente (y la que fue la razón principal de la mayor parte de la atención exterior que recibió, incluido este documental) es que ya era un veterano de muchas batallas con las autoridades nigerianas, o, más bien, de recibir ataques de ellas.[13]

Fela vivía, trabajaba y actuaba entre los más pobres de Lagos, en un barrio obrero sin agua corriente, incluso en la cima de su éxito. En la película, Fela hace declaraciones políticas incoherentes pero ambiciosas, incluido su objetivo de convertirse en presidente del país y presentarse a las próximas elecciones (la película se rodó durante el periodo de oportunidad electoral que tuvo Nigeria entre 1979 y 1983, entre juntas militares; previsiblemente, a Fela no se le permitió presentarse). Resulta chocante y desconcertante oír palabras tan grandilocuentes («Seré presidente de este país») de un hombre que va en calzones, que fuma marihuana, está cubierto de cicatrices de palizas en la cárcel, sentado en una silla desvencijada en un modesto edificio. Fela muestra una determinación y una energía impresionantes para un hombre que ha recibido un trato tan brutal durante tantos años, pero la película solo es comprensible cuando se conoce la trayectoria de la Nigeria posterior a la independencia y cómo encaja la carrera de Fela en esa historia. Desde la perspectiva de Fela y sus seguidores, la Nigeria poscolonial era una historia de decepción y desilusión, representativa de gran parte del antiguo mundo colonial, donde la liberación del colonialismo no anunciaba una edad dorada de poder popular y solidaridad africana, como muchos de los rebeldes anticoloniales esperaban y por la que luchaban, sino más bien guerras civiles, violencia estatal y regímenes corruptos, patrioteros y egoístas, que a veces se jactaban de actuar por patriotismo e idealismo, y que a veces ni siquiera se molestaban en hacerlo.[14]

Muchos líderes anticoloniales africanos de la generación anterior, mujeres y hombres como Funmilayo Ransome-Kuti (nacida en 1900) y Kwame Nkrumah (nacido en 1909), habían soñado con una solidaridad panafricana que liberara al continente de la dominación colonial, evitara los males del nacionalismo, liberara todo el potencial de los pueblos africanos, y, desde una perspectiva geopolítica, evitara la lucha de la Guerra Fría entre Estados Unidos y la URSS, en la que las dos superpotencias veían el continente, como gran parte del resto del mundo, sobre todo como un campo de batalla por sus esferas de influencia y una fuente de explotación material. Pero la Guerra Fría mundial asoló África, obligando a las nuevas naciones independientes a participar en un conflicto mundial mortífero (junto con unos sistemas económicos explotadores) que nada tenían que ver con las realidades africanas y que poco ayudaban a la población africana no adinerada. «Ni capitalismo, ni marxismo... Africanismo», dice Fela en *Music Is the Weapon* sobre lo que quiere para su país.

Como país recién independizado, Nigeria tuvo un comienzo difícil. La gran diferencia de desarrollo entre el sur y el norte del país, y las divisiones religiosas y étnicas, ambas una herencia del colonialismo británico, estallaron en violencia y guerras civiles. La más devastadora fue la guerra de Biafra (1967-1970), que mató a dos millones de civiles, la mayoría niños que murieron de hambre. El principal legado de este espantoso conflicto fue un ejército que se mostró dispuesto a cometer un genocidio contra su propio pueblo para preservar su poder. En la década de 1970, Nigeria, gracias a su tamaño y a las ganancias de su industria petrolera nacionalizada, se convirtió en la nación africana más importante económica y políticamente, pero aparte del crecimiento de una clase ultrarrica, el país seguía siendo autocrático, corrupto, dominado por el ejército y peligrosamente violento, en particular para sus ciudadanos más pobres, los muchos millones de nigerianos que vivían en la miseria y no se beneficiaban del botín del petróleo del país.

La situación de Nigeria en aquella época (y, en muchos aspectos, en la actualidad) resultará familiar a muchas personas de todo el mundo. Hay regímenes autocráticos que gobiernan por la fuerza bruta, pero les ayuda cuando el líder oficial es alguien con carisma y cierta conexión con el pueblo, y en torno a quien se puede moldear la ideología del Estado. Su enemigo será todo lo que amenace el prestigio del líder. A estos regímenes les ayuda aún más que el país tenga petróleo o algún otro producto lucrativo y puedan controlar la distribución de los beneficios, recompensando a amigos y partidarios, creando un grupo agradecido de oligarcas interesados y otros beneficiarios que ayudan a sostener el sistema. Nigeria era un estado autoritario y disponía de los beneficios del petróleo para distribuirlos tan corruptamente como quisiera. Sin embargo, el país nunca tuvo un líder autoritario carismático, como Nkrumah en Ghana, Léopold Sédar Senghor en Senegal, Julius Nyerere en Tanzania, Jomo Kenyatta en Kenia, Félix Houphouët-Boigny en Costa de Marfil o Ahmed Sékou Touré en Guinea. En las décadas de 1970 y 1980, Fela era mucho más querido por muchos más nigerianos que los funestos e insípidos déspotas del país. El gobierno (y sobre todo el ejército) observaba con temor y envidia cómo Fela declaraba que su edificio era la «República de Kalakuta», independiente del estado nigeriano; cambió su nombre de Fela Ransome-Kuti (declaró que «Ransome» era el nombre de un esclavo) a Fela Aníkúlápó Kuti (Aníkúlápó significa «guerrero que lleva la muerte en la bolsa»); se comportaba como una combinación de rey y hombre del pueblo, no por encima de la ley sino al margen de ella; y se hacía llamar «el Presidente Negro». Tomó por asalto a la juventud del país, haciéndola bailar y pensar al mismo tiempo. Con el tiempo, las autoridades decidieron que ya estaban hartas de Fela. Su popularidad lo convertía en una amenaza. En las décadas de 1970 y 1980, incluso cuando era una estrella y no paraba de grabar música, entraba y salía de la cárcel por diversos cargos, con frecuencia relacionados con su consumo de marihuana, que seguía siendo tabú (e ilegal) en el país. Su recinto y su «santuario» de actuaciones (como él lo llamaba) fueron repetidamente atacados y destruidos, y tanto él como su familia y amigos recibieron palizas y fueron encarcelados.

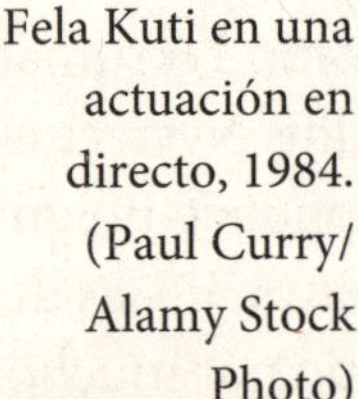

Fela Kuti en una actuación en directo, 1984. (Paul Curry/ Alamy Stock Photo)

En 1976, en respuesta a este acoso, Fela lanzó su canción «Zombie», que se burlaba de los soldados nigerianos comparándolos con unas máquinas asesinas que seguían órdenes sin sentido. Probablemente en represalia por este feroz mensaje, y como si quisieran demostrar el punto de vista de Fela, el 18 de febrero de 1977, miles de soldados rodearon la República de Kalakuta y la atacaron con saña. La madre de Fela, Funmilayo, se encontraba entonces en la comuna; tenía setenta y seis años. En solidaridad con su hijo, ella también había cambiado su nombre de Ransome-Kuti a Aníkúlápó Kuti. Los soldados tomaron a la gran mujer de la independencia nigeriana y la arrojaron por la ventana del segundo piso. Acabó muriendo a causa de las heridas, un suceso que conmocionó a gran parte de la opinión pública y del que Fela nunca se recuperó. Fela creía que los soldados seguían órdenes del dictador militar de la época, Olusegun Obasanjo. En abril de 1979, en el primer aniversario de su muerte, Fela y su séquito consiguieron un ataúd y fueron al cuartel general militar de Nigeria en Lagos, dejando el ataúd en la puerta para que miles de personas lo vieran. Contó la historia del ataque de los militares, la muerte de su madre y la entrega del ataúd en su mordaz canción de 1979 «Coffin for Head of State» [«Ataúd para el jefe de Estado»], que enfureció todavía más a las autoridades.[15]

Incluso si tenemos en cuenta lo que sabemos sobre la fama de Fela y el tipo de liderazgo que tenía Nigeria, hay algo desconcertante en el trato que le dio el gobierno. ¿Qué era lo que lo convertía en una amenaza tan grande para ellos? Nigeria es el país más grande de África en términos de población (221 millones de personas en 2022, lo que supone alrededor del 18% de la población africana total). Tenía una

Funmilayo Aníkúlápó Kuti, líder de la independencia de Nigeria y madre de Fela Kuti, a finales de la década de los cincuenta. (Everett Collection Historical/Alamy Stock Photo)

lucrativa industria petrolera, el ejército más fuerte del continente y un lugar cada vez más importante en la economía mundial. Fela, en cambio, era un hombre con un saxofón, desarmado, casi sin ropa, que actuaba y grababa discos. Vivía en una comuna donde, en lugar de cuarteles del ejército, había una clínica médica gratuita y un estudio de grabación. Fela hablaba de convertirse en presidente, pero dado el sistema nigeriano, nunca fue una propuesta realista. ¿Por qué, entonces, un hombre así asustó tanto a los generales y a los déspotas del país? ¿Por qué se convirtió en su enemigo?

La realidad es que las autoridades nigerianas temían a Fela porque poseía un arma que ellos, con todo su armamento, soldados, dinero del petróleo y violencia, no podían igualar. Tal vez ese fuera su verdadero problema con él: su capacidad para ganar adeptos no a través de la intimidación o la propaganda, sino de algo más valioso y duradero. Fela lo dijo explícitamente: «La música es el arma». Así llevaba a cabo su rebelión. Esos autócratas no estaban en condiciones de apreciar el arte de Fela. Pero veían el efecto que tenía y sabían que podía conmover a la gente de una forma que ellos nunca podrían, por mucha fuerza que emplearan o petróleo que extrajeran. Cuando se combina con un mensaje convincente que resuena en la gente por razones profundas, el poder de la música puede ser irresistible: se convierte en un arma sin igual.

Las autoridades nigerianas comprendieron de manera instintiva algo que los autócratas de cualquier lugar reconocen con bastante rapidez y temen enormemente: que Fela decía la verdad, y ninguna cantidad de blindaje o petróleo podía encubrirlo. No podían competir con Fela en su terreno, así que intentaron destruirlo. Una de las claves de la popularidad de Fela no era que hiciera una música excepcional y tuviera carisma personal. Era que también identificaba a un enemigo, de una forma que resonaba en millones de personas dentro y fuera de Nigeria. Al cantar y grabar sus canciones en inglés *pidgin*, una lengua mixta muy extendida en Nigeria y en el resto de África Occidental, Fela pudo llegar a un público muy amplio, más allá de las diferencias tribales y lingüísticas, lo que dificultó al gobierno frenar su influencia. Su mensaje, transmitido a través de la música, era claro: aunque los británicos se habían ido, el colonialismo seguía arraigado en la mentalidad de la gente, y la independencia no había dado al pueblo de Nigeria (ni a la mayoría de la población africana) la verdadera libertad. En opinión de Fela, seguían encadenados.

Al ver las entrevistas con Fela, es fácil quedar atrapado en su ostentación exterior y su machismo anticuado y no prestar suficiente atención a lo que decía en realidad. Más allá del engrandecimiento propio, sus afirmaciones tenían peso, pues de lo contrario no habría tenido tantos seguidores leales, entre ellos muchas personas dispuestas a pagar cara su lealtad hacia él. También está claro que se benefició de su conexión con la élite del país, y su familia le sacó de apuros más de una vez. Sin embargo, se jugó el tipo. Uno de sus elementos más provocativos, que podría ser particularmente difícil de apreciar en nuestros días, es que mientras mucha gente en el mundo liberal occidental (en 1982) denunciaba el *apartheid* de Sudáfrica porque practicaba la opresión racista del estado de los blancos contra los negros, Nigeria era peor, porque allí los africanos negros oprimían y abusaban de otros africanos negros, lo que Fela consideraba más ofensivo y trágico.

Lo que probablemente resultaba más amenazador para las autoridades era que Fela siempre relacionaba su crítica con las formas en que el capitalismo perjudicaba al pueblo nigeriano: tenían un gobierno que, ya fuera una dictadura o una supuesta democracia electoral, servía principalmente a los pocos más ricos del país y a los intereses de las grandes empresas multinacionales, a costa de los pobres. Para él, eso no era mejor (y puede que incluso fuera peor) que el colonialismo formal y directo de los británicos, porque los británicos eran extranjeros que habían subyugado a los africanos. Ahora eran los africanos los que subyugaban a los suyos, en beneficio de los capitalistas occidentales que seguían explotando el continente y cosechando el botín.

Por si fuera poco, Fela extendió su crítica a la cultura del país y del continente en general, exigiendo la reivindicación de una cultura tradicional basada en la religión yoruba y rechazando tanto el cristianismo como el islam, que consideraba imposiciones extranjeras y opresivas, legados del imperialismo. Las actuaciones de Fela en su Santuario, a las que asistían funcionarios del gobierno, intelectuales, políticos y diplomáticos, además de muchos jóvenes, combinaban música, baile, discursos y su versión altamente sexualizada de los rituales yoruba.

Fela es también un ejemplo de liderazgo que procede de lugares insólitos. No desde el punto de vista sociológico, ya que Fela tenía lo que podríamos llamar capital social: su educación y su entorno familiar le daban estatura e influencia en una sociedad jerarquizada. Pero lo que lo hace interesante para nosotros, aparte de la forma en que identificó a su enemigo como el colonialismo persistente en un mundo poscolonial, es el hecho de que era un artista, un músico, que también era un importante líder popular, aunque su liderazgo fuera por completo informal y no institucional. Precisamente por esta combinación se convirtió en un enemigo para las autoridades de su país, que estaban decididas a destruirlo. Al final, puede que lo consiguieran, pero solo de forma parcial e indirecta. El autoproclamado Presidente Negro pasó sus últimos años en el exilio o en la carretera, con una salud mental y física cada vez peor, hasta que murió de complicaciones surgidas del sida en agosto de 1997. Su apogeo había pasado hacía ya tiempo, pero un impresionante millón de personas asistieron a su funeral. Nigeria nunca llegó a ser el lugar que Fela esperaba, y si su intención era transformar políticamente el país, fracasó. Pero su música y su influencia no disminuyeron. El cargo político no estaba en las cartas de Fela, y quizá no era lo que estaba destinado a hacer: dejó su huella como líder de una forma diferente y más significativa.

Como líder, Fela tenía sin duda el peso y el atractivo necesarios. Pero no tenía la fuerza armada. Eso lo hacía vulnerable. Su enfrentamiento con los militares nigerianos se asemeja a otros casos, varios de ellos contemporáneos al suyo, de dictaduras que reprimen a los artistas, en especial a los músicos populares. Cuando Augusto Pinochet y su junta militar, con la ayuda del gobierno de Estados Unidos, derrocaron en septiembre de 1973 de forma violenta a Salvador Allende, el presidente socialista y democráticamente elegido de Chile, una de las primeras cosas que hicieron fue detener y encarcelar al popular cantante folclórico Víctor Jara; luego le partieron las manos para que no pudiera tocar la guitarra, y después, porque seguía cantando sus canciones favoritas incluso durante la tortura, lo asesinaron y arrojaron su cuerpo lleno de balas a la calle, para por último exponerlo a la entrada del Estadio Chile de Santiago de modo que todo el mundo lo viera.

Al otro lado del Pacífico, la campaña de bombardeos estadounidense que destruyó Camboya hacia el final de la guerra de Vietnam propició el ascenso de los Jemeres Rojos, un grupo asesino de inspiración maoísta decidido a devolver la sociedad camboyana al «Año Cero»; una de las primeras cosas que hicieron, cuando entraron en la capital, Phnom Penh, fue asesinar a las estrellas de la pequeña pero maravillosa escena musical pop del país en la década de 1960, artistas como Sinn Sisamouth y Ros Serey Sothea. La junta militar que derrocó al gobierno democrático de Brasil en 1964 (y permaneció en el poder hasta 1985) despreciaba a las jóvenes estrellas del pop del país de finales de los sesenta, en concreto al grupo Tropicália. Incapaces de entender las letras juguetonas o la música inventiva de artistas tan ambiguos desde el punto de vista étnico y sexual como Caetano Veloso, Gal Costa y Gilberto Gil, y molestos por su estilo psicodélico, los sombríos generales brasileños los consideraban sus enemigos, y acabaron encarcelando a Gil y Veloso antes de obligarlos a exiliarse. Del mismo modo, la despiadada junta que tomó el poder en Argentina en 1976 (y permaneció hasta 1983) hizo lo mismo con la popular cantante Mercedes Sosa, marcándola como enemiga, prohibiéndole actuar y obligándola a abandonar el país durante varios años; solo pudo volver cuando la junta desapareció. Estos artistas no fueron señalados por estos regímenes como enemigos únicamente por sus opiniones políticas. Fueron castigados, con mayor o menor severidad, por tener un atractivo mucho mayor que el que podían reunir sus gobernantes autocráticos.

Los líderes rebeldes de *La batalla de Argel* identificaban al enemigo con la presencia colonial francesa en Argelia. Para Fela Kuti, el enemigo era la opresión política, cultural y espiritual que sufría Nigeria tras el fin oficial del colonialismo británico. Pero ¿y si incluso el régimen colonial o poscolonial más duro encubriera formas de opresión más profundas e insidiosas? Para muchas personas del mundo poscolonial, la independencia nacional no supuso ninguna diferencia, y tal vez empeoró las cosas. No me refiero a las pocas élites que perdieron los privilegios que tenían entonces, sino a aquellos cuya sombría situación bajo el colonialismo siguió siendo sombría, y tal vez empeoró, después del colonialismo. Un líder en un contexto anticolonial podría levantarse y decir: no basta con librarnos del amo colonial. No basta con la autodeterminación nacional. Esas cosas ni siquiera importan si no resolvemos el problema más fundamental que tenemos: una civilización construida sobre los cimientos de una jerarquía arraigada, en la que los de abajo son incapaces de ascender.

En la India anterior a la independencia, otra colonia del Imperio británico (de hecho, la llamada Joya de la Corona del Imperio británico) se produjo un debate sobre esta cuestión entre dos líderes. Ambos creían representar a un pueblo oprimido y estaban decididos a luchar en su nombre.[16] Pero tenían posturas diferentes sobre quién estaba oprimido y por qué. Existe una correlación directa entre sus posturas y lo famosos que son hoy en día. Uno de ellos, Mahatma Gandhi, es una celebridad mundial. Enseña una foto suya, sonriente y con lentes, vestido con el *dhoti*, y cualquier niño te dirá su nombre. El otro, B. R. Ambedkar, es poco conocido fuera de la India, aunque, como Gandhi, sigue siendo una figura popular en la India, por diferentes razones y en gran medida entre un público diferente. El debate entre ambos no solo fue importante para la historia de la India. En el fondo, son cuestiones intemporales para los líderes: ¿qué significa realmente la liberación? ¿Y de qué se libera uno?

Mahatma Gandhi era un hombre (mucha gente lo considera un santo) con muchos puntos de vista, frecuentemente contradictorios, que simbolizaba muchas cosas para mucha gente, pero ante todo era un líder nacionalista anticolonialista indio. Creía en la idea, y acabó dando su vida por esa idea, de que todos los habitantes del subcontinente indio, de todas las religiones y orígenes, formaban parte de la misma nación. Gandhi era un hombre extraordinario con todo tipo de ideas sobre cómo debe vivir la gente, cómo debe ser una sociedad, en qué debe basarse una economía y en qué debe consistir la lucha política, pero lo anterior era el único principio sobre el que se sostenían los demás.

B. R. Ambedkar, el médico (de letras), era un «intocable», un paria, que no se veía a sí mismo ni a su pueblo como parte de la nación india; ni siquiera creía que existiera una nación india. En cambio, veía a su pueblo, los intocables, como un grupo distinto víctima de una opresión atroz. No creía que el autogobierno indio liberaría a su pueblo. No era suficiente. Insistió en que el sistema de castas hindú debía ser «aniquilado» por completo. Cuando la India se independizó, Ambedkar hizo todo lo posible por proteger a los intocables ayudando a redactar una Constitución nacional que garantizaba las protecciones democráticas y rechazaba la práctica de las castas. Pero la casta nunca quedó borrada. Aunque erradicada por ley, la práctica continuó (y continúa hoy en día), y Ambedkar, desilusionado, acabó convirtiéndose al budismo, la única religión que, en su opinión, no había sido contaminada por las castas y la intocabilidad.

Para entender el debate entre Gandhi y Ambedkar, que tuvo lugar en un contexto colonial pero que aún resuena hoy en día, primero tenemos que entender la casta. Es una tarea difícil: solo las personas que la viven pueden comprenderla de verdad. Todos entendemos el orden jerárquico. Sabemos, por investigaciones empíricas (al contrario de la propaganda), que las posibilidades de éxito profesional y financiero están correlacionadas con el nacimiento y la familia. Pero las nociones básicas de jerarquía no transmiten la experiencia de las castas. Muchos habrán oído el término *brahmanes* y sabrán que se refiere a la casta sacerdotal, la más alta del sistema de castas. Menos probable es que hayan oído hablar de los tres siguientes grupos principales en esta estricta jerarquía: *kshatriyas* (la casta de los soldados), *vaishyas* (la casta de los comerciantes) y *shudras* (la casta de los sirvientes). En realidad, se trata de cuatro grandes agrupaciones de unos pocos miles de castas definidas y rígidas a las que la gente pertenece de manera informal (al menos nominalmente). Los intocables son una quinta gran categoría, fuera (o más bien, por debajo) del sistema de cuatro castas. Son gente que están fuera del sistema de castas. Pero ¿qué significa nacer en una casta (o fuera de ella) que se hereda y es permanente, y aunque no esté consagrada en ninguna ley, dicta con quién te casas, en qué trabajas, cómo vives y mueres, y que luego se transmite a tus descendientes?

Para muchas personas, la casta es algo ineludible. Esto es cierto para los *dalits*, que es como se denomina a los llamados intocables desde la década de 1970. Para muchas de estas personas, la vida sigue siendo lo que Ambedkar, hace casi cien años, denominó una «auténtica cámara de los horrores», y así ha sido desde tiempos inmemoriales. Para quienes se adhieren a las castas, los *dalits* son seres humanos inferiores cuya presencia física contamina —tal cual— el suelo que pisan, el aire que respiran, el agua que beben. Este es quizá el aspecto de la casta más difícil de entender para quienes no pertenecen a este sistema: para quienes practican la casta, la intocabilidad es un mandamiento que debe cumplirse físicamente. Aunque los orígenes del sistema de castas se remontan a la historia y la mitología antiguas, las consecuencias para los *dalits* hoy son muy reales. Desempeñan un papel especial en el mantenimiento de dicho sistema: aunque no formen parte de él, o quizá por ello, dan sentido a los que sí lo son.[17]

Una visión mucho más positiva del sistema de castas es que se trata de una estructura genial que dotó a la sociedad india de flexibilidad, resistencia y conectividad. Según este punto de vista, defendido también por Gandhi, las castas no son jerárquicas en absoluto, sino armoniosas e incluso hermosas. No es de extrañar que, tanto en la India como en otros lugares, sean los que están en la cima (o al menos, no en la base) de la jerarquía social los que tienden a tener una visión romántica de la civilización que los puso y los mantiene allí o que afirman que no ven discriminación y no pueden entender por qué los demás sí la ven. El equivalente en Estados Unidos eran los blancos que afirmaban que las leyes de Jim Crow (un sistema legal basado en la jerarquía, la separación y la discriminación racial) era ordenado y armonioso.

Hoy día, los *dalits* de la India (conocidos eufemísticamente por la burocracia como «castas programadas») son ciudadanos. En principio, están protegidos por la Constitución del país. Esto se debe, en gran medida, a la obra conjunta de Gandhi y Ambedkar. Pero no es lo que Ambedkar quería en un principio. Siempre tendrá un lugar en el panteón nacional como el «Padre de la Constitución india», y es el papel histórico que le asigna el sistema educativo del país. La Constitución india es un documento progresista e impresionante en este sentido, que consagra la democracia en un país cuya historia ha estado marcada por divisiones y conflictos entre hindúes (la mayoría), musulmanes (la minoría considerable) y otros grupos religiosos. La democracia en la India se ha mantenido hasta ahora, a pesar de muchos momentos bajos en su accidentado pasado.[18] Durante varias décadas estuvo dominada por el Partido del Congreso, de carácter dinástico (la familia Nehru-Gandhi), que en ocasiones viró hacia el autoritarismo absoluto, como durante la llamada emergencia de mediados de la década de 1970, cuando la primera ministra Indira Gandhi suspendió las libertades civiles.[19] Más recientemente, la democracia de la India se ha vuelto frágil, como en otras partes del mundo, debido a la privatización generalizada y al auge de un sistema de libre mercado dominado por unas pocas grandes empresas y caracterizado por una innovación tecnológica y un desarrollo económico asombrosos, por un lado, y por unas diferencias inimaginables entre los pocos más ricos y las masas de pobres, por otro.[20]

La mayor democracia del mundo (como de manera justificada presumen muchos indios), una potencia nuclear que es vecina de potencias nucleares tan hostiles como Pakistán y China, se ha visto sometida a la creciente amenaza interna de un nacionalismo hindú que, históricamente, rechaza la base ecuménica de la democracia constitucional de la India, insistiendo en la primacía del hinduismo y la extranjería del islam y otras religiones en la historia del país. El primer ministro de la India desde 2014, Narendra Modi, del Partido Bharatiya Janata, es un producto de este universo ideológico nacionalista de derechas, conocido por lo general como Hindutva, que parece controlar con firmeza la política actual del país.[21] Y hay partes de la India donde la gente podría dudar mucho de que estén viviendo en una democracia en absoluto, como en Cachemira, el estado fronterizo con Pakistán, donde los musulmanes constituyen la inmensa mayoría de la población y muchos de sus habitantes se consideran bajo ocupación militar india.

El Estado indio no dispone de datos sobre la pertenencia a una casta porque esta no es una categoría formalmente reconocida, pero la gente sabe a qué casta pertenece y todos los demás también. Se calcula que el 25% de la población (entre 300 y 400 millones de personas) son *dalits*. El gobierno y la administración pública indios tienen secciones dedicadas a sus intereses y bienestar. Los programas de discriminación positiva de la India están concebidos para ayudar a los *dalits*, por ejemplo, con plazas reservadas en la enseñanza superior (como era de esperar, suelen despertar la furia de los indios de casta superior, que se sienten víctimas de tales medidas). También hay canales sociales e institucionales en el país que han dado a algunos *dalits* acceso a la influencia e incluso al poder, sobre todo en la administración pública y el ejército. India tuvo incluso un presidente *dalit* (K. R. Narayanan, 1997-2002) y un presidente del Tribunal Supremo *dalit* (K. G. Balakrishnan, 2007-2010), aunque los *dalits* siguen estando muy infrarrepresentados en el poder judicial, lo que significa que rara vez se hace justicia por los delitos cometidos contra ellos. Los políticos de diversos partidos, en especial los llamados partidos populistas, cortejan a los *dalits* con la esperanza de conseguir sus votos.

Pero las historias de éxito individual y los caprichos de la política no niegan la realidad de que la casta en la India sigue estando estrechamente relacionada con las profesiones, la educación y, sobre todo, la situación económica. Los *dalits*, como grupo, son, con diferencia, la parte más pobre y menos educada de la población, realizan los trabajos serviles y degradantes que nadie más hace, y son objeto de una brutalidad habitual, en particular de violencia de género.[22] Como nos dice sin rodeos la escritora india Arundhati Roy (basándose en la Oficina Nacional de Registro de Delitos de la India), «cada día, un no *dalit* comete un delito contra un *dalit* cada dieciséis minutos; cada día, más de cuatro mujeres intocables son violadas por tocables; cada semana, trece *dalits* mueren asesinados... Solo en 2012... 1 574 mujeres *dalit* fueron violadas... y 651 *dalits* fueron asesinados».[23]

Roy destaca que, a diferencia del racismo en Estados Unidos o en la Sudáfrica del *apartheid*, el «casticismo» no está codificado por colores («color» es como muchos estadounidenses, por ejemplo, tienden a entender la diferencia social y la diversidad). Así, mientras que los propios indios intuyen inmediatamente quién pertenece a qué casta y suelen tratarse unos a otros en consecuencia, los occidentales suelen ser ciegos a estas diferencias: para muchos de ellos, todos los indios, sin importar quiénes son o de dónde vienen, incluidos los *brahmanes* más elitistas, representan la «diversidad».

Además, algunos académicos indios de las castas superiores, y sus amigos occidentales de la élite académica, han argumentado que la casta, tal y como los indios la conocen hoy en día, fue prácticamente una invención colonial británica, que estableció una jerarquía, con fines administrativos y de divide y vencerás, que apenas existía en la sociedad india antes de la llegada de los colonizadores británicos.[24] Quizá no resulte sorprendente que esta teoría, que es halagadora para los hindúes de las castas superiores porque los exime de responsabilidad por las peores partes del sistema de castas contemporáneo, esté en especial extendida en la derecha hindutva, que defiende a las castas superiores y se ve a sí misma como continuadora de la tradición anticolonial. Ambedkar, que sabía lo que hacía, no tenía tiempo para esta narrativa. Entendía la casta y la intocabilidad como una responsabilidad india, con una historia anterior a la llegada del hombre blanco y su carga.

Algunos líderes tienen que recorrer un largo camino. De niño, en la década de 1890, Bhimrao Ramji Ambedkar vivió la típica experiencia sombría de la intocabilidad: le prohibieron cubrirse la parte superior del cuerpo, lo obligaron a atarse una escoba a la cintura para que barriera el suelo «contaminado» en su camino de ida y vuelta a la escuela y lo obligaron a sentarse en un costal fuera del aula, ignorado por los profesores. También se le impedía beber agua como los demás niños; en su lugar, un peón tenía que verterle agua desde arriba directo en la boca, y si el peón no estaba allí, el pequeño Bhimrao Ramji, como los demás niños intocables, simplemente no bebía agua, en una región, Madhya Pradesh, en el centro de la India, donde las temperaturas podían alcanzar los 46 grados en mayo. Sin embargo, Ambedkar fue uno de los afortunados. Un profesor reconoció su brillantez, y así comenzó su viaje hacia el aprendizaje y el liderazgo.

Tras graduarse en la preparatoria y la universidad en Bombay, Ambedkar pudo asistir como becario a la Universidad de Columbia en Nueva York y a la London School of Economics. Fue uno de los pocos indios (por no hablar de los intocables) que pudieron hacerlo. Estudió Derecho, Economía y Filosofía (en Columbia, estudió con el gran filósofo pragmatista John Dewey), y obtuvo un total de tres másteres y dos doctorados: se dice que fue el primer indio que obtuvo un doctorado en Economía en Occidente. Sus rigurosas investigaciones sobre el sistema de castas constituyeron la base de una crítica mordaz que acabaría desarrollando en su libro de 1936 *Aniquilación de la casta.*[25]

En todo el mundo hay personas que proceden de los sectores más marginados y embrutecidos de la sociedad y, sin embargo, alcanzan el éxito individual. Tal vez hayan sido nombrados miembros del Tribunal Supremo de su país o incluso elegidos presidentes. Tal vez se convirtieron en directores ejecutivos de una empresa rentable. Se ven a sí mismos como la prueba viviente de que la gente, venga de donde venga, siempre puede forjar su propio destino. Algunos de ellos se convierten en animadores o soldados de a pie de la clase dirigente que permitió que unos pocos, como ellos, pasaran desapercibidos, y les gusta regañar a los que se quedan atrás por no salir adelante por sus propios medios. Ambedkar no era una persona así. Comprendió que era una excepción que confirmaba la regla y que incluso su éxito tenía límites. Dedicó su carrera pública no a las instituciones que le permitían acceder a los círculos de élite, sino a la comunidad de la que procedía y que seguía estando oprimida. Dada la persistencia de las castas en la India, Ambedkar nunca pudo escapar de la intocabilidad ni siquiera como académico y jurista de alto nivel, y siguió sufriendo las indignidades de sus colegas de las castas superiores (por ejemplo, sus compañeros profesores se oponían a que bebiera del mismo cántaro de agua). Ambedkar era un feroz enemigo de las castas, pero incluso como líder de los intocables su objetivo era más amplio y se extendía a las mujeres, los trabajadores y otras minorías: se trataba de liberarse de la subyugación y la discriminación. Se trataba de no aceptar nunca, ni siquiera en nombre del nacionalismo o la tradición, no solo la intocabilidad, sino la mera idea de una desigualdad inherente entre diferentes grupos de personas.

Las prioridades, prerrogativas y posiciones de Gandhi (y el enemigo que identificaba) eran diferentes. Como líder anticolonialista que luchaba por el autogobierno (*swaraj*) en un entorno muy complejo, Gandhi se enfrentaba a un reto distintivo, que chocaba directamente con la postura de Ambedkar. El Imperio británico se había asentado de manera profunda en la India desde mediados del siglo XIX. No era ni mucho menos evidente que existiera siquiera una nación india. El objetivo de Gandhi era conseguir que cientos de millones de personas, que durante siglos e incluso milenios se habían dividido rígidamente en castas y grupos religiosos y no sentían que tuvieran nada que ver los unos con los otros, que quizá incluso se despreciaban y luchaban entre sí, que toda esa gente se viera a sí misma como un solo pueblo el cual, unido, debía conseguir la independencia. ¿Cómo puede un líder extender la identidad nacional a grupos enteros de personas cuya lealtad a la comunidad nacional es muy posterior a su lealtad a su casta o religión? La incorporación de otras lealtades e identidades en la lealtad y la identificación con la nación es la historia central del nacionalismo. Fue el proyecto de Gandhi, y no fue fácil.

Gandhi nació siendo un *vaishya*, es decir, en la casta de los «mercaderes», y no pertenecía a la cúspide de la estructura de castas, pero no tuvo que enfrentarse a los mismos obstáculos que Ambedkar. Como muestra Arundhati Roy en su obra *The Doctor and the Saint*, Gandhi era ambiguo en cuanto a las castas. La autora ofrece varias citas en las que Gandhi ensalza el sistema de castas como elemento aglutinador de la sociedad, al tiempo que rechaza su jerarquía; esta visión de las castas, como una forma encantadora de que la gente conozca su papel en la vida al tiempo que finge que, por ejemplo, un multimillonario de la tecnología y un limpiador de alcantarillas son iguales, sigue siendo una opinión popular. Gandhi incluso inventó el término *harijan* para los intocables («pueblo de Dios», con frecuencia traducido de forma más condescendiente como «hijos de Dios») y siempre hacía ademán de comer con los intocables, abrazarlos y besarlos, asistir a sus reuniones, etc., con el fin de evitar la discriminación. A partir de 1921, el año en que se convirtió en el líder del Congreso Nacional Indio, cuando tenía cincuenta y dos años, realizó un espectacular cambio de sastrería, cambiando el pantalón de vestir y el sombrero (de sus días como abogado en Sudáfrica, donde pasó veintiún años) por las tradicionales telas envolventes (*dhoti*), para identificarse con los pobres de las zonas rurales. Estos gestos eran significativos, dada la fuerza con que la gente creía en las castas y estaba apegada a ellas, y servían a su propósito político: demostrar a todos los hindúes que los intocables eran parte inalienable de la nación. Ambedkar, por su parte, vistió trajes de tres piezas al estilo británico durante toda su vida adulta. El *dhoti* no era una opción para él (aunque sí para otros líderes intocables menos occidentalizados). No sentía que tuviera ese privilegio. Vestirse de forma deliberada como un pobre suele ser algo que tan solo puede permitirse un líder que no sea pobre.

En el plano político, el debate entre Gandhi y Ambedkar sobre las castas no era teórico, sino sobre cómo abordarlas concretamente a medida que cobraba impulso el movimiento independentista indio. Ambedkar exigió que se concediera a las «clases deprimidas» (como los británicos llamaban a los intocables) una especie de autonomía política, una circunscripción separada, para que pudieran tener su propio electorado. Sostenía que así se garantizaría que los intereses de los intocables estuvieran representados, pasara lo que pasara, por las personas que ellos, como grupo, querían que los representaran. Mientras existieran la casta y la intocabilidad, defendía Ambedkar, los intocables no debían ser absorbidos por el electorado general, donde siempre seguirían siendo una minoría débil, dividida y vulnerable.

Mahatma Gandhi en una reunión con varios intocables, India, 1926. (Dinodia Photos/Alamy Stock Photo)

Gandhi ya había aceptado, a regañadientes y con tristeza, una disposición similar para los musulmanes, los *sijs* y otros grupos religiosos, sabiendo que tener electorados separados era la única forma (en aquel momento) de mantenerlos dentro del movimiento independentista indio unificado (al final, Gandhi no pudo evitar la violenta partición que creó dos países separados en 1947, India y Pakistán, y mató a entre uno y dos millones de personas). Pero cuando se trató de los intocables, Gandhi se puso firme. Se negó a aceptar que se les tratara como un electorado aparte. Mi impresión es que esto no se debía a que Gandhi creyera firmemente en la santidad de las castas, ni siquiera a la necesidad de que los hindúes cambiaran y aprendieran a rechazar la intocabilidad, como insistía Gandhi. Afirmaba que, si se les diera su propio

B. R. Ambedkar en la Conferencia de Mujeres de todas las Clases Deprimidas (Intocables) celebrada en Nagpur, India, 8 de julio de 1942. (Matteo Omied/Alamy Stock Photo)

electorado, los intocables seguirían sumidos en la miseria, desprotegidos, aislados aún más. Pero mi sensación es que Gandhi veía estas cuestiones a través de la lente de la lucha por la independencia y creía que solo podría tener éxito, con la totalidad del pueblo indio arrastrado a la autodeterminación, si se incluía el hinduismo y sus principios. Sin el hinduismo y, por tanto, sin las castas, el pueblo no podría conseguir lo que Gandhi esperaba y creía que debía conseguir. Consideraba que la casta (junto con la mera existencia de los intocables, que mantenían la lógica del sistema de castas) era fundamental para ello. En opinión de Gandhi, si los intocables tuvieran un electorado separado, eso significaría de hecho la ruptura del hinduismo y, en consecuencia, el fin del movimiento de independencia nacional.

En 1932, mientras Gandhi languidecía en la cárcel de Yerwada en Poona, India (una de las muchas veces que las autoridades británicas lo encarcelaron por su resistencia no violenta a su dominio), el primer ministro británico Ramsay MacDonald anunció que su gobierno concedería a los intocables un electorado separado, como exigía Ambedkar. Gandhi anunció que nunca lo aceptaría y, al cabo de unas semanas, inició una huelga de hambre. En la posteridad, esto se presentó como un acto heroicamente integrador por parte de Gandhi, que reflejaba su profunda opinión de que los intocables eran iguales a todos los demás hindúes y a todos los demás indios, un principio por el que estaba dispuesto a morirse de hambre. En realidad, dada la veneración que tantos indios tenían a Gandhi, el ayuno fue una forma de chantaje a Ambedkar, sometiéndolo a una presión impresionante. En ese momento, Ambedkar se enfrentó a una elección cruda y cruel como joven líder del pueblo más oprimido de la India. Tuvo que sopesar el interés político a largo plazo de su propio público frente a la vida de Gandhi, sabiendo muy bien que, si Gandhi moría, sería a él, a Ambedkar, a quien considerarían responsable, y que era probable que se culparía colectivamente a los intocables de la muerte de Gandhi y se les castigaría con la violencia. Ambedkar tomó la fatídica y dolorosa decisión de retractarse de sus demandas, aceptando a regañadientes abandonar la idea del electorado separado. En su lugar, se reservaron 148 escaños para las clases deprimidas en la asamblea legislativa del gobierno británico indio.

Han ocurrido muchas cosas entre aquel momento y ahora, pero hay un camino directo desde el Pacto de Poona hasta el presente. El legado de ambos como líderes se mantiene.

La insistencia de Gandhi en mantener a los intocables en el electorado general los vinculó esencialmente al sistema de castas y a la religión hindú y, por tanto, al proyecto nacional indio. Rechazó (para siempre) su intento de definirse como un grupo político separado, aunque a partir de entonces se dedicó a intentar erradicar la intocabilidad y a convencer a sus compatriotas indios de que no debían existir jerarquías formales ni divisiones entre ellos. La apuesta de Gandhi era que solo si se mantenía a los intocables dentro de la sociedad india, y del mundo hindú, podría erradicarse la intocabilidad, por los propios hindúes.[26] Ambedkar nunca aceptó esa apuesta y quería que los intocables determinaran su propio destino; en esencia, que abandonaran por completo la sociedad hindú. Finalmente, Ambedkar se fue como individuo, y muchos intocables lo siguieron.

Algunos podrían decir que la rendición de Ambedkar ante Gandhi en 1932 significó la muerte de la última oportunidad de los intocables de alcanzar una verdadera liberación. Todo lo que Ambedkar hizo por los intocables a partir de entonces, y lo que otros hicieron por ellos desde que él se fue, no hizo sino retocar un sistema que condenaba a los *dalits* a quedar encerrados para siempre en el fondo de la humanidad. El episodio revela que incluso los más grandes líderes solo pueden llegar hasta cierto punto. Ambedkar dijo la verdad. Pero no fue lo bastante despiadado como para que Gandhi se muriera de hambre.

Más allá de la batalla política entre Gandhi y Ambedkar en el contexto anticolonial, el debate sobre las castas, y, en concreto, el enfrentamiento en torno a la cuestión del electorado *dalit* que desembocó en el Pacto de Poona, plantea la cuestión de cómo los líderes identifican a su enemigo. No es habitual pensar en Gandhi en un sentido tan «negativo» porque su imagen es tan convincente y atractiva para la gente que lo asocia con la no violencia, la modestia o la dieta vegetariana, pero fue un líder importante porque la lista de sus enemigos era desalentadora: desde su punto de vista, Gandhi luchaba contra las divisiones internas, los conflictos y las jerarquías tanto como contra el Imperio británico. Por eso su anticolonialismo consistía en una amplia gama de propuestas para una sociedad mejor y por eso se relacionó con tantos pensadores de todo el mundo.[27] Por eso era tan admirado (más allá de las razones a la vista) por tantos líderes de todo el mundo que lo consideraban un modelo a seguir.

Pero en su búsqueda de la independencia nacional, lo que Gandhi exigía esencialmente era que las personas situadas en lo más bajo de la jerarquía de castas aceptaran su lugar allí e incluso lo celebraran como parte de su papel en la defensa de los pilares de la civilización, tal y como él lo veía, de todo el movimiento independentista indio. Insistió en que no habría más jerarquía de castas, pero incluso él debía saber que nadie en la cúspide de una pirámide social renuncia nunca en realidad a su lugar allí. A la insistencia de Gandhi en que los *dalits* eran una parte esencial del proyecto nacional indio y debían unirse al movimiento de independencia nacional antes que erradicar la intocabilidad, la respuesta de Ambedkar fue: «Eso es una idiotez». Ambedkar creía firmemente que nadie debería verse obligado a aceptar su propia opresión como condición para la liberación nacional de un grupo mayor. Primero acéptennos como sus iguales como seres humanos y como indios. Entonces podrán pedirnos que participemos en su lucha contra el colonialismo británico.

Ambedkar formaba parte de la lucha por la independencia de la India por defecto porque era el líder de una gran parte de la población colonizada, pero era un grupo distintivo sometido al tipo más horrible de opresión interna. Como líder de los intocables, intentaba negociar qué condiciones tendrían si la India se independizaba. Ambedkar llegó a la conclusión de que, sin la erradicación de las castas, no habría liberación para los intocables. El nacionalismo anticolonial no era su mesías y la independencia nacional no era la solución a la opresión de su pueblo. Peor aún, se les pedía (se les presionaba, de hecho) para que sacrificaran su aspiración a la igualdad en nombre de la autodeterminación nacional. Pero para Ambedkar, el colonialismo no era el principal enemigo, sino la propia opresión.

Una última cuestión que surge al analizar a Gandhi y Ambedkar, así como a otros líderes que ya vimos en este libro, tiene que ver con la fama y la reputación. El nombre de Gandhi (como su aspecto) es universalmente conocido, y sigue siendo una celebridad mundial incluso setenta y cinco años después de su asesinato. Ambedkar, en cambio, es casi anónimo fuera de la India. Hay varias razones para ello, pero una es que hemos sido condicionados, en especial en la era poscolonial, a pensar en el liderazgo y la libertad en el antiguo mundo colonial de forma exclusiva en términos nacionales, que es lo que Gandhi representa en última instancia, mientras que Ambedkar era el líder de un grupo social dentro de un contexto nacional, lo que significa que permanecerá anónimo para la mayoría de la gente fuera de esa nación, que puede que ni siquiera sea consciente de la opresión en cuestión. Cuando volvemos la vista atrás al liderazgo de Gandhi y Ambedkar, y revisamos el debate entre ellos, una lección es que no debemos evitar necesariamente admirar a líderes emblemáticos, sino examinar de todas las maneras posibles por qué los admiramos, si debemos admirarlos y si los admiramos por las razones correctas. Otra lección es que siempre debemos preguntarnos por qué un líder obtiene fama y gloria y el otro no. Gandhi y Ambedkar eran guerreros, aunque lucharon en guerras diferentes contra enemigos diferentes. Ambos eran rebeldes, aunque los objetivos de sus rebeliones no eran los mismos. En cierto modo, ambos eran santos, dispuestos a hacer enormes sacrificios personales en aras de lo que consideraban un bien mayor. Ambos son enormemente importantes, aunque no igual de famosos. En el próximo capítulo veremos que existe una correlación entre la fama y el legado de una líder y el enemigo que identificó y contra el que luchó.

8
LOS LÍDERES QUE HICIERON NUESTRO MUNDO Y LOS QUE NUESTRO MUNDO NECESITA

Nos gusta pensar que los líderes importantes dejan un legado. Se supone que sus legados serán positivos: una guerrera que ayudó a liberar a su pueblo. Un rebelde que luchó contra una dictadura corrupta. Un santo que hizo gala de virtud desinteresada. Hay muchos ejemplos de este tipo, y a veces son objeto del tipo de biografías de culto al héroe de las que me ocupé al principio de este libro. Pero debemos tomarnos en serio el legado. Significa que un líder tuvo un impacto en la gente, marcó una diferencia, es recordado como algo importante y representativo y, como vimos en el capítulo anterior, identificó y luego luchó contra enemigos importantes. En lo que podemos discrepar es en si el legado de un líder es positivo o negativo. (Para algunos, será una cosa u otra; para otros, será una mezcla). Mis alumnos encuentran la cuestión especialmente significativa cuando consideramos a los líderes que ayudaron a hacer del mundo lo que es hoy, y cuando decidimos qué líderes del pasado podrían servir como modelos de cómo hacer un mundo mejor.

Da la impresión de que siempre buscamos un líder transformador. En el lenguaje popular, «transformador» es algo bueno. Cuando hablamos de un «líder transformador», solemos referirnos a un líder que creó un cambio positivo profundo. Pero el término es, de hecho, neutro. Puede significar bueno o malo. Nuestra definición no dependerá tan solo de lo que hizo el líder, sino de lo que pensamos sobre lo que el líder hizo. No hay mejor ejemplo de ello que Margaret Thatcher.

La Dama de Hierro, como se conocía a Thatcher en sus mejores tiempos (era un apodo que le gustaba), fue probablemente la líder política más influyente de su generación, no solo en Gran Bretaña, sino en el mundo. También fue una de las más controvertidas y polarizadoras. Ningún líder occidental, quizá desde FDR, se sintió más orgulloso de los enemigos que se granjeó. Los que vivieron su época como primera ministra británica parecen adorarla u odiarla, y rara vez existe un sentimiento intermedio. Thatcher ganó tres elecciones nacionales y dejó no solo a su país, sino a gran parte del mundo, en un estado del todo diferente del que tenían cuando ella empezó. Los cambios que provocó se convirtieron, en muchos sentidos, en permanentes. En Gran Bretaña, su legado más inmediato fue que incluso el Partido Laborista se convirtió en thatcheriano y eligió líder a Tony Blair, que apodó al partido «Nuevo Laborismo» y, tras convertirse en primer ministro en 1997, se basó en muchas de las políticas de Thatcher, sobre todo en lo que se refiere a la privatización de empresas y servicios públicos. Pero la influencia de Thatcher va más allá de Gran Bretaña. Vivimos en un mundo que ella ayudó a construir y que surgió directamente de su visión. Está claro que fue una gran transformadora.

El «thatcherismo» no es solo una ideología o una vía política, sino toda una visión del mundo. No se trata solo de cómo se ve la economía o la sociedad o la política, sino de lo que hace funcionar a los seres humanos. Hoy en día, seamos o no conscientes de ello, en cuestiones de cómo gobernamos, cómo dirigimos nuestra economía y cómo vemos la relación entre las empresas y la gobernanza, entre la economía y la sociedad, entre los ciudadanos y el Estado y entre las propias personas, seguimos tomando posiciones a favor o en contra de lo que Thatcher defendía.

Los estadounidenses suelen hablar de la «Revolución Reagan», en referencia a Ronald Reagan, elegido presidente en 1980, poco después de que Thatcher iniciara su mandato en Gran Bretaña. Reagan gobernó más o menos con las mismas prioridades y temperamento político que Thatcher y contribuyó a crear un cambio radical en la sociedad estadounidense y en el resto del mundo. Hay muchos nombres para su proyecto político y económico coincidente; uno de ellos (que no capta todo su impacto) es «neoliberalismo». A grandes rasgos, incluye la privatización de los servicios públicos (para que el sector privado asuma cada vez más las funciones que antes desempeñaba el Estado), el aplastamiento del poder de los sindicatos, el desmantelamiento de los restos del socialismo (en Gran Bretaña) y del New Deal (en Estados Unidos), el favorecimiento de los ricos tratándolos como «creadores de empleo» y que sus ganancias y beneficios acabarían «cayendo como un goteo» sobre el pueblo en general, como proclamaban los propagandistas neoliberales. Estas ideas fantásticas sobre la economía se mezclaron con un nacionalismo exacerbado y el recrudecimiento de la Guerra Fría, con una renovada determinación de acabar con el bloque soviético y «derrotar al comunismo», lo que significó un aumento de la militarización y del gasto en «defensa», con más guerras indirectas y, a veces, guerras directas.

Según algunos estudiosos, el thatcherismo era una combinación de libertarismo económico y poder estatista. Cuando se trataba de las necesidades materiales de la gente, en especial de los trabajadores pobres y los desempleados, el Estado apenas existía, y se esperaba que la gente se las arreglara por sí misma. En materia de policía, vigilancia y toma de decisiones políticas, el Estado se volvió más autoritario y poderoso que nunca.

Un elemento adicional del thatcherismo (y del reaganismo) fue una especie de conservadurismo social y de vuelta a los llamados valores familiares tradicionales, una reacción contra muchas de las luchas por los derechos civiles y los derechos de la mujer de los años sesenta y setenta. Thatcher hablaba mucho de ser una mujer que podía hacer cosas que ningún hombre podía, pero no eran más que eslóganes vacíos: no parecía creer que ninguna mujer aparte de ella debiera ocupar un puesto de poder y responsabilidad. La foto oficial de grupo de su primer gabinete, de 1979, es sorprendente: ella está en el centro de la imagen, con su vestido azul, su peinado característico y sus perlas, claramente la jefa, rodeada de manera exclusiva de hombres que parecen casi idénticos, con la misma tez (gris), color de cabello (gris), color de traje (gris), formación académica (gris) y actitud sumisa. Pero quizá sea aún más sorprendente la foto del último gabinete de Thatcher, de 1988, nueve años después: el vestido de Thatcher es dorado, pero a su alrededor sigue habien-

La primera ministra Margaret Thatcher con su primer gabinete, 21 de junio, 1979. (Keystone Press)

do solo hombres, todavía grises e intercambiables. Por su parte, aunque Thatcher se mantuvo firme en su negativa a promover a las mujeres, también era dada a exhibiciones performativas de la domesticidad tradicionalmente de género, lavando la ropa, cocinando y deshaciendo la maleta de su esposo cuando viajaban.

Thatcher era conservadora, pero (parafraseando al difunto historiador Tony Judt) «no era realmente conservadora».[1] Los pequeños conservadores de Gran Bretaña y Europa se encontraban entre los líderes que, tras la Segunda Guerra Mundial, pusieron en marcha cosas como el Estado del bienestar, la sanidad universal, el gasto público en infraestructuras y una red de seguridad social (en nuestros días, algunas élites estadounidenses comparan pedir estas cosas con querer «un poni», y a veces a las personas que sugieren que hagamos estas cosas se las describe como extremistas de izquierda). Pero estos auténticos conservadores hicieron estas cosas, en sus diversos países europeos devastados por la guerra, no porque quisieran el socialismo o amaran la igualdad, sino porque querían conservar el orden social. Sabían, por dura experiencia (y como había comprendido FDR en los años treinta) que las sociedades pueden caer rápidamente en la violencia, el odio e incluso la guerra si no se satisfacen las necesidades materiales básicas de la población y esta siente que su vida se degrada en beneficio de unos pocos que no lo merecen. El fascismo progresó cuando se debilitó el tejido social y desapareció la solidaridad. Aún más aterradora para

La primera ministra Margaret Thatcher con su gabinete, 26 de enero, 1988. (PA Images)

estos verdaderos conservadores era la perspectiva de una revolución comunista. Estas eran las mismas razones que tuvieron los líderes nacionales europeos para crear el Mercado Común Europeo, que más tarde se convertiría en la Unión Europea.

Thatcher, en sus primeros días en la política británica, era partidaria del proyecto europeo; más tarde se convirtió en euroescéptica, en una premonición de la adopción del Brexit por el Partido Conservador bajo la ineptitud de sus herederos políticos. Sin embargo, como señaló Judt, en varios aspectos importantes no era una conservadora, sino una radical que pretendía deshacerse de muchas de las cosas que sus predecesores conservadores habían luchado por implantar. Ya hubo indicios de sus tenencias políticas: a principios de la década de 1970, cuando era secretaria de Educación del gobierno conservador de Edward Heath, propuso eliminar el suministro gratuito de leche a los niños de siete a once años en las escuelas primarias financiadas por el Estado. Sus detractores la apodaron «Maggie Thatcher, la ladrona de leche», pero esta política de austeridad cruel, casi de caricatura, no descarriló su carrera, sino que, aunque retiró esta propuesta concreta, le proporcionó a la gente un anticipo de lo que vendría.[2]

La muerte de Thatcher en 2013, a los ochenta y siete años, suscitó poderosas reacciones emocionales, tanto positivas como negativas. Como ya vimos, tras el asesinato de Rafael Trujillo en 1961, los equipos de filmación captaron dos reacciones simultáneas en las calles de Santo Domingo (entonces llamada Ciudad Trujillo): alegría y dolor, gente bailando o llorando (a veces las mismas personas). Estos sentimientos encontrados son de esperar cuando un dictador que gobernó durante treinta y un años desaparece repentinamente. Pero tal reacción no es típica de un líder que no llevaba veintitrés años en el poder. *The Economist*, cuya visión del mundo es impensable sin Thatcher, lamentó (en su portada) la muerte de una «luchadora por la libertad». Con ello, los editores querían decir que Thatcher luchó por la libertad de las personas frente a la amenaza del socialismo, la tiranía de las economías dirigidas por el Estado y la perniciosa idea de que nuestro mundo debería estar gobernado por otra cosa que no fueran los mercados financieros sin trabas. La otra faceta de Thatcher como luchadora por la libertad, según *The Economist* (y voces similares), fue la de Guerrera Fría que (en teoría) ayudó a derribar a la Unión Soviética y a acabar con su dominio en Europa del Este.[3] Los admiradores de Thatcher también le atribuyen el mérito de haber acabado con la repugnante junta militar argentina al derrotarla en la guerra de las Malvinas de 1982, en la que demostró su voluntad de luchar para conservar lo que quedaba de las posesiones británicas en ultramar (y rescató sus perspectivas políticas en casa tras unos resultados económicos mediocres). Por lo demás, Thatcher apreciaba mucho a los dictadores militares latinoamericanos; por ejemplo, era muy amiga del chileno Augusto Pinochet, que mantenía a raya a los socialistas haciéndolos desaparecer y asesinándolos, y que importó sus políticas económicas neoliberales preferidas.[4]

Pero lo que *The Economist* y otros como ellos más adoraban de Thatcher era lo que hizo en casa, al atribulado pueblo británico. En su opinión, puso fin a una larga era de estancamiento, pereza, industrias improductivas y decadencia social; modernizó la economía poniendo en venta casi todos los activos estatales, derrotando a los molestos sindicatos y poniendo fin a su enorme poder, defendiendo el espíritu empresarial y el sector financiero, y creando el panorama económico y social que Gran Bretaña sigue teniendo hoy en día. Pero quizá el logro más significativo de Thatcher vaya más allá de la política. Es psicológico. Sus ideas no eran originales y llegó al poder en una ola de entusiasmo neoliberal. Incluso mientras forjaba su camino y cambiaba el mundo, de forma maquiavélica, también era un producto de las «circunstancias ya existentes, dadas y transmitidas desde el pasado» de Marx. Ayudó a popularizar las llamadas teorías monetaristas del economista austriaco-británico Friedrich von Hayek, un héroe para los libertarios económicos, pero poco conocido para la mayoría del público. Gracias a Thatcher, estas ideas resuenan de forma simplificada en el discurso actual más que las de ningún otro líder que yo conozca. En una entrevista concedida en 1987 a la revista *Woman's Own*, Thatcher afirmó que la sociedad «no existe», solo los individuos y las familias. Esta noción no solo caló, sino que, en muchos sentidos, rige nuestro mundo. Muchas personas, incluso algunas que se oponen a la política de Thatcher, se consideran principalmente individuos. Son hostiles a la idea de solidaridad y al concepto de bien común, pues creen que tales cosas se harán a su costa y representan una forma potencial de totalitarismo. Su principal motivación es la competencia con los demás, y están convencidos de que es una función de la naturaleza humana, no una prerrogativa ideológica establecida desde arriba. Las ideas que impulsó Thatcher, consideradas extremas en su época, se aceptan hoy como artículos de fe. Y, lo que quizá sea más importante para todos los que se preocupan por la representación y la diversidad en el liderazgo, lo hizo como mujer en un mundo de hombres.

Pero hubo otro tipo de reacción a la muerte de Thatcher. Fue sorprendente verlo en tiempo real. Fue el polo opuesto de la portada de *The Economist*. Por toda Gran Bretaña, grupos de personas, en su mayoría jóvenes, salieron a la calle en lo que solo puede describirse como una celebración jubilosa. Descorcharon botellas de champán, bailaron y festejaron, levantaron carteles con palabras como «pura maldad» y pintaron grafitis que decían cosas como «¿Dama de Hierro? Descanse en óxido» y «La Dama que NO volverá». Compararon la desaparición de Thatcher con la de la Bruja Mala del Este al principio de *El Mago de Oz* (1939), tras la cual, los munchkins cantan «¡Ding Dong! La bruja ha muerto». Varios personajes famosos contaron de inmediato historias sobre cómo las políticas de Thatcher habían destrozado vidas y comunidades. Alex Ferguson, el legendario entrenador de futbol escocés, relató con rabia el abandono que vio en el hospital público desfinanciado donde murió su madre.[5] El cineasta inglés Ken Loach sugirió burlonamente que se privatizara el funeral de Estado de Thatcher, ya que «es lo que ella habría querido».[6]

Este tipo de reacciones a la muerte de Thatcher suscitan reacciones divididas entre los estudiantes, sin importar lo familiarizados que estén con Thatcher o con su política. Algunos ven misoginia, y sospechan que un líder masculino, con una política equivalente, no provocaría una reacción tan despiadada. Pero también es cierto que no hubo ningún líder masculino equivalente a Thatcher, ni siquiera Reagan, que nunca ejerció la misma influencia, en el sentido de importancia histórica mundial, que ella. Esto se debió, en parte, a que él tenía menos peso como influencia intelectual (y, durante su segundo mandato, una evidente pérdida cognitiva). Otros podrían no sentirse preocupados en absoluto, sino comprensivos: en su opinión, estas personas pertenecen a comunidades a las que se dirigieron las políticas de Thatcher y a las que perjudicaron. Su alegría, según este punto de vista, no es desagradable sino comprensible, incluso justificada, producto de décadas de penurias, ira y tristeza, y de la sensación de que una líder que condenó a tu pueblo a la miseria ya no está viva.

Quizá el mayor factor que influya en cómo nos sentiremos al ver a los jóvenes saltando de alegría por la muerte de una antigua primera ministra tenga que ver con el respeto que profesamos a nuestros líderes. Hay que imaginarse, por ejemplo, que uno se encontrara, en algún acto, con un líder al que desprecia en términos políticos, pero al que no conoce personalmente (y que no pertenece al mismo círculo social que el suyo). ¿Cómo se comportaría? La mayoría de la gente (incluido yo) recurriría al respeto y la educación, al menos estrecharía la mano, quizá incluso intercambiaría cumplidos. Otros podrían ser descorteses e incluso decir algunas palabras malsonantes. Sería incómodo, incluso grosero. Pero ¿sería irrespetuoso? ¿Debemos mostrar siempre respeto a los líderes? ¿Debemos respetarles de manera automática, o tienen que ganárselo? ¿Debes respetar a tus líderes incluso cuando es evidente que no te respetan a ti ni al grupo al que perteneces? La respuesta a estas preguntas es un buen indicador no solo de lo educado que uno es, sino probablemente también de lo autoritario que es, al menos en un sentido temperamental. Con Thatcher, casi no hay término medio. Esas reacciones contradictorias no eran solo ante un recuerdo, o ante la muerte de un líder importante. Eran reacciones ante el presente. Vivimos en el mundo de Thatcher. Lo que pensamos de ella, cómo reaccionamos ante su muerte, dice mucho de lo que pensamos del mundo actual. Para los jóvenes que celebran su muerte, Thatcher es la culpable de gran parte de lo que creen que está mal en el mundo. Para *The Economist* y gran parte de la clase dirigente, Thatcher es responsable de la mayor parte de lo que consideran bueno en el mundo actual.

De vez en cuando, la cultura popular evoca un producto que ofrece una intrigante visión del pasado; un ejemplo es la serie de Netflix *The Crown*. Es a las claras una dramatización (algo sensacionalista y glamurosa) de la vida y la época de la reina Isabel II y su neurótica familia, también muestra una visión más amplia de la historia social y política de Gran Bretaña, y, en ocasiones, puede ser perspicaz en lo que respecta al liderazgo. Es triste contrastar la Gran Bretaña de líderes como Winston Churchill, Clement Attlee, Harold Macmillan y Harold Wilson, hombres con diferentes puntos de vista que, sin embargo, fueron capaces de identificar y abordar auténticos problemas nacionales, con la Gran Bretaña actual del Brexit y sus líderes, que son producto de estas pocas escuelas de élite y parecen incapaces de decir las verdades más sencillas al pueblo británico. Su incompetencia parece aún más asombrosa si se tiene en cuenta que la nación poseyó una vez un imperio tan vasto que se decía que el sol nunca se ponía en él.

El pasado imperial de Gran Bretaña le persigue hasta el día de hoy, en formas que serán familiares para los franceses, cuyo país poseyó el único otro imperio mundial de alcance comparable. La historia de Gran Bretaña tras la Segunda Guerra Mundial es una mezcla de recuperación y decadencia. Las ciudades y las industrias se reconstruyeron tras su devastación generalizada en tiempos de guerra, pero el imperio (con la excepción de la Commonwealth) había desaparecido en gran medida. La inmigración procedente de las antiguas colonias transformó la demografía y la cultura del país. La llamada relación especial con Estados Unidos no era igualitaria; Gran Bretaña fue el mayor beneficiario del Plan Marshall estadounidense posterior a la Segunda Guerra Mundial. Al igual que otras antiguas grandes potencias europeas, tuvo que adaptarse a un nuevo mundo dominado por las dos superpotencias, Estados Unidos y la Unión Soviética. En 1976, tras años de gobiernos conservadores y laboristas que cambiaban de manos, Gran Bretaña tocó fondo en su reputación cuando el gobierno laborista de James Callaghan se vio obligado a pedir prestados 3 900 millones de dólares (20 600 millones en 2023) al FMI (el tipo de cosas que asociaríamos con países subdesarrollados) para estabilizar su moneda durante la crisis de la libra esterlina de ese año.

En los años sesenta y setenta, la contribución más notable de Gran Bretaña al mundo bien pudo haber sido su cultura juvenil, con la reputación de la capital como «Swinging London», en el cine, la moda y, sobre todo, la música; a partir de los Beatles y los Rolling Stones, la mayoría de las grandes estrellas mundiales del pop y el rock era inglesa. Las películas de James Bond, un fenómeno que duró varias décadas, proporcionaron una fastuosa fantasía de evasión, ambientada en un mundo imaginario en el que Gran Bretaña seguía siendo geopolíticamente importante, reflejada en los ingeniosos artilugios y las conquistas sexuales de un protagonista varonil y elegante al servicio secreto de Su Majestad, con nueve vidas y licencia para matar. En la realidad, aparte de la aristocracia y la nobleza terrateniente, la mayoría de los británicos contaban con necesidades sociales y públicas básicas, una red de seguridad y una economía plena con industrias subvencionadas y sindicatos sólidos. Las instituciones como el Servicio Nacional de Salud (que sigue en pie y goza de popularidad hoy en día, a pesar de los años de austeridad gubernamental y de las fantasías sobre su privatización) se diseñaron para ayudar a prevenir el tipo de colapso social que había afligido a los europeos en la década de 1930. Para la clase trabajadora, significaba que los sacrificios de la Segunda Guerra Mundial se verían recompensados con un empleo estable y un modo de vida estable, transmitido en las comunidades de todo el país de padres a hijos, una generación tras otra.

Para Thatcher, este supuesto consenso de posguerra, que los primeros ministros conservadores y laboristas habían aceptado durante mucho tiempo, era inaceptable e intolerable. Una de sus acciones más impactantes como primera ministra fue su amarga batalla, en 1984 y 1985, con el Sindicato Nacional de Mineros. El gobierno de Thatcher decidió que el sector minero, al haber dejado de ser rentable, se debía cerrar y los mineros reorientados hacia nuevas ocupaciones, principalmente el espíritu empresarial, para el que pocas personas son aptas. Para sus partidarios, esta política tenía pleno sentido, y los mineros estaban librando una batalla perdida para conservar algo que ya no era en lo económico viable. Para sus críticos, aparte de tener ideas diferentes sobre cómo debería ser la economía, lo importante no era solo el cierre de las minas y la derrota del sindicato de mineros, sino la forma detestable de Thatcher de hacerlo: con un desprecio abierto hacia los desempleados y los pobres, diciéndoles cosas como «llorones» y tratando a los líderes de los mineros como revolucionarios peligrosos cuando solo estaban luchando en nombre de la gente trabajadora. Daba la impresión de que no sintiera empatía por la gente que no era exactamente como su propia familia (su padre tenía una tienda de comestibles y era conservador en una aldea tranquila, Grantham), y parecía casi regocijarse de su caída. Thatcher ganó la batalla, se aplastó la huelga de los mineros, se cerró su sector «no productivo» y se consideró obsoleta toda una forma de vida: los trabajadores, sus familias, sus comunidades, su sentido del lugar y de la tradición, su orgullo por el trabajo y su contribución histórica al país quedaron destruidos para siempre. Hay partes de Gran Bretaña, sobre todo en el norte del país, más pobre, que nunca se han recuperado realmente de la devastación social de aquellos años.

En los episodios de *The Crown* que se centran en su época en el poder, Thatcher (interpretada por la actriz angloestadounidense Gillian Anderson) se muestra evidentemente incómoda en sus encuentros con la reina Isabel II; estas escenas ponen de relieve no solo su incomodidad con otra mujer de alto rango y su alienación de clase, sino también verdaderos desacuerdos entre ellas. En su primer encuentro, Thatcher le dice a la reina que no cree que las mujeres sean adecuadas para los altos cargos porque tienden a ser «demasiado emocionales» (la reina no responde a esto). En otra ocasión, según la tradición, a la primera ministra y a su esposo les invitan a pasar un fin de semana en el curioso refugio escocés de la familia real, el castillo de Balmoral, pero ella se siente patéticamente fuera de lugar en el rústico entorno, donde a la reina y al duque de Edimburgo les gusta montar a caballo y disparar a los pájaros y hablar de nada cuando ella solo quiere volver a desregular las empresas y aplastar a los sindicatos. En la política, a la reina le molestaba el desprecio que Thatcher mostraba hacia las naciones de la Commonwealth, su prolongada negativa a apoyar sanciones contra la Sudáfrica del *apartheid*, su baja estima de los aristócratas que la reina conocía e incluso su insensibilidad hacia los pobres y los desempleados. Thatcher veía a la reina sobre todo como una molestia.

Incluso si la representación de Netflix de Thatcher es ficticia, una de las cosas que hacen de ella un interesante caso de liderazgo es su origen. Creció en un entorno acomodado de clase media, pero no en el seno de una familia destacada. Asistió a la Universidad de Oxford (donde estudió química), pero en su ascenso en el Partido Conservador estuvo rodeada de hombres adinerados y esnobs para quienes la idea de una mujer en política, y mucho menos en el poder, era descabellada, y que veían a la joven Thatcher como una ingenua y una arribista. Pero Thatcher dominó y conquistó ese mundo, convirtiéndose en la primera mujer en dirigir un gran partido político británico y en primera ministra, y posiblemente en la mujer más poderosa de Occidente desde la Segunda Guerra Mundial (en cambio, Estados Unidos y Francia aún no han tenido una jefa de Estado). En las fotos de líderes occidentales cuando están reunidos y haciendo cosas importantes en la década de 1980, Thatcher destaca, una vez más, como la única mujer entre los hombres poderosos. El éxito de Thatcher tenía algunas de las características de la ética meritocrática, pero también tuvo suerte en varios sentidos. De adulta se convirtió en una mujer rica gracias a su matrimonio con un hombre rico. Tuvo el privilegio de seguir una carrera política sin tener que preocuparse por el dinero o el cuidado de los hijos, lo que no era (y sigue sin ser) el caso de las mujeres menos afortunadas que ella, algo que nunca pareció importarle demasiado. Tenía el apoyo de la clase alta, lo que importa mucho en la sociedad británica, y siempre tuvo a la clase trabajadora a sus pies, lo que importa todavía más.

Aun así, nada de eso le abrió las puertas de forma automática, y su éxito como mujer líder fue muy inusual en un contexto global. No hay una respuesta fácil a la aparentemente simple pregunta: ¿es significativo el hecho de que fuera mujer para su liderazgo? La pregunta en sí puede resultar molesta, como sin duda lo sería para Thatcher. No solemos hablar de los líderes masculinos en términos de género; tendemos a dar por sentados su sexo y su liderazgo. Algunos preferirían discutir la importancia de Thatcher como líder solo en términos de lo que hizo, no en términos de quién era. Pero no tiene sentido ignorar esa realidad. La propia Thatcher lo convirtió en un problema, al hablar en numerosas ocasiones de su condición de mujer y de cómo eso la dotaba de todo tipo de poderes y habilidades de los que carecían los hombres, pero también negando que existiera discriminación alguna contra las mujeres, esgrimiendo su propia trayectoria como prueba. Parece, pues, que sus declaraciones sobre la superioridad de las mujeres no tenían que ver con el empoderamiento de las mujeres, sino más bien con ella misma, sus talentos únicos y su actitud hacia los políticos varones a los que dominaba, intimidaba y humillaba la mayoría de los días.

Pero también es cierto que el ascenso de Thatcher destaca en comparación con el de tantas otras mujeres líderes de su generación y posteriores, casi todas las cuales, incluidas notables líderes asiáticas como Benazir Bhutto de Pakistán, Aung San Suu Kyi de Birmania, Indira Gandhi de la India y Corazón Aquino de Filipinas, empezaron siendo esposas, o con más frecuencia hijas, de un importante líder masculino, a veces un padre fundador de la nación. En este sentido, no han cambiado mucho las cosas para las mujeres que buscan el poder desde las grandes monarquías de hace siglos, cuando incluso las reinas más famosas (como Isabel I de Inglaterra) se sentaban en el trono solo porque sus padres lo habían hecho antes que ellas.

Incluso hoy en día, las cosas no son muy diferentes cuando nos fijamos en el hemisferio occidental, no solo en el caso de las mujeres líderes, sino también en el de los hombres. América Latina ha tenido varias mujeres líderes importantes que sucedieron a sus esposos o padres. Estados Unidos ha tenido recientemente un presidente de dos mandatos, George W. Bush, que es hijo del expresidente George H. W. Bush, mientras que otro hijo, Jeb Bush, intentó (sin éxito) seguir sus pasos. Sus carreras políticas (desastrosa en un caso, intrascendente en el otro) nacieron a partir de ese beneficio y son inconcebibles sin la del padre. Hillary Clinton, que habría sido la primera mujer presidenta de la nación si hubiera ganado las elecciones de 2016, es la esposa de Bill Clinton, que fue presidente durante dos mandatos. El primer ministro liberal de Canadá, Justin Trudeau, es también hijo de un anterior primer ministro liberal de Canadá, Pierre Trudeau. En un mundo de poder dinástico, tanto en contextos demócratas como autoritarios, Thatcher destaca. Eso dice algo de la sociedad británica moderna, pero también dice algo de ella misma.

Las feministas están divididas en cuanto a si el ascenso de Thatcher fue un triunfo para las mujeres, porque eso depende de la definición: ¿es un logro feminista que una mujer llegue a la cima del poder, o lo que importa es lo que hace cuando está en el poder?[7] Para Thatcher la cuestión en sí era discutible. Al parecer, una vez le dijo a uno de sus asesores: «Las feministas me odian, ¿verdad? No las culpo. Odio el feminismo. Es veneno».[8] Para quienes se centran sobre todo en la identidad y la representación, Thatcher puede parecer la historia feliz de una mujer que rompió el techo de cristal y demostró a las niñas que podían llegar a lo más alto, sin importar lo que hiciera una vez allí, sobre todo por otras mujeres. Pero también estaba claro que eso no le importaba: no le interesaban los problemas de las mujeres y le habría parecido repugnante la idea de que su éxito tuviera algo que ver con el de otras mujeres, o que debiera servir de inspiración a las mujeres como grupo, a las luchas de sufragistas y feministas que se habían esforzado y luchado tanto para que las mujeres británicas pudieran tener alguna vida política.[9]

El legado de Thatcher es sobre todo político, sustancial. Pero otra parte es, a falta de una palabra mejor, actitudinal: un estilo de liderazgo combativo que muchos consideran atractivo, no necesariamente por lo que hizo, sino por cómo lo hizo. Mantenía a raya a sus subordinados, a veces mostrándose maternal de un modo ostentoso, a veces incluso regañándolos. Se enorgullecía de no estar dispuesta a transigir y llegó a ser conocida como una «política de convicciones». Cuando asistió a la Conferencia del Partido Conservador en octubre de 1980, estaba bajo presión porque sus políticas no solo no habían logrado el crecimiento que había prometido, sino que el desempleo había aumentado y la economía había entrado en recesión. Fue entonces cuando pronunció un discurso emblemático: «Den la media vuelta si quieren —dijo a los asistentes—. La Dama no está dispuesta a dar la vuelta». Los presentes, y gran parte de los medios de comunicación, aplaudieron esta muestra de confianza, que demostraba su negativa a alejarse de sus ideales o a reconocer la realidad.[10]

Como muchos líderes, Thatcher tenía un tremendo ego, como demuestra el hecho de que hablara de sí misma en tercera persona, pero su ego no era el objetivo de su carrera. Tampoco le interesaba la riqueza. Su objetivo era el cambio. Era totalmente ideológica. En su mente, el enemigo que eligió fue el marxismo (o socialismo). El término «política por convicción» no capta del todo su esencia. Era una política, y una buena política (hasta que, al final, dejó de serlo y su propio partido puso fin a su mandato cuando sus políticas se hicieron impopulares), pero no era una oportunista como tantos líderes políticos que vemos hoy en día.

Al final, su legado más fundamental como líder podría ser la forma en que pensamos sobre el mundo y sobre nosotros mismos. El llamado orden neoliberal que Thatcher ayudó a establecer (y los rumores sobre su muerte fueron prematuros) no es solo política. Todo lo que hizo vino acompañado de un comentario de su parte que justificaba sus políticas en términos absolutistas, y dejaba claro que estar en contra de lo que ella quería no solo era estar en contra del interés nacional, o del sentido común, o de la moralidad, sino de la propia naturaleza humana. En aquella tristemente célebre entrevista de 1987, cuando ya llevaba ocho años como primera ministra, lo expresó de la siguiente manera: «Hay demasiados niños y personas a los que se les dio a entender que "si tengo un problema, ¡es el gobierno quien tiene que ocuparse de ese problema!"... de modo que pasan sus problemas a la sociedad, ¿y quién es la sociedad? Eso no existe. Hay hombres y mujeres individuales, y hay familias, y ningún gobierno puede hacer nada si no es a través de las personas, y las personas miran primero por sí mismas».[11]

Siempre es extraño denigrar al gobierno y sus funciones cuando uno es el gobierno, como hicieron Thatcher y Reagan, y como han hecho sus sucesores ideológicos desde entonces. También es falso: los thatcherianos y los reaganianos no creen que el gobierno no deba hacer nada «excepto a través de las personas», como dijo Thatcher torpemente. Lo que quieren decir es que el gobierno debe gastar lo mínimo, o no gastar en absoluto, en bienes públicos tan necesarios como la vivienda, la sanidad, la educación y los servicios sociales. Nunca falta una financiación adicional para el ejército, la policía o incluso el sector privado cuando se encuentra en apuros que se buscaron ellos mismos. Tampoco parece haber falta de apetito entre los hijos espirituales de Thatcher por el poder ejecutivo, y como primera ministra fue en realidad una centralizadora del poder, concentrando en su oficina mucha autoridad que antes había estado en manos de ciudades, comunidades y regiones.

Pero el mensaje de Thatcher va más allá del debate sobre lo que debe o no debe hacer un gobierno. Se trata de si existimos en este mundo como «hombres y mujeres individuales» o como miembros de una sociedad, conectados entre sí no solo de forma aleatoria, competitiva, instrumental, transaccional o como adversarios, sino por intereses comunes que trascienden nuestros intereses individuales o familiares.

Thatcher insistió en lo primero. Tuvo éxito como mujer, pero su éxito fue individual, tal y como ella lo veía, y fue gracias a su familia, su coraje y su política. Esa era su idea de cómo funcionaba el mundo. No inventó esa idea, y no lo hizo sola, pero su mensaje triunfó, y parece ser el principio rector del mundo que dejó atrás.

Al mismo tiempo, la lucha y la oposición a la visión de Thatcher continúan en países con historias, sistemas políticos y acuerdos económicos diferentes. Siempre hubo oposición, pero el desplome económico de 2008-2009, causado según los analistas por un sector financiero codicioso y sin control (y una clase política que, en su perenne servicio a los ultrarricos, lo permitió) que luego salió indemne y más rico que nunca mientras las masas sufrían las consecuencias, asestó un golpe a la aparente infalibilidad del thatcherismo.

Los acontecimientos más recientes agudizaron esta lucha. Una pandemia mundial mortífera y debilitadora, protagonizada por un virus que traspasó sin problemas las fronteras nacionales y los intereses privados y mató a millones de personas, puso aún más de manifiesto las limitaciones de la visión thatcheriana del mundo, con su doble énfasis en el individualismo y el patrioterismo, que se hizo cargo de una mala situación y la empeoró una y otra vez. Por un lado, los conocimientos científicos y la innovación tecnológica (con frecuencia financiados con fondos públicos y fruto del trabajo colectivo) hicieron que las vacunas que salvaban vidas y la comprensión de la enfermedad llegaran más rápido de lo que muchos esperaban o se atrevían a esperar. Por otro lado, el individualismo y el egoísmo se tradujeron en una creciente resistencia a las restricciones y medidas necesarias para frenar la propagación de la pandemia, y el uso de cubrebocas llegó a considerarse, en muchos sitios, una forma de tiranía. El modelo económico thatcheriano significaba que las vacunas (que, cuando fueron descubiertas por primera vez por los científicos, solían ponerse a disposición del público con la idea de ayudar colectivamente al mundo) eran ahora dominio de corporaciones privadas estadounidenses y europeas que esperaban obtener beneficios salvajes a cambio de la tan necesaria difusión por todo el mundo. Los sistemas sanitarios públicos de muchas partes del mundo avanzado, cada vez con menos fondos procedentes de sus gobiernos durante años por la austeridad thatcheriana, se mostraron incapaces de manejar esa nueva situación tan grave. La filosofía thatcheriana también significó que muchos gobiernos, incluido, como era de esperar, el gobierno británico, consideraron como su máxima prioridad el funcionamiento regular de la economía (con una comprensión claramente thatcheriana de lo que significa «la economía») antes que cualquier otra cosa, incluida la seguridad de la población.

Esta perspectiva thatcheriana sigue siendo dominante, pero eso no significa que sea universalmente querida, ni que vaya a durar para siempre. A medida que muchos jóvenes van comprendiendo que vivimos en una catástrofe climática y que ninguna pericia tecnocrática, innovación tecnológica, responsabilidad individual o perspicacia empresarial nos salvará de ella sin cambios drásticos en nuestra forma colectiva de vivir, gobernar y organizar nuestra economía, y se dan cuenta de que sí los hay, el ajuste de cuentas con el legado de Thatcher será cada vez mayor, aunque muchos de nuestros dirigentes sigan repitiendo las falacias thatcherianas ignorando los problemas que causan o dejándolos para más adelante, preocupados solo por sus intereses políticos y económicos a corto plazo. Podemos seguir debatiendo el legado de Thatcher, pero tendremos que afrontar el hecho de que nos ha dejado a todos mal equipados para hacer frente a los mayores problemas a los que nos enfrentamos. Para encontrar el tipo de liderazgo que nuestro mundo necesita, para estar preparados para lo que se nos viene encima, tenemos que mirar a otra parte de la historia.

En una foto en blanco y negro tomada quince años antes del ascenso al poder de Margaret Thatcher en Gran Bretaña, dos jóvenes líderes estadounidenses, Martin Luther King Jr. y Malcolm X, aparecen uno al lado del otro. Hay algo encantador en la imagen. Ambos van vestidos con sobriedad; hay una calidez entre ellos cuando se miran sonrientes, pero también una sensación de seriedad, como si supieran que las fotos son para la posteridad. Parecen íntimamente unidos. De hecho, esta fue la única vez que los dos hombres se vieron, y el encuentro imprevisto duró menos de un minuto. Fue el 26 de marzo de 1964, en el Capitolio de Washington D. C., donde el Senado estadounidense había celebrado una audiencia sobre la Ley de Derechos Civiles. King estaba allí como líder del movimiento por los derechos civiles que había presionado a la administración Johnson en este asunto. Malcolm X estaba allí como un extraño escéptico.

Menos de un año después de esta reunión, en febrero de 1965, Malcolm X fue asesinado en Nueva York. Cuatro años más tarde, el 4 de abril de 1968, King fue asesinado en Memphis, Tennessee. Al hablar del legado de estos dos líderes, nos atormenta su muerte violenta y prematura. Los vemos en innumerables fotos hermosas, congelados en el

Martin Luther King Jr. y Malcolm X, Washington D. C., 26 de marzo, 1964. (Marion S. Trikosko/Library of Congress)

tiempo, vibrantes, en su mejor momento. Ambos tenían solo treinta y nueve años cuando murieron.

Tal vez al modo thatcheriano, tendemos a pensar en los líderes ante todo como individuos. Se puede oír alguna versión de esto en todas las voces genéricas y melodramáticas de los anuncios de películas: en un mundo de engaño y destrucción, un individuo encontrará lo que hace falta para convertirse en héroe. El *ethos* individualista es fuerte cuando pensamos de un modo jerárquico, o romántico, en el liderazgo. Una persona en la cima del gobierno. A la cabeza de una manifestación. En un trono. En una celda. En un precipicio. Pero como hemos visto a lo largo de este libro, el liderazgo puede adoptar diferentes formas. Existe el liderazgo de grupo, el liderazgo anónimo, el liderazgo difuso. ¿Puede el liderazgo venir en forma de dúo involuntario? Martin

Luther King Jr. y Malcolm X no eran amigos ni aliados, y discrepaban fundamentalmente en multitud de cuestiones.[12] Pero como dos de los líderes afroamericanos más prominentes y visibles en el momento cumbre de la era de los derechos civiles, con frecuencia se les enseña y discute como una especie de tándem, de formas que a veces tergiversan lo que cada uno de ellos representaba. A lo largo de los años he oído innumerables variaciones de este tema. Los niños, los adolescentes e incluso los estudiantes universitarios (si es que tienen la suerte de conocer esta historia) aprenden que en Estados Unidos había racismo y discriminación contra los negros, y que había dos formas principales de protesta. Una era integradora y «no violenta», inspirada en Gandhi, y abogaba por la hermandad entre blancos y negros, que llevaría a Estados Unidos a cumplir su credo de que «todos los hombres fueron creados iguales». Ese era (en teoría) el planteamiento de Martin Luther King Jr. que se hizo famoso en su discurso «Tengo un sueño».

El otro enfoque de la protesta, por lo que se enseña a los niños, no era tan amable ni pacífico. Respondía al racismo contra los negros siendo racista contra los blancos, y en lugar de ser no violento en respuesta a la violencia y poner la otra mejilla como decía el reverendo King, pedía a los negros que se armaran y fueran violentos contra los blancos. Esta perspectiva era estrecha de miras y excluía a los ciudadanos blancos que también querían unirse a la lucha contra el racismo. Este era (en teoría) el planteamiento de Malcolm X, que decía que los negros tenían que conquistar sus derechos «utilizando cualquier medio necesario». Y si llegan tan lejos, muchos jóvenes se enterarán también de que (¡casualmente!) King era cristiano, y Malcolm X, musulmán.

Lo que he descrito aquí es una versión caricaturesca y exagerada de un fenómeno real: la insistencia en enseñar la historia de los derechos civiles y la lucha afroamericana no como la historia de la lucha tangible por conseguir la igualdad política y el progreso material para los negros y la gente de color, sino como un cuento moral que juzga a sus líderes en función de cómo hicieron sentir a los estadounidenses de élite sobre sí mismos y sobre el país, entonces y desde entonces. Distorsiona enormemente lo que ambos líderes creían y defendían. La conexión entre estos relatos y la realidad histórica es tenue.

En la época de las trayectorias públicas de MLK y Malcolm X, a finales de la década de 1950 y principios de la de 1960, los afroamericanos de Estados Unidos seguían viviendo en un país segregado en su mayor parte. Segregación es un término técnico que no refleja el grado de racismo y violencia que sufrían los negros. De hecho, los estadounidenses se especializaron en crear eufemismos para describir el racismo. Hablar de raza cuando lo que se quiere decir es racismo o utilizar el adjetivo sin sentido «racial» cuando lo que se quiere decir es «racista» (como en «matices raciales») convierte el racismo en algo banal que puede prosperar en la sociedad educada, donde se supone que está prohibido.[13] La segregación no era solo separación. Significaba que los negros eran, en cierto modo, como los intocables de la India: no se les permitía beber de las mismas fuentes de agua ni bañarse en las mismas playas, ir a la escuela con niños blancos ni comer en los mismos sitios que los blancos. Estas normas repugnantes quedaron consagradas por las instituciones estadounidenses, de forma maravillosamente bipartidista, incluido el reaccionario Tribunal Supremo; «separados pero iguales» fue una de sus doctrinas legales más absurdas, y duró seis décadas, desde 1890 hasta 1950. (Si las personas son iguales, ¿por qué deben estar separadas?) Para cuando Martin y Malcolm eran adultos, las leyes de Jim Crow llegaron a ser consideradas por sus defensores no como un vestigio racista de la esclavitud, sino como una forma de vida incuestionable. Se imponía mediante la violencia. La exigencia de que se cambiaran era una violación de la tradición y de los «derechos de los estados», y una justificación para el terrorismo.[14]

La segregación se consideraba (y se considera) normalmente un fenómeno sureño, ya que en esas zonas de Estados Unidos estaba formalizada y se imponía, pero la situación en el resto del país, incluidos el norte y el medio oeste (de donde era originario Malcolm) no era mucho mejor. Los negros sufrían un racismo sistémico, institucional y explícito, y en lo económico eran ciudadanos de segunda clase. En nuestros días sigue habiendo una clara coincidencia entre los afroamericanos y la pobreza (y el encarcelamiento masivo). Como en el caso de los parias en la India, los casos individuales de personas concretas que alcanzan altos cargos en Estados Unidos no pueden abarcar la realidad general de la mayoría de las personas del grupo social.

MLK y Malcolm, a su manera, respondieron como líderes y activistas a las realidades de su presente. Pero su liderazgo no fue una mera reacción al presente. Tenía sus raíces en el pasado. Una parte de lo que les hizo líderes tan importantes fue su esfuerzo por abordar la injusticia histórica. No solo querían cambiar la realidad y crear un futuro mejor (aunque también querían eso), sino también enseñar a la gente el pasado y las raíces de esas injusticias. Educaban tanto a sus comunidades como al pueblo estadounidense (y a los pueblos del mundo) en general. Para ellos, comprender la historia era la clave para levantar a los oprimidos y cambiar el mundo. Fueron dos de los más grandes maestros que jamás hayan existido. Pero lo que enseñaban sobre Estados Unidos, y sobre los negros estadounidenses, no era lo mismo.

Malcolm, nacido en 1925 en Omaha, Nebraska, y Martin, nacido en Atlanta, Georgia, en 1929, crecieron en una época en la que todavía muchos negros ancianos eran antiguos esclavos o hijos de antiguos esclavos. Nuestro mundo actual, no solo en términos demográficos sino también en cuanto a sus estructuras financieras y jerarquías, es en muchos aspectos producto de la esclavitud y de la trata de esclavos. No es exagerado decir que Estados Unidos se construyó (literalmente) sobre las espaldas de los esclavos, al igual que la riqueza europea se generó a partir de las atrocidades y la explotación del colonialismo y, en algunos casos, de la propia trata de esclavos. Por poner un ejemplo, la ciudad francesa de Nantes, cerca de la costa atlántica, fue durante dos siglos uno de los mayores centros europeos del comercio atlántico de esclavos. Cerca del centro de la ciudad, a orillas del Loira, hay un conmovedor monumento a las víctimas; está a un paso de los edificios burgueses de la ciudad situados frente al río, construidos con fortunas obtenidas de ese comercio.[15] Esa historia sigue explicando en parte las grandes diferencias generales entre los residentes más ricos y los inmigrantes y trabajadores más pobres de esta ciudad mayoritariamente católica y de izquierdas. Conocer esta historia ayuda a entender, donde quizá antes no se podía, por qué Malcolm X consideraba a los afroamericanos de Estados Unidos víctimas subyugadas del imperialismo occidental y por qué, hacia el final de su vida, adoptó un enfoque internacional y anticolonial de la lucha negra.[16]

Tanto MLK como Malcolm X sabían que conceder la «libertad» a los esclavos al final de la Guerra Civil significaba poco si no se tenían en cuenta los efectos que la esclavitud había tenido en la sociedad estadounidense. Los antiguos esclavos y sus descendientes no pudieron comprar tierras y, en su mayoría, tuvieron que valerse por sí mismos en condiciones de una intimidación violenta, de pobreza y de discriminación. Tras el breve experimento de verdadero empoderamiento democrático que supuso la Reconstrucción, y a pesar de que la Confederación había sido derrotada en la guerra de Secesión y su economía basada en la esclavitud había quedado destrozada, los estados del sur, que en conjunto eran (y siguen siendo) los más pobres de la nación, establecieron el sistema Jim Crow, que se mantendría durante décadas.[17]

MLK y Malcolm X alcanzaron la mayoría de edad en una época marcada por grandes esperanzas y devastadoras desilusiones para los afroamericanos. La participación de soldados negros en la Primera Guerra Mundial, en la que Estados Unidos luchó para hacer del mundo un lugar «seguro para la democracia», como había dicho el presidente Wilson, regresó a casa con desfiles de orgullo en Harlem, Nueva York, y otras comunidades negras. Pero si pensaban que esto les granjearía la buena voluntad de la mayoría de los estadounidenses blancos, estaban muy equivocados.[18] En la década que siguió a la Primera Guerra Mundial se produjeron algunas de las peores brutalidades racistas de la historia de Estados Unidos. Con frecuencia, las víctimas eran los afroamericanos con más éxito, los que desafiaron la segregación y la discriminación para crear comunidades prósperas en las que los afroamericanos pudieran llevar vidas independientes en lo económico, más o menos libres del control y el terror de los blancos. La «revuelta racial» (otro eufemismo) de Tulsa, Oklahoma, en 1921, en la que los «justicieros» blancos quemaron hasta los cimientos la llamada Black Wall Street, quizá la comunidad negra con más éxito económico del suroeste de Estados Unidos, fue un punto terriblemente bajo.[19] En el sur continuaron los linchamientos, la forma bárbara en que las turbas blancas mantenían aterrorizados y bajo control a los negros.[20]

La Segunda Guerra Mundial fue quizá el episodio más formativo para esta generación de líderes afroamericanos. Elevó las expectativas de progreso a su punto más elevado, pero también provocó un aumento de las exigencias. Los afroamericanos fueron reclutados una vez más para participar en un importante esfuerzo bélico estadounidense en el extranjero, y no se les escapó la ironía de luchar contra el militarismo japonés y el nazismo alemán en un ejército «racialmente» segregado (racistamente segregado). Algunos soldados negros adoptaron el símbolo de la «doble V», que significaba que luchaban por la democracia en el extranjero y en casa, en Estados Unidos.[21]

Muchos de los líderes y activistas por los derechos civiles más destacados de las décadas de 1940 y 1950 se inspiraron en la Segunda Guerra Mundial, cuando la relación entre la lucha contra la segregación y por la democracia se hizo más evidente. ¿Cómo podía Estados Unidos llamarse a sí mismo una democracia liberal y celebrar su triunfo sobre el nazismo, se preguntaban furiosamente estos activistas, cuando mantenía a sus propios ciudadanos negros sometidos a una brutal discriminación en casa? Y, sin embargo, los soldados negros volvieron a casa tras ayudar a derrotar a Hitler y a los japoneses (y dejaron a miles de sus hermanos de armas en los cementerios de Europa y Asia) a la realidad inmediata de un Estados Unidos segregado: eran héroes de guerra, pero no podían alojarse en los mismos hoteles ni comer en los mismos restaurantes que los soldados blancos con los que habían servido en el mismo ejército. Los blancos seguían insultándolos, la policía seguía golpeándolos y las turbas seguían matándolos. Por orden de Truman, las fuerzas armadas se *desegregaron* en 1946, pero gran parte de la sociedad se quedó atrás.[22]

Esta intolerable discrepancia entre las enormes expectativas de progreso, por un lado, y la persistencia del racismo y la pobreza, por otro, fue el motor del ascenso de los líderes de los derechos civiles más famosos y prometedores de la posguerra, figuras tan emblemáticas como Rosa Parks y Martin Luther King Jr. No eran personas que tuvieran la esperanza de que los estadounidenses blancos o las instituciones estadounidenses hicieran lo correcto, o de conformarse con el éxito individual o la riqueza. Era tan improbable que Rosa Parks transigiera en sus principios como Margaret Thatcher, pero a diferencia de la Dama de Hierro, su gran principio no era la privatización, sino la justicia.

El movimiento por los derechos civiles tiene una larga historia, y los años cincuenta y principios de los sesenta fueron su cenit. El alcance de la actividad fue asombroso. Tuvo lugar en el ámbito jurídico: en 1954, durante el breve periodo en que el Tribunal Supremo fue «liberal», invalidó por fin la absurda doctrina de separados pero iguales (en el caso «Brown contra el Consejo de Educación», que prohibía la segregación en las escuelas públicas). Pero los derechos civiles fueron ante todo un movimiento político que pretendía presionar al gobierno para que cambiara las leyes del país. Hubo boicots bien organizados, «viajes por la libertad» en los estados del sur, campañas de inscripción de votantes, sentadas, protestas en comedores segregados, marchas y manifestaciones masivas. También contó con líderes carismáticos, moralmente convincentes y que decían la verdad, que despertaron la furia de gran parte de la clase dirigente económica y política del país, como suelen hacer los que dicen la verdad.

Los actos heroicos de desobediencia civil fueron transmitidos a todo el mundo por una nueva generación de activistas con un conocimiento mediático y político acorde con la época. Parks fue un ejemplo excelente: se trataba de una mujer negra, digna, con lentes y trabajadora que, un día y aparentemente de la nada, rechazó la degradante exigencia de ceder su asiento a un cliente blanco en la sección de color del autobús, como se esperaba de ella. Su enfrentamiento contra las normas de Jim Crow, su expulsión del autobús y su detención por la policía de Montgomery, fue el preludio del boicot negro al sistema de autobuses de la ciudad, una impresionante demostración de poder cívico. La protesta supuestamente espontánea de Parks fue en realidad un acontecimiento bien planificado y coreografiado, diseñado para llamar la atención en toda la nación y en todo el mundo sobre la persistencia de la segregación y el racismo contra los que luchaba el movimiento por los derechos civiles. Parks era una veterana activista y organizadora elegida de manera cuidadosa para ser la protagonista aquel día. Fue inteligente, eficaz y valiente: Parks acabó detenida y encarcelada durante el boicot, acosada por las autoridades (al igual que otros activistas), recibió amenazas de muerte y finalmente abandonó la ciudad.[23]

En una lucha por los derechos básicos, todo el mundo participa, incluidos (por desgracia), los niños. La valentía personal de los niños fue quizá el rasgo central del movimiento, plasmado en fotos tan emblemáticas como la de Ruby Bridges, de seis años, desgarradora e inspiradora a la vez, con un bonito vestido, asistiendo a su primer día de primaria en una escuela pública de Nueva Orleans segregada a la fuerza en noviembre de 1960, la única niña en la escalera de la escuela, rodeada de agentes federales enviados para protegerla. Y está la foto de 1957 de los Nueve de Little Rock

Ruby Bridges, de seis años, acompañada por agentes federales, asiste a su primer día de primer curso en la escuela primaria William Frantz de Nueva Orleans, Luisiana, el 14 de noviembre de 1960. (Fotografía de dominio público)

entrando en su preparatoria de Arkansas acompañados por guardias nacionales armados, enviados por la administración Eisenhower para anular la intransigencia de las autoridades locales y estatales.

Teniendo en cuenta cómo se conmemora hoy a algunos líderes de los derechos civiles, se podría pensar que su activismo supuso el fin del racismo y la desigualdad. Pero eso no es lo que ocurrió, y si en 2023 se conmemora formalmente a personas como King y Parks, es porque se trata de una forma cómoda para que los líderes y las instituciones traten de dientes para afuera los problemas reales que estas figuras pusieron de relieve mientras dejan que sus causas sociales y económicas subyacentes sigan agudizándose y creciendo. Los líderes de los derechos civiles no eran ingenuos; sabían que no iban a acabar con el racismo. Lo que querían era sacar el tema a la luz, poner las cosas en su sitio y acabar con los juegos hipócritas a los que los líderes políticos y las instituciones estadounidenses habían estado jugando durante décadas. En este sentido, tuvieron un gran éxito. Gran parte de la reacción blanca al activismo por los derechos civiles fue furiosa y violenta. Podemos verlo en el sinfín de fotos premiadas de aquellos años, de policías golpeando a manifestantes negros, echándoles encima perros de presa, utilizando mangueras contra incendios y encarcelando a sus líderes.[24]

La foto que siempre utilizo cuando enseño sobre MLK es la de su ficha policial cuando lo ficharon y lo encarcelaron en Montgomery, Alabama, en 1956. Este joven elocuente y no violento, ministro baptista con un doctorado en Teología, fue encarcelado por el delito de exigir igualdad (oficialmente, por desobedecer la ley), y lo hizo recordando a los estadounidenses lo que decía su propia Declaración de Independencia

Foto de la ficha policial de Martin Luther King Jr. en 1956, tomada por la policía de Montgomery, Alabama. (ARCHIVIO GBB/Alamy Stock Photo)

y lo que prometían las Escrituras que decían venerar. Sin embargo, no eran solo los caricaturescos jefes de policía del sur los que arrestaban, encarcelaban, golpeaban y acosaban. El director del FBI, J. Edgar Hoover, que fue durante cinco décadas uno de los hombres más poderosos (y nefastos y racistas) del gobierno estadounidense, hizo de la destrucción de King su misión personal, e incluso intentó inducirlo al suicidio después de que King ganara el Premio Nobel de la Paz en 1964. Hoover difamó a un hombre mucho mejor que él como peligroso subversivo y desviado sexual e hizo todo lo posible por vincular la demanda de derechos civiles e igualdad a los temores exagerados de la gente ante la Guerra Fría. El comunismo siempre ha sido una fuerza débil en Estados Unidos, incluso en comparación con otros países occidentales, pero ha funcionado como una *bête noire* política, una forma estúpida pero eficaz de que las figuras cínicas desacrediten los intentos serios de los líderes de mejorar la vida de la gente, especialmente la de los estadounidenses más pobres. Además de las consabidas medidas de represión, como impedir que los negros votaran o ejercieran otros derechos, intimidarlos y acosarlos y, cuando era posible, matarlos, las autoridades atacaron e intentaron destruir con mayor intensidad y maldad a los líderes negros que más insistían en que el país debía cambiar.

Hace algunos años, en lo que ahora parece una época de inocencia, enseñar la historia del movimiento por los derechos civiles y de sus líderes parecía una propuesta sencilla. La historia conducía de manera directa a una especie de final feliz de los últimos tiempos: tras la elección de Barack Obama como presidente en 2008, en los círculos elitistas se extendió la idea de que Estados Unidos se había convertido en una «sociedad posracial»; según esta narrativa, la presidencia de Obama, dada la historia de racismo del país, representaba el triunfo político definitivo del movimiento por los derechos civiles. Era el apogeo de la era de la política representativa, en la que el éxito de una persona en política, negocios o deportes se considera un éxito para todo el grupo social, incluso para aquellos cuyas vidas no mejoraron ni un poco. Eso es parte de lo que significa vivir en una cultura hiperindividualista, y en una sociedad en la que se disuade activamente a la gente de trabajar por los derechos colectivos, en contraposición a los individuales. Pero, como muchas de las ideas de aquellos años inocentes, la noción de una sociedad posracial era un engaño. En los últimos cuarenta años en Estados Unidos, bajo siete presidentes diferentes, tres demócratas y cuatro republicanos, e incluyendo un presidente negro de dos mandatos, la brecha entre los más ricos y los más pobres aumentó, y los afroamericanos siguen siendo la parte más pobre de la población (y con diferencia, la más encarcelada). El racismo y la desigualdad económica van de la mano en Estados Unidos, como en todas partes.

Es crucial enseñar sobre los líderes de la era de los derechos civiles no porque sea una historia de progreso que conduce a un presente ilustrado, con héroes mártires por los que debemos estar agradecidos, sino porque los problemas que abordó el movimiento de derechos civiles siguen con nosotros, aunque hoy puedan tener formas algo diferentes. Esta es una historia que continúa, la estamos viviendo, y Martin Luther King Jr. y Malcolm X, aunque ya hace tiempo que se fueron, son el tipo de líderes que seguimos necesitando.

En aquel momento de sus trayectorias públicas, MLK y Malcolm X eran jóvenes, carismáticos y excelentes oradores. Son solo algunas de las muchas similitudes entre ellos. Ambos eran profundamente espirituales y encontraban consuelo en sus (diferentes) creencias religiosas, así como fundamentos para sus principios sociales, pero ninguno de los dos hacía proselitismo de su fe ni exigía a los demás que se adhirieran a ella, y ambos tenían enfoques por igual ecuménicos y laicos de su lucha política. Sin embargo, lo más importante que tenían en común era su actitud hacia la injusta realidad en la que vivía su pueblo. Ambos se oponían con todas sus fuerzas al racismo de la sociedad y estaban dispuestos a dedicar sus vidas (sus vidas reales) a luchar contra él. No podían, no querían, tolerar el *statu quo*. Ninguno de los dos era un santo, aunque ambos se convirtieran en mártires. Pero ambos eran guerreros y rebeldes.

Había, por supuesto, muchas diferencias entre ellos, empezando por sus orígenes de clase, lo que (como casi siempre) ayuda a explicar muchos de sus desacuerdos políticos. Estas diferencias importan incluso dentro de los grupos oprimidos, como vimos a lo largo de este libro. King procedía de la llamada burguesía negra de Atlanta (Georgia), contaba con un buen apoyo familiar, había recibido una educación formal y, al igual que su padre, Martin Luther King padre, era reverendo baptista. Como primer presidente de la Southern Christian Leadership Conference, estuvo en la vanguardia de la lucha por los derechos civiles desde muy joven y fue su líder más visible. Malcolm, en cambio, nació en el seno de una familia pobre que se desplazaba de un lugar a otro, quedó huérfano de padre a los seis años, vio cómo internaban a su madre cuando era preadolescente, dejó de ir a la escuela a los catorce años, se convirtió en un delincuente de poca monta en Nueva York y Boston, y finalmente pasó varios años en prisión. Allí se unió a la Nación del Islam (NOI, por sus siglas en inglés), una secta creada en Detroit en la década de 1930 por un misterioso hombre llamado Wallace Fard Muhammad. En la cárcel, Malcolm dio un giro a su vida, se convirtió en un lector voraz y, como consecuencia, se estropeó la vista, lo que lo obligó a llevar los lentes que se convertirían en parte de su aspecto característico. Al igual que otras personalidades intelectuales denominadas orgánicas, que suelen ser autodidactas y proceder de entornos modestos, Malcolm experimentó un intenso despertar político en prisión, que lo llevó a entender su vida de violencia y pobreza desde una perspectiva histórica y a considerar Estados Unidos como una nación de la que los negros nunca podrían formar parte.

Tras salir de la cárcel, en 1954, Malcolm se convirtió en ministro religioso de la NOI, donde su perfil público creció con rapidez. A principios de la década de 1960, era uno de los jóvenes líderes negros más destacados del país, conocido no solo a nivel nacional sino también en todo el mundo. Ensombreció con facilidad al líder de la NOI, Elijah Muhammad, y aunque Malcolm siempre precedía sus declaraciones con «el honorable Elijah Muhammad nos enseña que...», ambos acabaron enfrentándose, tras lo cual Malcolm fundó dos nuevas organizaciones y se convirtió al islam suní, peregrinando a la Ciudad Santa de La Meca, Arabia Saudí, en marzo de 1964, viaje que relató de forma dramática en *La autobiografía de Malcolm X*. La desagradable ruptura con la NOI terminaría con el asesinato de Malcolm, al final de un discurso público en Harlem, en febrero de 1965.[25]

En cuanto a King, hay una larga lista de libros sobre el hombre y su época, y sobre cómo su visión del mundo se vio moldeada por su teología cristiana y por la política de desobediencia civil no violenta de Gandhi. El cristianismo de King se inspiraba en la visión de Jesucristo sobre la fraternidad, la justicia y el cuidado de los pobres. No tenía nada que ver con la versión común hoy en Estados Unidos que, en nombre de Cristo, promueve la crueldad, la codicia y el fanatismo, cosas que a Jesús le daban náuseas. Identificamos correctamente a MLK con una resistencia de principios a la opresión y con su voluntad de pagar un alto precio personal en esa lucha, incluido el precio final. Oímos su llamamiento a los compatriotas para que cumplan las palabras de Thomas Jefferson en la Declaración de Independencia de que «todos los hombres han sido creados iguales». Sabemos que MLK trabajó tanto fuera como dentro de las instituciones oficiales, incluidas las más poderosas del país, para promover su programa de derechos civiles. Su trabajo con la administración

Johnson para impulsar la Ley de Derechos Civiles de 1964 y la Ley de Derecho al Voto de 1965 es un buen ejemplo.[26]

Lo que quizá no percibamos al ver las grabaciones de King, seguro de sí mismo, profético, es que al principio no pretendía convertirse en el líder de esta lucha. Al igual que muchos jóvenes con talento procedentes de grupos oprimidos, carecía de cierta confianza en sí mismo que es más natural en alguien como Franklin Roosevelt, que llegó a la edad adulta y de alguna manera sabía que iba a ser presidente incluso cuando era un mediocre chico de fraternidad en Harvard. Las capacidades de King fueron reconocidas muy pronto por otros miembros de su comunidad, que lo empujaron a convertirse en líder de su pueblo. Pero una vez que lo hizo, se convirtió en un líder transformador.

Al ser una figura tan emblemática, MLK es también un excelente caso de estudio sobre cómo cambia nuestra percepción de los líderes con el paso del tiempo y por qué algunos legados perduran y otros quedan eclipsados. ¿Cómo pasa una sociedad de detener repetidamente a un hombre y tratarlo como a un delincuente común a bautizar una fiesta nacional con su nombre, todo ello en el espacio de una década y media? El racismo no había desaparecido. Tampoco las tremendas diferencias económicas entre blancos y negros. Este tipo de cosas suelen ocurrir cuando el mensaje de un líder se blanquea, o se diluye, o se distorsiona, con el propósito de consumo masivo, en una cultura política que valora los gestos simbólicos mucho más que las realidades materiales. Solo quince años después de ser asesinado por su radicalismo político, Martin Luther King Jr. acabó convertido en un ícono seguro, apetecible y familiar para todo el mundo, una razón más para que los estadounidenses vayan de compras. Hoy en día, aparece con frecuencia en la vida política estadounidense como una comparación útil con la que regañar a jóvenes activistas y líderes que no están a la altura de la supuesta respetabilidad y civismo de King. Las personas que hacen tales acusaciones son a menudo del tipo que, cuando King estaba vivo, le habrían llamado criminal y habrían exigido su encarcelamiento, o algo peor.

La «Carta desde la cárcel de Birmingham» de MLK de 1963 es uno de los grandes textos políticos de la historia de Estados Unidos. King la dirigió oficialmente a ocho «líderes» religiosos blancos del sur que pretendían ser «partidarios» del movimiento por los derechos civiles, pero calificaban el activismo de King en Birmingham de «imprudente e inoportuno»; parecían oponerse a que King y otras personas acudieran a Birmingham desde otros lugares para participar en las protestas que allí se celebraban. La respuesta de King revela que el problema que más le preocupaba no eran los racistas declarados, los jefes de policía que los metían en la cárcel a él y a sus amigos, ni los agentes del Estado que intentaban destruirlo, sino más bien sus supuestos aliados que exhortaban a los furiosos y decididos activistas negros a ser pacientes, a evitar exigencias drásticas y a conformarse con migajas de progreso siempre que fuera posible.

A la absurda afirmación de que él y sus aliados eran forasteros en Birmingham y que, por tanto, no deberían haber protestado en esa ciudad, King respondió con unas palabras que a veces se citan (de modo parcial) pero cuyo mensaje generalmente se ignora: «No puedo quedarme de brazos cruzados en Atlanta y no preocuparme por lo que ocurre en Birmingham. La injusticia en cualquier lugar es una amenaza para la justicia en todas partes. Estamos atrapados en una red de reciprocidad ineludible, atados en una sola prenda de destino. Lo que afecta a uno de un modo directo afecta a todo el mundo de forma indirecta».

Hay una razón por la que la frase que empieza con «La injusticia en cualquier lugar» es muy citada y las dos frases que siguen no lo son. La primera habla de injusticia, que la mayoría de nosotros puede denunciar fácilmente; las siguientes ponen la atención en nosotros y en nuestra responsabilidad compartida en la injusticia. Nos impone la incómoda verdad de que, al contrario de la afirmación de Thatcher de que no existe tal cosa como la sociedad, estamos, de hecho, ligados unos a otros en «una red de reciprocidad ineludible». ¿Podría haber una frase menos descriptiva de la vida económica y social en 2023 en Estados Unidos, un país que, con una hipocresía que quita el aliento, celebra el Día de MLK cada enero?

A ese otro argumento clásico y petulante, que todavía se oye hoy en día cada vez que hay demandas de cambio, de que «ahora no es el momento» o de que los jóvenes aterrorizados por el futuro tienen que ser pacientes mientras sus mayores siguen llevando las riendas del poder, King escribió que «la historia es la larga y trágica historia del hecho de que los grupos privilegiados rara vez renuncian voluntariamente a sus privilegios». Sus palabras criticaban a los que se sientan en la cúspide de la sociedad, exigiendo a los que sufren por debajo de ellos que «esperen», muestren «civismo» en sus protestas, «eviten infringir las leyes» y, en general, respeten las instituciones y los sistemas que los mantienen en su humilde lugar mientras les prometen sin cesar (y en falso) días mejores. Ese era, para King, el significado de la máxima «la justicia demasiado retrasada es justicia denegada».[27]

King también echó por tierra uno de los argumentos más comunes que se oyen en respuesta a las demandas de cosas básicas que mantienen a la gente segura y sana: que pedir esas cosas (igualdad con otras personas, por ejemplo) es ser alguien «extremista». La respuesta de King a este tipo de críticas fue mordaz: «Casi llego a la lamentable conclusión de que el gran obstáculo del pueblo negro en su camino hacia la libertad no es el... miembro del Ku Klux Klan, sino el blanco moderado que es más devoto del orden que de la justicia; que prefiere una paz negativa, que es la ausencia de tensión, a una paz positiva que es la presencia de la justicia».

Es importante recordar que MLK no escribió estas palabras desde la comodidad de una facultad en un frondoso campus, ni desde la sala de juntas de una empresa rentable, ni desde el despacho de un alto funcionario, ni siquiera desde su casa en Facebook. Escribió esas palabras mientras estaba encerrado en una cárcel. Esa era su perspectiva, incluso cuando no estaba en una cárcel. Debemos ser conscientes de la distancia entre su condición al escribir la carta y la nuestra al leerla. Sus palabras no eran académicas ni estaban a la venta. Eran urgentes. El objetivo de citarlas aquí no es simplemente presentar sus puntos de vista sobre los derechos civiles y la protesta. Se trata más bien de mostrar lo que decidimos recordar y olvidar, celebrar y despreciar, de nuestros líderes más famosos. A muchas personas, en especial a las que tienen poder en todo el mundo, les encanta citar la frase de King «el arco de la historia es largo, pero se inclina hacia la justicia»; dos candidatos presidenciales recientes en Estados Unidos, Barack Obama y Hillary Clinton, lo hicieron en sus campañas. ¿Y por qué no? Separada de un contexto más amplio, vaciada de su significado más profundo, es una declaración mística que agrada a todos y no amenaza a nadie. Promete un futuro mejor, asegura que el mundo es justo e implica que la historia arreglará las cosas. Por supuesto, King no creía en eso. Conocía las razones por las que aún no había justicia, y lo que había que hacer para conseguirla. Comprendió, hasta el día de su muerte, el sacrificio que exigía tal liderazgo. Las figuras poderosas rara vez citan su afirmación de que «una nación que sigue gastando año tras año más dinero en defensa militar que en programas de mejora social se acerca a la muerte espiritual». Esas palabras son menos agradables. Y como gran parte de lo que dijo King, son incluso más pertinentes ahora que cuando las dijo en 1967.[28]

Los niños de Estados Unidos y de otras partes del mundo aprenden que MLK fue asesinado por un racista blanco en 1968 porque luchaba por los derechos civiles. Lo que quizá no sepan es que se encontraba en Memphis para ayudar en su lucha a los trabajadores sanitarios negros en huelga. Para entonces, cinco años después de su discurso «Tengo un sueño» en el centro comercial de Washington D. C. y cuatro años después de ganar el Premio Nobel de la Paz, las posturas de King lo hacían mucho menos aceptable para la corriente política dominante y un hombre absolutamente inaceptable para los J. Edgar Hoovers del mundo. La guerra de Vietnam había hecho estragos en muchas de las esperanzas de King, que ahora veía el racismo, la desigualdad económica y el militarismo como tres lacras unidas de forma inextricable y que debían ser derrotadas juntas porque se reforzaban de forma mutua y hacían la vida infernal a demasiada gente, en particular a los negros. Para la gente que más lo despreciaba, no podía haber una perspectiva más aterradora que la visión política de King en el momento en que fue asesinado. Hoy en día, a algunos líderes les gusta citar sus palabras de forma selectiva para hacer creer que no defendía más que no hacer caso al color de la piel, mientras que otros condenan una de las tres lacras que identificó y restan importancia, ignoran o aceptan las otras dos.

Los mejores líderes no son solo guerreros, rebeldes y santos. Suelen ser grandes maestros. No solo hacen cosas, sino que explican a la gente cómo funciona el mundo, la realidad en la que viven y de dónde venimos, y dicen la verdad: es decir, enseñan la verdadera historia, no la falsa. Malcolm X no era exactamente un autor: *La autobiografía de Malcolm X* la escribió el periodista negro Alex Haley, que tenía sus propios planes, y fue publicada después de la muerte de Malcolm. En su corta vida, Malcolm estuvo demasiado ocupado con su activismo y su supervivencia como para sentarse a escribir, y nunca estuvo en realidad en condiciones de hacerlo, sobre todo en el último año de su vida, cuando huía para salvar la vida: sabía, y lo decía, que era hombre muerto. Pero sus discursos más famosos, «The Ballot or the Bullet» («La papeleta o la bala»), «Message to the Grassroots» («Mensaje a las bases») y «The House Negro and the Field Negro» («El negro de la casa y el negro del campo»), eran lecciones de historia para personas que, en su opinión, habían perdido su historia, que les había sido arrebatada a la fuerza mediante la esclavitud y el colonialismo.[29]

Algunas de sus entrevistas más esclarecedoras son aquellas en las que se le hacen preguntas básicas, como por qué se hace llamar Malcolm «X». Incluso hoy en día, no hay suficientes personas que se den cuenta de que la «X» de su nombre no tiene un significado ominoso, como algunos sospechan, sino que es un sustituto del nombre real que le quitaron a su antepasado africano, junto con todo lo demás que tenía, cuando lo trajeron encadenado a Estados Unidos. (Por eso no menciono el apellido «cristiano» de Malcolm, que, como él mismo señaló, le puso a su antepasado su esclavista blanco para marcarlo como de su propiedad, y que Malcolm se negó a reconocer). Cambió oficialmente su nombre por el de Malik Shabazz, que es el que aparecía en su pasaporte, y en el mundo musulmán se le conocía como El-Hajj Malik El--Shabazz, pero él seguía identificándose como Malcolm X. En las entrevistas, Malcolm mostraba los mejores rasgos de un maestro: paciencia y calma, casi siempre sonriente y sin perder la tranquilidad incluso ante los expertos más polémicos. Necesitaba tener un sentido del humor absurdo, dado lo que ocurría a su alrededor: uno de los momentos más divertidos de Malcolm fue cuando grabó de manera subrepticia y luego transcribió textualmente una conversación con un agente del FBI que le visitó e intentó reclutarlo como informante.[30]

A diferencia de MLK, Malcolm X no estaba interesado en la integración, que era una reivindicación central del movimiento por los derechos civiles. En realidad, no utilizaba la palabra *igualdad*. En su lugar, hablaba de *separación* y, más tarde, de *liberación*. Malcolm no sentía más que desprecio por Estados Unidos y no deseaba formar parte de una nación que había colonizado y esclavizado a su pueblo; mucho más importante para los negros, en su opinión, que conseguir la integración en Estados Unidos era redescubrir su historia y emprender un camino independiente y revolucionario. Si la visión de King era que los negros debían disfrutar plenamente de la promesa del sueño americano, la de Malcolm era que lo único que se ofrecía a los afroamericanos era «una pesadilla americana». Del mismo modo, la Marcha sobre

Washington, quizá el acontecimiento más célebre de la era de los derechos civiles, fue, para Malcolm, la «Farsa sobre Washington». Parecía respetar en lo personal a MLK, pero creía que sus puntos de vista estaban equivocados por completo, empezando por el cristianismo de King, que Malcolm veía como un legado de la esclavitud y no le gustaba porque creía que enseñaba a los negros a ser pasivos, a poner la otra mejilla y a cantar en lugar de luchar. Malcolm quería «menos canto, más baile».[31] En sus momentos menos caritativos, se refería a los principales líderes de los derechos civiles como «tíos Tom», una caracterización injusta que quizá también reflejaba su envidia por ser más marginal entre los afroamericanos y menos influyente que otros líderes.

Su célebre discurso sobre «El negro de la casa y el negro del campo» fue un Malcolm clásico: utilizando una lección de la historia de la esclavitud, cuando «había dos clases de negros, el negro de la casa y el negro del campo», Malcolm habló de forma mordaz sobre los esclavos que vivían dentro de la casa del amo, ayudándolo a mantener a raya al resto de los esclavos, y a los que se permitía vestir y comer bien mientras que las masas de negros del campo trabajaban con penuria en las tierras, sufriendo «el aguijón del látigo» y rezando para que el amo muriera. Malcolm terminó el discurso declarando: «¡Yo soy un negro de campo!», dando a entender que las figuras negras defendidas por la clase dirigente eran los modernos negros de la casa, que protegían al amo blanco de la ira de las masas negras; en efecto, su función era mantener a raya a los líderes negros como él y apartar a la gente de su mensaje.[32]

En la *Autobiografía*, la peregrinación a La Meca desempeña un papel crucial en la evolución política y espiritual de

Malcolm X. Fue allí donde Malcolm conoció por primera vez a musulmanes «caucásicos» de países europeos, a los que consideraba sus hermanos (y hermanas), y donde empezó a replantearse el problema del racismo, al darse cuenta de que la forma en que los estadounidenses pensaban sobre la «raza» estaba alejada de las realidades del resto del mundo. Antes de La Meca, Malcolm estaba convencido de que no se podía trabajar con los blancos, que eran, según la teología de la NOI, «demonios rubios y de ojos azules». Malcolm llegó a la conclusión de que el racismo no tenía nada de predeterminado: los negros no estaban oprimidos por los blancos en sí, sino por el Estados Unidos blanco; el problema no eran los individuos y lo que creían o decían, sino la sociedad que estaba formada y marcada por el racismo, mezclado con la miseria económica para tantos. Para Malcolm, esta idea, que restaba importancia a los individuos y la ponía en el colectivo, abría posibilidades políticas totalmente nuevas. Por un lado, lo acercó a la corriente dominante, pero por otro lo alejó de ella. Para Malcolm, lo importante era la verdad de lo que había aprendido. Volvió de La Meca como un hombre cambiado, y dejó claro que seguiría cambiando mientras siguiera aprendiendo. Pero los principios básicos que impulsaban su liderazgo, el alzamiento de su pueblo y la lucha contra la opresión, no cambiarían nunca.

Dado que Malcolm era una persona con un intelecto lleno de curiosidad y un espíritu inquieto que a duras penas era capaz de permanecer en un mismo lugar, no deberían sorprendernos los rápidos y drásticos cambios en sus opiniones. Pero desconcertaron a sus seguidores, muchos de los cuales se sintieron traicionados y enojados, aunque le siguieran siendo leales hasta el final. La devoción definitiva y absoluta

Malcolm X en el juzgado de Queens, Nueva York, en enero de 1965, pocas semanas antes de su asesinato. (Library of Congress/Stock Photo)

de Malcolm hacia la verdad provocó que siguiera denunciando a su antiguo líder Elijah Muhammad incluso aunque sabía que eso lo ponía en peligro tanto a él como a su familia; una semana antes de su asesinato, pusieron una bomba delante de su casa de Queens, Nueva York. Malcolm sabía que lo iban a matar, y así lo dijo. El día de su asesinato, ordenó a sus guardias que no comprobaran si había armas a la entrada del salón de baile Audubon, donde pronunció su último discurso, y pidió a su mujer y a sus hijas que asistieran, como si esperara una representación pasional. Malcolm X era uno de los hombres más famosos del mundo, pero estaba casi solo.

Tres años más tarde, en Memphis, Martin Luther King Jr. pronunció un conmovedor discurso conocido como «Estuve en la cima de la montaña», en alusión a la historia de Moisés: la figura del Antiguo Testamento guio al pueblo de Israel por el desierto durante cuarenta años tras su liberación de la esclavitud en Egipto, pero Dios le prohibió entrar en la prometida tierra de Canaán: solo pudo verla desde la cima del monte Nebo. Al final de su discurso, King dejó claro que sabía lo que le iba a pasar, pero que no tenía miedo:

> Bueno, no sé lo que va a pasar ahora. Nos esperan días difíciles. Pero la verdad es que ya no me preocupa, porque estuve en la cima de la montaña. Y no me importa. Como a cualquiera, me gustaría vivir una larga vida. La longevidad tiene su importancia. Pero no estoy preocupado por eso ahora. Solo quiero hacer la voluntad de Dios. Y Él me permitió subir a la montaña. Y miré desde allí arriba. Y vi la Tierra Prometida. Puede que no llegue allí con ustedes. Pero quiero que sepan esta noche, que nosotros, como pueblo, llegaremos a la Tierra Prometida. Así que esta noche me siento feliz. Nada me preocupa. No temo a ningún hombre. ¡Mis ojos vieron la gloria de la llegada del Señor!

Lo asesinaron de un disparo al día siguiente.

Es difícil enfrentarse al modelo que representan dos líderes que son un ejemplo de valentía física y moral (muchas personas que no estaban de acuerdo con ellos les respetaban profundamente) pero que murieron y fueron enterrados a la edad de treinta y nueve años. Aunque ambos hombres nos inspiran, también nos hacen sentir vergüenza. Allí estaban ellos, enfrentándose al mal sin preocuparse por su propia seguridad; aquí estamos nosotros, leyendo este libro, cómodos, a salvo (es de suponer) de cualquier daño. Pocos de nosotros estamos dispuestos a morir por aquello en lo que creemos, incluso si creemos con firmeza en algo, y ¿cuántos de nosotros podemos decir que sentimos el fuego de una pasión ardiendo en nuestro interior con la misma intensidad como lo hacía en el caso de MLK y Malcolm X? Puede que, al final, su liderazgo sea demasiado remoto e irrelevante para la mayoría de la gente. Al fin y al cabo, vivimos en el mundo de Thatcher: nos preocupamos de nosotros mismos, a la carrera, esforzándonos por sobrevivir en la jungla moderna.

Cuando intentamos extraer lecciones sobre liderazgo de los ejemplos de estos dos hombres, nos encontramos con un verdadero dilema. MLK y Malcolm vivieron en un mundo (todavía vivimos en ese mundo) en el que su tipo de compromiso era fuente tanto de una fuerza extraordinaria como de una terrible debilidad. Si admiro a los líderes, no es solo por su perspicacia táctica o sus habilidades estratégicas, al estilo de los hijos de Maquiavelo, sino por su honestidad (por desgracia, es menos lucrativa y hay más probabilidad de que te maten). Admiro el modo en que tanto a MLK como a Malcolm no les importaba enojarse, pero canalizaban esa ira en aras del bien público. Si prestamos atención a sus palabras y a sus acciones, y vemos más allá de las versiones engañosas que con frecuencia se nos presentaron desde que ambos murieron, pueden proporcionarnos una base para un mundo que sería mucho mejor que el que tenemos ahora, al menos para la mayoría de la gente. Por desgracia, este libro está sembrado de cadáveres de líderes que hicieron el bien en este mundo y murieron por ello (mientras que algunos de los que más daño hicieron a su vez tuvieron las vidas más largas y prósperas). Yo quiero ambas cosas: líderes que hagan el bien pero que también prosperen, moral y personalmente. «La longevidad tiene su importancia», dijo King en su último discurso antes de ser asesinado, y no era una frase dicha a la ligera; él sabía lo que sacrificaría al morir tan joven. Importa que él, como Malcolm, fuera esposo y padre de niños pequeños. Sin duda es mejor vivir una larga vida y morir de causas naturales tras una carrera productiva en pos del bien público. ¿Es mucho pedir que nuestros mejores líderes no tengan que dar su vida por la justicia?

Tal vez, tomando prestado un término que se hizo popular en la era posterior a Thatcher, exista una tercera vía. Thatcher, King y Malcolm X tenían en común su audacia y compromiso con sus convicciones y principios. Pero lo que King y Malcolm X nos ofrecen, no necesariamente en cuanto a su política sino en cuanto a su enfoque del liderazgo, es la voluntad de permitir que los nuevos aprendizajes cambien sus puntos de vista. Incluso muchos de los que encontraban a Malcolm aterrador desde un punto de vista político, apreciaban su humor y humildad y la sensación que daba de que podía aprender algo de cualquiera, ya fuera un líder nacional (y se reunió con varios de ellos) o la persona sentada a su lado en el autobús o el avión. Y, por decirlo sin rodeos, nadie dudaba de que algo de lo que dijera fuera otra cosa que lo que genuina y profundamente creía.

Pero, como en el caso de Thatcher, quizá el principal legado de estos dos líderes, por mucho que se diferenciaran, tenga que ver con cómo pensamos de nosotros mismos y de nuestro lugar en el mundo. Tenían sus cualidades personales y sus egos, eran ambiciosos y esperaban que se les tomara en serio y que se prestara atención a sus palabras. Eran líderes individuales. Pero su forma de pensar sobre las personas era todo lo contrario de individualista. Para ambos, el progreso no se medía por el éxito individual de nadie, incluido el suyo propio, sino por el estado general de la sociedad, que de hecho existe. Su poder no se basaba en la posición que ocupaban ni en el dinero que ganaban (no mucho), sino en su causa moral y en su capacidad para hablar en nombre de los demás.

Estoy sacando momentáneamente a MLK y Malcolm X del contexto específico de la lucha afroamericana en Estados Unidos y situándolos en el contexto general de nuestro futuro colectivo. En todo el mundo asistimos a la recurrencia de un grave problema político: gran parte de la población está convencida de que sus dirigentes no trabajan en su nombre, de que el pueblo no controla su propio destino y de que se le niega la prosperidad y el progreso. En un ámbito histórico, se trata de una situación insostenible y peligrosa: cuando las élites de distintas esferas (económica, científica, política y cultural) parecen alejadas de las preocupaciones de la mayoría de la gente y se considera que no representan las preferencias del público, suelen producirse resultados que muchas élites consideran perversos y grotescos.

EPÍLOGO

Mientras escribía este libro, me encontré con frecuencia, en especial entre los espacios de élite, con el punto de vista de que a pesar de toda la ira y la agitación que nos rodean, el estado del mundo no hace más que mejorar. La conclusión es que la gente no tiene ni idea de lo bien que les va. De hecho, en la cima de la sociedad las cosas van muy bien. «La economía está en auge», dicen, por lo general señalando el mercado de valores. Si se les presiona sobre la situación del resto de la humanidad, podrían destacar el asombroso progreso científico y tecnológico que el mundo está experimentando, o la disminución general de la violencia y las guerras. Pero este tipo de argumentos fracasan cuando abandonamos los espacios exclusivos y ricos donde doy la mayor parte de mis clases. La tecnología y la ciencia, si bien avanzan a pasos agigantados, también están generando desequilibrios económicos y políticos sin precedentes, entre los pocos que se benefician de estas innovaciones y los muchos que no siempre las entienden o están convencidos, no sin justificación, de que enriquecen a los que ya son ricos, al tiempo que aumentan la vigilancia y el control de la población. Los más jóvenes, en particular, dudan de que la clave para un futuro colectivo mejor resida únicamente en la genialidad de la tecnología de élite y las prerrogativas de las grandes corporaciones multinacionales. Para ellos, esta manera de pensar es una forma de escapismo. Dudo mucho que estemos preparados como colectivo para hacer frente a los problemas reales (no problemas falsos) que enfrentaremos.

Aquí me quito el sombrero de historiador y me pongo el de ciudadano común y corriente que simplemente busca un buen liderazgo. Este libro se escribió a la sombra de una pandemia global que costó millones de vidas en todo el mundo y causó un daño enorme a nuestras sociedades. A medida que el cambio climático devaste nuestros sistemas ecológicos, aparecerán más enfermedades (y tal vez peores). Las condiciones meteorológicas extremas crearán catástrofes medioambientales, humanitarias y geopolíticas incontrolables. Los costos económicos, para quienes no pertenecen al 0.1% de la clase superior, son incalculables (mientras que esas pocas personas pueden ganar más dinero que nunca). Estos problemas, que ya existen y que se espera que empeoren, han revelado lo mal liderados que estamos muchos de nosotros, lo egoístas que son muchos de nuestros líderes y lo poco preparados que estamos para lo que se avecina. Por si todo esto fuera poco, nuestro planeta está sufriendo el calentamiento global. En respuesta a esta desgracia, vemos a niños convertidos en íconos mundiales de la protesta, mientras que los adultos con poder real hacen poco o nada, y, desde luego, no lo suficiente, prefieren centrarse en tonterías o en algo tan simple como mentirle a la gente. La mayoría de nuestros líderes mundiales se niega a preocuparse por nada más allá de su interés a corto plazo, sus pocos intereses nacionales y sus intereses financieros. Esos niños ni siquiera gobernarán. Los ejércitos más grandes del mundo (y el ejército estadounidense es, con diferencia, el más grande del mundo) son también los mayores contaminadores del planeta, y, sin embargo, sus presupuestos crecen a pasos agigantados. Los propietarios de aviones privados aumentan el número de vuelos. Las naciones más poderosas, en lugar de concentrarse en los problemas que sus pueblos tienen en común, están ocupadas tratando de acumular poder e insisten en competir entre sí. Conseguir que nuestros líderes muestren preocupación por la humanidad en su conjunto parece una misión imposible. Esto también es insostenible.

Y, sin embargo, aunque nos enfrentamos con problemas en apariencia insoportables, aún existe margen para el optimismo. Como vimos a lo largo de este libro, hubo líderes que fueron capaces de centrarse en el bien común y siempre supieron distinguir entre el bien y el mal, incluso cuando estaban rodeados de cinismo, crueldad y falta de visión, y lucharon por esas cosas con valentía, no solo moral, sino también física. Nuestro mundo necesita buenos dirigentes, están ahí y necesitan nuestro apoyo. Ni siquiera es necesario que sean guerreros, rebeldes o santos. En nuestras condiciones actuales, puede que sea suficiente con que simplemente quieran ayudar a la gente. Al final, esa puede ser la definición más verdadera de buen liderazgo, al menos, el liderazgo que necesitamos.

AGRADECIMIENTOS

No habría podido escribir este libro sin el liderazgo de muchas personas que nunca se considerarían líderes. Pero eso es lo que son: su ayuda, aliento e inspiración dieron origen al libro que estás leyendo ahora.

Mis alumnos me enseñaron innumerables cosas a lo largo de los años, y gracias a ellos oí hablar por primera vez de algunos de los temas que aquí incluí. Su entusiasmo fue lo primero que me impulsó a escribir este libro. Mi agente Rebecca Nagel ha sido una sabia consejera y una firme defensora, y desde el momento en que le describí con cierta timidez la idea de este libro, creyó firmemente en él y, lo que es aún más importante, en mi capacidad para completarlo. En PublicAffairs, Clive Priddle tuvo una gran visión del proyecto desde el principio y fue un compañero paciente en todo el trabajo necesario para llevarlo a cabo. Anu Roy-Chaudhury es un editor atento y sensible y fue todo un placer trabajar con él. Agradezco a Pete Garceau por su brillante diseño de cubierta (y su actitud receptiva a mis comentarios), a Melissa Raymond y Shena Redmond por dirigir el libro durante la producción, y a Jennifer Top por su excelente corrección.

Este libro es, en muchos sentidos, un llamamiento a favor del liderazgo colectivo, y su existencia es un testimonio de ese ideal. Mi agradecimiento a mis amigos, colegas y estudiantes convertidos en profesores que se tomaron el tiempo de leer y comentar partes o la totalidad del texto, o que me comentaron mis ideas a medio madurar y me salvaron de varios infortunios: Sam Haselby, James Loeffler, Fredrik Logevall, Samuel Moyn, Mannivanan Ponniah, Inayat Sabhiki, Jennifer Tammi, Mason Williams y Ran Zwigenberg. Yo soy el único responsable del resultado final. Debo agradecer a mis amigos y colegas de Harvard que me apoyaron, entre ellos Yael Berda, Nancy Cott, Candelaria Garay, Andrew Jewett, Mary Lewis, Charles Maier, Serhii Plokhy, Robert Putnam, Mathias Risse, Stephen Walt, Kirsten Weld y Daniel Ziblatt. Tarek Masoud y yo discutimos sobre estos temas durante innumerables comidas y en nuestras oficinas contiguas. Intercambiamos ideas sobre el título y me ofreció apoyo institucional en un momento crucial. Mi agradecimiento también a Andrew Offit por su increíble generosidad.

Nunca olvidaré el apoyo y la orientación, en las primeras etapas de mi carrera como historiador, de Alan Brinkley y Tony Judt, académicos y profesores modelo que fallecieron trágicamente a una edad temprana. Su impacto en mi forma de pensar y escribir sobre el pasado y su importancia en el presente se puede notar a lo largo de este libro. Me hubiera encantado saber qué pensaría cada uno de ellos al respecto.

Estoy en deuda con todos aquellos que me ayudaron a impartir mi curso «Líderes y liderazgo en Historia», primero en Harvard y luego en otros lugares. Cuando el curso creció y más tarde se globalizó, pude beneficiarme del excelente apoyo logístico y aporte intelectual de Zulfiyya Abdurahimova, Huasha Zhang, Junyan Chen, Tingyu Li, Lin Wang, Rituja Ghosh, Rashad Ullah Khan, Shivangi Sharma, Elizabeth Steffen y Michael Weinbeck. Agradezco a Joan Kaufman, Dean Xue Lan y Steve Schwarzman por invitarme a dar clases en el Schwarzman College, en la Universidad de Tsinghua, en Beijing, donde he tenido la suerte de ocupar la cátedra Johnson & Johnson. Agradezco a Bharat Mathukumilli, Prateek Kanwal y Dean Syed Akbaruddin por invitarme a dar clases en la Escuela de Políticas Públicas Kautilya en Hyderabad, India, de cuyo consejo asesor tengo el honor de formar parte. Agradezco a Samuel Kim y su equipo por invitarme a ser parte del Centro para el Liderazgo de Asia, en Seúl, Corea del Sur, donde formulé muchas de mis ideas para este libro. Por invitarme a hablar sobre algunos de los temas de este libro ante audiencias excelentes, mi más sincero agradecimiento a José María Puyol de la Universidad Complutense de Madrid, Nicolás Loza de FLACSO en la Ciudad de México, Venita Datta de Wellesley College, Lior Sternfeld de la Universidad Penn State, Sergio Luzzatto de la Universidad de Connecticut, Mahmoud Mohamedou del Instituto de Graduados de Ginebra, Devina Gupta de la Universidad GITAM de Hyderabad y Lu Zheng de la Universidad Tsinghua de Beijing.

Escribí gran parte de este libro durante una pandemia global que nos mantuvo a muchos de nosotros alejados de la compañía de los demás. No creo que haya pasado ni un solo momento de trabajo en el que no tuviera los auriculares puestos escuchando música. Me di cuenta de que los músicos fueron mis compañeros más constantes mientras escribía. Debo darles las gracias a todos los grandes artistas que hicieron esa música, y, aunque mi lista de reproducción es demasiado larga para exponerla aquí, me gustaría destacar a los hermanos Ron y Russell Mael, de la banda Sparks, cuya originalidad y longevidad creativa han sido una inspiración para mí. Verlos con mi familia en París en abril de 2022, después de varios aplazamientos, fue un momento catártico. Ellos no me conocen, pero siempre asociaré la escritura de este libro con ellos.

Mi mayor agradecimiento es para mi familia, empezando por mis padres y mi hermana, que han estado ahí desde el principio. Mis gatos Coco y Laika llegaron a nuestras vidas poco después de que comenzara la pandemia y, desde ese mismo instante, lo mejoraron todo y parecían estar cerca cada vez que escribía algo que me gustaba. En una escala totalmente distinta, tengo la suerte de tener en mi vida a la bella Muriel Rouyer. Este libro ni siquiera existiría sin su sabiduría, humor y amor ilimitados. Nuestros hijos, Noam y Oren, son mis modelos de valentía, resiliencia y bondad. Me enorgullezco de ellos cada día. Escribí este libro pensando en ellos y en el futuro que les tocará vivir.

NOTAS

1. El rey, el príncipe y el líder que tenemos en mente

1. II Samuel 11:11.
2. *Ibid.*, 12:4.
3. *Ibid.*, 13:6.
4. *Ibid.*, 13:22.
5. *Ibid.*, 13:39.
6. *Ibid.*, 18:33.
7. I Samuel 8:17-18.
8. Alexander Lee. *Machiavelli: His Life and Times*. Londres: Picador, 2020.
9. Nicolás Maquiavelo. «Carta a Francesco Vettori» (10 de diciembre, 1513).
10. Patrick Boucheron. *Machiavelli: The Art of Teaching People What to Fear*, traducido por Willard Wood. Nueva York: Other Press, 2020.
11. Nicolás Maquiavelo. *El príncipe* (1532), capítulo 25 («Dominio que ejerce la fortuna en las cosas humanas, y cómo resistirla cuando es adversa»).

12. Maquiavelo. *El príncipe*, capítulo 26 («Exhortación para librar a Italia de los bárbaros»).

13. Karl Marx. *El 18 de Brumario de Luis Napoleón* (1852), titulado más tarde *El 18 de Brumario de Luis Bonaparte.*

14. Karl Marx. «XI tesis sobre Feuerbach» (1845).

15. Richard Samuels. *Machiavelli's Children: Leaders and Their Legacies in Italy and Japan.* Ithaca, NY: Cornell University Press, 2003, 1.

16. Algunos de los libros recientes sobre distintos líderes de la Historia son los de Doris Kearns Goodwin, *Leadership: In Turbulent Times.* Nueva York: Simon and Schuster, 2018; Andrew Roberts, *Leadership in War: Essential Lessons from Those Who Made History.* Nueva York: Viking, 2019; Nancy Koehn, *Forged in Crisis: The Power of Courageous Leadership in Turbulent Times.* Nueva York: Scribner, 2017; David Gergen, *Hearts Touched with Fire: How Great Leaders Are Made.* Nueva York: Simon and Schuster, 2022; Joseph S. Nye, *The Powers to Lead.* Nueva York: Oxford University Press, 2008; Henry Kissinger. *Leadership: Six Studies in World Strategy.* Nueva York: Penguin, 2022.

2. ¿Qué líderes buscamos en una crisis?

1. Un estudio clásico pero todavía vigente es el de John Kenneth Galbraith, *The Great Crash, 1929.* Nueva York: Houghton Mifflin, 1955.

2. Richard Hofstadter, *The American Political Tradition: And the Men Who Made It.* Nueva York: Vintage, 1948, 367-408.

3. Tras la Primera Guerra Mundial, los vencedores (sobre todo Gran Bretaña y Francia) consideraron que Alemania era la culpable de la guerra, y el Tratado de Versalles de 1919 castigó al pueblo alemán imponiéndole unas reparaciones económicas exorbitantes. Para hacer frente a estos pagos, el gobierno alemán de Weimar, una democracia defectuosa y frágil en el mejor de los ca-

sos, se vio obligado a pedir dinero prestado a Estados Unidos. Pero Gran Bretaña y Francia tenían enormes deudas con Estados Unidos (y sus grandes bancos), por lo que tenían que transferir los pagos alemanes a los bancos estadounidenses, que a su vez prestaban dinero a Alemania para pagar a Gran Bretaña y Francia. Este sistema circular se vino abajo tras la quiebra de Wall Street. Ver, por ejemplo, William C. McNeil, *American Money and the Weimar Republic: Economics and Politics on the Eve of the Great Depression*. Nueva York: Columbia University Press, 1986.

4. Reed Hundt, *A Crisis Wasted: Barack Obama's Defining Decisions*. Nueva York: RosettaBooks, 2019; Adam Tooze, *Crashed: How a Decade of Financial Crises Changed the World*. Nueva York: Penguin, 2019, 141-201.

5. Hannah Catherine Davies, *Transatlantic Speculations: Globalization and the Panics of 1873*. Nueva York: Columbia University Press, 2018.

6. Hofstadter, *American Political Tradition*, 409-456.

7. Moshik Temkin, «The "Dissident Ideology" Revisited: Populism and Prescience in Voices of Protest», in Alan Brinkley: *A Life in History*, ed. David Greenberg, Moshik Temkin, y Mason B. Williams. Nueva York: Columbia University Press, 2018, 19.

8. Huey Long, «Every Man a King» (1934).

9. Hay una montaña de libros que confunden populismo y políticas diferentes, o que se centran en la retórica y el estilo en lugar de en la política, pero dos excepciones recientes muy eruditas son las de Jan-Werner Müller, *What Is Populism?* Filadelfia: University of Pennsylvania Press, 2016, y la de Cas Mudde y Cristóbal Rovira Kaltwasser, *Populism: A Very Short Introduction*. Nueva York: Oxford University Press, 2017.

10. T. Harry Williams, *Huey Long*. Nueva York: Alfred A. Knopf, 1969, 303-304.

11. Huey Long, «Share Our Wealth» (1934).

12. Alan Brinkley, *Voices of Protest: Huey Long, Father Coughlin, and the Great Depression*. Nueva York: Alfred A. Knopf, 1982.

13. Por ejemplo, los Allen Brothers, «New Deal Blues» (1934).

14. Eric Rauchway, *Why the New Deal Matters*. New Haven, CT: Yale University Press, 2021.

15. Para ver un ejemplo de cómo se ha mantenido esta hostilidad, basta consultar a Amity Shlaes, *The Forgotten Man: A New History of the Great Depression*. Nueva York: HarperCollins, 2007.

16. Ira Katznelson, *Fear Itself: The New Deal and the Origins of Our Time*. Nueva York: Liveright, 2013.

17. Kim Phillips-Fein, *Invisible Hands: The Businessmen's Crusade Against the New Deal*. Nueva York: W. W. Norton, 200.

18. Segundo discurso de investidura de Franklin D. Roosevelt (1937).

19. Ferdinand Lundberg, *America's 60 Families*. Nueva York: Vanguard, 1937.

20. William E. Leuchtenburg, *The Supreme Court Reborn: The Constitutional Revolution in the Age of Roosevelt*. Nueva York: Oxford University Press, 1996; Jeff Shesol, *Supreme Power: Franklin Roosevelt vs. the Supreme Court*. Nueva York: W. W. Norton, 2011; Laura Kalman, *FDR's Gambit: The Court Packing Fight and the Rise of Legal Liberalism*. Nueva York: Oxford University Press, 2022.

21. Para más información sobre la Corte Suprema y la democracia estadounidense, consultar Daniel Lazare, *The Velvet Coup: The Constitution, the Supreme Court, and the Decline of American Democracy*. Londres: Verso, 2001.

22. Franklin D. Roosevelt, «Fireside Chat», 18 de abril de 1938.

3. Cómo liderar cuando se tiene poco poder

1. Alexander Keyssar, *The Right to Vote: The Contested History of Democracy in America, rev. ed.* Nueva York: Basic Books, 2009.

2. Sally G. McMillen, *Seneca Falls and the Origins of the Women's Rights Movement*. Nueva York k: Oxford University Press, 2008; Lisa Tetrault, *The Myth of Seneca Falls: Memory and the Women's Suffrage Movement*, 1848-1898. Chapel Hill: University of North Carolina Press, 2017.

3. Para conocer el trasfondo, consultar Nancy F. Cott, *Public Vows: A History of Marriage and the Nation*. Cambridge, MA: Harvard University Press, 2002.

4. Faye E. Dudden, *Fighting Chance: The Struggle over Woman Suffrage and Black Suffrage in Reconstruction America*. Nueva York: Oxford University Press, 2011.

5. Rosalyn Terborg-Penn, *African American Women in the Struggle for the Vote*, 1850-1920. Bloomington: Indiana University Press, 1998.

6. Eleanor Flexner and Ellen Fitzpatrick, *Century of Struggle: The Woman's Rights Movement in the United States*. Cambridge, MA: Belknap Press of Harvard University Press, 1996.

7. Cathleen D. Cahill, *Recasting the Vote: How Women of Color Transformed the Suffrage Movement*. Chapel Hill: University of North Carolina Press, 2020.

8. Laura E. Nym Mayhall, *The Militant Suffrage Movement: Citizenship and Resistance in Britain, 1860-1930*. Oxford: Oxford University Press, 2003.

9. David Von Drehle, *Triangle: The Fire That Changed America*. Nueva York: Grove, 2004.

10. «Helen Keller: Why I Became an IWW», *New York Tribune*, 15 de enero, 1916.

11. Katherine H. Adams y Michael L. Keene, *Alice Paul and the American Suffrage Campaign*. Urbana: University of Illinois Press, 2008.

12. Doris Stevens, *Jailed for Freedom*. Nueva York, 1920.

13. Woodrow Wilson, «Address to the Senate on the Nineteenth Amendment» (1918).

14. Christine A. Lunardini y Thomas J. Knock, «Woodrow

Wilson and Woman Suffrage: A New Look», *Political Science Quarterly 95*, n.º 4 (invierno, 1980-1981), 655-671.

4. Cómo liderar bajo la tiranía

1. Moshik Temkin, «How to Interpret Historical Analogies», *Aeon*, 22 de julio, 2020, <https://psyche.co/guides/how-should-you-interpret-historical-analogies-in-the-popular-press> (consultado el 4 de diciembre, 2021).

2. Marc Bloch, *L'Étrange Défaite* [Extraña derrota]. París, 1946) Ernest R. May, *Strange Victory: Hitler's Conquest of France.* Nueva York: Hill and Wang, 2000.

3. Michael R. Marrus y Robert O. Paxton, *Vichy France and the Jews.* Stanford, CA: Stanford University Press, 2019 (1981).

4. Zeev Sternhell, *The Birth of Fascist Ideology: From Cultural Rebellion to Political Revolution.* Princeton, NJ: Princeton University Press, 1994 [1989].

5. Eugen Weber, *The Hollow Years: France in the 1930s.* Nueva York: W. W. Norton, 1994.

6. Robert O. Paxton, *Vichy France: Old Guard and New Order, 1940-1944.* Nueva York: Alfred A. Knopf, 1972, 38-45. Por mencionar una pequeña selección entre otras muchas obras al respecto, consultar Robert Gildea, *Fighters in the Shadows: A New History of the French Resistance.* Cambridge, MA: Belknap Press of Harvard University Press, 2015; Olivier Wieviorka, *The French Resistance*, traducido por Jane Marie Todd, Cambridge, MA: Belknap Press of Harvard University Press, 2016.

7. David Wingeate Pike, «Between the Junes: The French Communists from the Collapse of France to the Invasion of Russia», *Journal of Contemporary History* 28, n.º 3 (julio de 1993), 465-485.

8. Jean-Pierre Melville, director de *El ejército de las sombras* (1969).

9. Roger Stéphane, «La Résistance n'a été qu'un refus», *France-Observateur*, 28 de agosto, 1952 (traducido por Robert O. Paxton

en ensayo, «Did the Resistance Matter?», *New York Review of Books*, 14 de agosto, 1980).

10. John Lewis Gaddis, *The Landscape of History: How Historians Map the Past*. Nueva York: Oxford University Press, 2002, 99.

11. Greg Grandin, *Empire's Workshop: Latin America, the United States, and the Rise of the New Imperialism*. Nueva York: Henry Holt, 2006.

12. Emily S. Rosenberg, *Financial Missionaries to the World: The Politics and Culture of Dollar Diplomacy, 1900-1930*. Durham, NC: Duke University Press, 2003.

13. Marcelo Bucheli, «Multinational Corporations, Totalitarian Regimes and Economic Nationalism: United Fruit Company in Central America, 1899-1975», *Business History 50*, n.º 4 (julio de 2008), 433-454.

14. Eric Paul Roorda, *The Dictator Next Door: The Good Neighbor Policy and the Trujillo Regime in the Dominican Republic, 1930-1945*. Durham, NC: Duke University Press, 1998.

15. Richard Lee Turits, *Foundations of Despotism: Peasants, the Trujillo Regime, and Modernity in Dominican History*. Stanford, CA: Stanford University Press, 2002.

16. Mario Vargas Llosa, *The Feast of the Goat* [*La fiesta del chivo*]. Nueva York: Picador, 2001.

17. Mark Kurlansky, «In the Land of the Blind Caudillo», *New York Times Magazine*, 6 de agosto, 1989, 24.

18. Las hermanas Mirabal son la trama central de la conmovedora novela histórica de Julia Álvarez *In the Time of the Butterflies* [*En el tiempo de las mariposas*]. Chapel Hill, NC: Algonquin Books, 1994.

5. El liderazgo en la máquina de la muerte

1. Theodor W. Adorno, «Crítica de la cultura y sociedad» (1949).

2. Odd Arne Westad, *The Global Cold War: Third World Interventions and the Making of Our Times*. Nueva York: Cambridge University Press, 2007.

3. Michael Bess, *Choices Under Fire: Moral Dimensions of World War II*. Nueva York: Vintage, 2009, 42-58.

4. W. G. Beasley, *The Meiji Restoration*. Stanford, CA: Stanford University Press, 2018 [1972].

5. Iris Chang, *The Rape of Nanking: The Forgotten Holocaust of World War II*. Nueva York: Basic Books, 1997; para trasfondo, consultar Rana Mitter, *China's War with Japan, 1937-1945: The Struggle for Survival*. Londres: Allen Lane, 2013.

6. Nobutaka Ike, ed. y trad., *Japan's Decision for War: Records of the 1941 Policy Conferences*. Stanford, CA: Stanford University Press, 1967.

7. Yuki Tanaka y Marilyn B. Young, eds., *Bombing Civilians: A Twentieth- Century History*. Nueva York: New Press, 2010.

8. Michael S. Sherry, *The Rise of American Air Power: The Creation of Armageddon*. New Haven, CT: Yale University Press, 1989.

9. Ver, por ejemplo, Tsuyoshi Hasegawa, *Racing the Enemy: Stalin, Truman, and the Surrender of Japan*. Cambridge, MA: Harvard University Press, 2006; Gar Alperovitz, *The Decision to Use the Atomic Bomb*. Nueva York: Vintage, 1996; y Richard B. Frank, *Downfall: The End of the Imperial Japanese Empire*. Nueva York: Penguin, 2001.

10. John W. Dower, *War Without Mercy: Race and Power in the Pacific War*. Nueva York: Pantheon, 1986.

6. Cómo liderar cuando nos quedamos sin la luz

1. S. M. Plokhy, *Yalta: The Price of Peace*. Nueva York: Penguin, 2010.

2. Si se quiere consultar un estudio muy interesante sobre el estado emocional de los líderes y su impacto en las relaciones exteriores, ver Frank Costigliola, *Roosevelt's Lost Alliances: How Personal Politics Helped Start the Cold War*. Princeton, NJ: Princeton University Press, 2012.

3. Ellen Schrecker, *Many Are the Crimes: McCarthyism in America*. Princeton, NJ: Princeton University Press, 1999.

4. Michael Brenes, *For Might and Right: Cold War Defense Spending and the Remaking of American Democracy*. Amherst: University of Massachusetts Press, 2020.

5. Charles J. Hanley, *Ghost Flames: Life and Death in a Hidden War, Korea 1950-1953*. Nueva York: PublicAffairs, 2020; Bruce Cumings, *The Korean War: A History*. Nueva York: Modern Library, 2011.

6. Para uno de los casos más destacables, Indonesia, consultar Vincent Bevins, *The Jakarta Method: Washington's Anticommunist Crusade and the Mass Murder Program That Shaped Our World*. Nueva York: PublicAffairs, 2020.

7. Ver, por ejemplo, Louis A. Pérez Jr., *Cuba and the United States: Ties of Singular Intimacy*. Athens: University of Georgia Press, 2003.

8. Fredrik Logevall, *Embers of War: The Fall of an Empire and the Making of America's Vietnam*. Nueva York: Random House, 2012.

9. Si se quiere tener una perspectiva global excelente sobre esto, ver, e.g., Serhii Plokhy, *Nuclear Folly: A History of the Cuban Missile Crisis*. Nueva York: W. W. Norton, 2021; para tener una visión general de la crisis desde una perspectiva estadounidense, ver Philip D. Zelikow y Ernest R. May, *The Kennedy Tapes: Inside the White House During the Cuban Missile Crisis*. Cambridge, MA: Harvard University Press, 1997. Si se quiere leer un relato contemporáneo fascinante (aunque politizado) de los hechos, ver Robert F. Kennedy, *Thirteen Days: A Memoir of the Cuban Missile Crisis*. Nueva York: W. W. Norton, 1969.

10. Robert A. Caro, *Master of the Senate: The Years of Lyndon Johnson, Volume III*. Nueva York: W. W. Norton, 2002.

11. Resolución conjunta del Congreso, H. J. RES 1145 (Gulf of Tonkin Resolution), por el Congreso de los Estados Unidos, 10 de agosto, 1964.

12. Murray Kempton, «Bundy-Gruening Debate», *New Republic* 152, n.º 19 (julio de 1965), 9-10.

13. Moshik Temkin, «American Internationalists in France and the Politics of Travel Control in the Era of Vietnam», en *Outside In: The Transnational Circuitry of US History*, ed. Andrew Preston y Doug Rossinow. Nueva York: Oxford University Press, 2017, 247-268; ver también Andrew L. Johns, *The Price of Loyalty: Hubert Humphrey's Vietnam Conflict*. Lanham: Rowman & Littlefield, 2020.

14. John A. Farrell, «Nixon's Vietnam Treachery», *The New York Times*, 1 de enero, 2017, 9.

15. Christian G. Appy, *American Reckoning: The Vietnam War and Our National Identity*. Nueva York: Penguin, 2015.

16. Robert S. McNamara, *In Retrospect: The Tragedy and Lessons of Vietnam*. Nueva York: Vintage, 1995; Errol Morris, dir., *The Fog of War* (2003).

17. David Halberstam, *The Best and the Brightest*. Nueva York: Random House, 1972.

18. Fredrik Logevall, *Choosing War: The Lost Chance for Peace and the Escalation of War in Vietnam*.Berkeley: University of California Press, 1999.

7. Cómo identifican los líderes a sus enemigos

1. Albert Memmi, *The Colonizer and the Colonized*. Londres: Orion, 1965 (publicado originalmente en francés en 1957 como *Portrait du colonisé, précédé du portrait du colonisateur*); Frantz Fanon, *The Wretched of the Earth*. París: Présence Africaine, 1963

(publicado originalmente en francés en 1961 como *Les damnés de la terre*); Aimé Césaire, *Discourse on Colonialism*. Nueva York: Monthly Review Press, 1972 (publicado originalmente en francés en 1955 como *Discours sur le colonialisme*).

2. «Joint Declaration by the President of the United States of America and Mr. Winston Churchill, Representing His Majesty's Government in the United Kingdom, Known as the Atlantic Charter», 14 de agosto, 1941.

3. Caroline Elkins, *Legacy of Violence: A History of the British Empire*. Nueva York: Alfred A. Knopf, 2022.

4. Odd Arne Westad, *The Global Cold War: Third World Interventions and the Making of Our Times*. Cambridge: Cambridge University Press, 2005, 73-109.

5. Benjamin Stora, *Algeria, 1830-2000: A Short History*, traducido por Jane Marie Todd. Ithaca, NY: Cornell University Press, 2004.

6. Rudyard Kipling, «The White Man's Burden: A Poem». Nueva York: 1899.

7. Alistair Horne, *A Savage War of Peace: Algeria 1954-1962*. Nueva York: NYRB Classics, 2006.

8. Richard J. Golsan, «Memory's *bombes à retardement*: Maurice Papon, Crimes Against Humanity, and 17 October 1961», *Journal of European Studies 28* (marzo de 1998), 153-172; Robert O. Paxton, «The Trial of Maurice Papon», *New York Review of Books*, 16 de diciembre, 1999, 1-16.

9. Jeffrey James Byrne, *Mecca of Revolution: Algeria, Decolonization, and the Third World Order*. Nueva York: Oxford University Press, 2016; Matthew Connelly, *A Diplomatic Revolution: Algeria's Fight for Independence and the Origins of the Post–Cold War Era*. Nueva York: Oxford University Press, 2002; Elaine Mokhtefi, *Algiers, Third World Capital: Black Panthers, Freedom Fighters, Revolutionaries*. Londres: Verso, 2020.

10. Gillo Pontecorvo, director, *La batalla de Argel* (1966).

11. *Ibid.*

12. Michael T. Kaufman, «What Does the Pentagon See in "Battle of Algiers"?», *The New York Times*, 7 de septiembre, 2003, 3.

13. Jean-Jacques Flori y Stephane Tchalgadjieff, directores, *Fela Kuti: Music Is the Weapon* (1982).

14. La mejor descripción de la vida y la música de Fela Kuti en el contexto de la historia de Nigeria es, con diferencia, la de Michael E. Veal, *Fela: The Life and Times of an African Musical Icon*. Filadelfia: Temple University Press, 2000.

15. Lindsey Barrett, «Fela Kuti: Chronicle of a Life Foretold», *The Wire*, marzo de 1998, <www.thewire.co.uk/in-writing/essays/fela-kuti_chronicle-ofalife-foretold>.

16. Arundhati Roy, *The Doctor and the Saint: Caste, Race, and the Annihilation of Caste*. Chicago: Haymarket Books, 2017.

17. Anupama Rao, *The Caste Question: Dalits and the Politics of Modern India*. Berkeley: University of California Press, 2009.

18. Ramachandra Guha, *India After Gandhi: The History of the World's Largest Democracy*, rev. ed. Nueva York: HarperCollins, 2019.

19. Christophe Jaffrelot y Pratinav Anil, *India's First Dictatorship: The Emergency, 1975-1977*. Oxford: Oxford University Press, 2021; Gyan Prakash, *Emergency Chronicles: Indira Gandhi and Democracy's Turning Point*. Princeton, NJ: Princeton University Press, 2019.

20. Ravinder Kaur, *Brand New Nation: Capitalist Dreams and Nationalist Designs in Twenty-First-Century India*. Stanford, CA: Stanford University Press, 2020.

21. Christophe Jaffrelot, *Modi's India: Hindu Nationalism and the Rise of Ethnic Democracy*, traducido por Cynthia Schoch. Princeton, NJ: Princeton University Press, 2021.

22. Suraj Yengde, *Caste Matters*. Nueva Delhi: Viking, 2019.

23. Roy, *Doctor and the Saint*, 21.

24. Nicholas B. Dirks, *Castes of Mind: Colonialism and the Making of Modern India*. Princeton, NJ: Princeton University Press, 2001.

25. B. R. Ambedkar, *The Annihilation of Caste: The Annotated Critical Edition*. Londres: Verso, 2016.

26. Nishikant Kolge, *Gandhi Against Caste*. Nueva Delhi: Oxford University Press, 2018.

27. Faisal Devji, *The Impossible Indian: Gandhi and the Temptation of Violence*. Cambridge, MA: Harvard University Press, 2012.

8. Los líderes que hicieron nuestro mundo, y los que nuestro mundo necesita

1. Tony Judt, *Postwar: A History of Europe Since 1945*. Nueva York: Penguin, 2006, 535-547.

2. David Cannadine, *Margaret Thatcher: A Life and Legacy*. Oxford: Oxford University Press, 2017, 18-19.

3. «Freedom Fighter», *Economist*, 13 de abril, 2013.

4. Alessandro Santoni y Sebastián Sánchez, «Los "amigos de Chile": El régimen de Pinochet y la Gran Bretaña de Thatcher (1979-1988)», *Revista de Historia* 1, n.º 29 (2022), 401-428.

5. John Bew, «Alex Ferguson: The Last Great Briton?», *New Statesman*, 19 de diciembre, 2013.

6. Brent Lang, «Ken Loach Slams Margaret Thatcher, Says Funeral Should Be "Privatized"», *The Wrap*, 9 de abril, 2013.

7. Helen Lewis, «Margaret Thatcher: Feminist Icon?», *New Statesman*, 26 de abril de 2015.

8. Paul Johnson, «Failure of the Feminists», *Spectator*, 12 de marzo de 2011

9. Hadley Freeman, «Margaret Thatcher Was No Feminist», *Guardian*, 9 de abril, 2013; Rachel Roberts, «"Feminists Should Weep" at the Death of Margaret Thatcher—and Why Would That Be, Exactly?», *Independent*, 10 de abril, 2013.

10. Judt, *Postwar*, 541.

11. Margaret Thatcher, entrevista en *Woman's Own*, 23 de

septiembre, 1987, <https://www.margaretthatcher.org/document/106689>.

12. David Howard-Pitney, *Martin Luther King Jr., Malcolm X, and the Civil Rights Struggle of the 1950s and 1960s: A Brief History with Documents*. Nueva York: Bedford/St. Martin's, 2004; James H. Cone, *Martin & Malcolm & America: A Dream or a Nightmare*. Nueva York: Orbis, 2012; Peniel E. Joseph, *The Sword and the Shield: The Revolutionary Lives of Malcolm X and Martin Luther King Jr.* Nueva York: Basic Books, 2020.

13. Karen E. Fields y Barbara J. Fields, *Racecraft: The Soul of Inequality in American Life*. Nueva York: Verso, 2014.

14. C. Vann Woodward, *The Strange Career of Jim Crow*. Nueva York: Oxford University Press, 1955.

15. Olivier Pétré-Grenouilleau, *Nantes au temps de la traite des Noirs*. París: Fayard, 2014.

16. Moshik Temkin, «From Black Revolution to "Radical Humanism": Malcolm X Between Biography and International History», *Humanity: An International Journal of Human Rights, Humanitarianism, and Development* 3, n.º 2 (verano de 2012), 267-288.

17. Eric Foner, *Reconstruction: America's Unfinished Revolution, 1863-1877*. Nueva York: Harper Perennial, 1988; W. E. B. Du Bois, *Black Reconstruction in America, 1860–1880*. Nueva York: Harcourt, Brace, 1935.

18. Chad L. Williams, *Torchbearers of Democracy: African American Soldiers in the World War I Era*. Chapel Hill: University of North Carolina Press, 2013.

19. Scott Ellsworth, *Death in a Promised Land: The Tulsa Race Riot of 1921*. Baton Rouge: Louisiana State University Press, 1982; Tim Madigan, *The Burning: The Tulsa Race Massacre of 1921*. Nueva York: St. Martin's, 2001.

20. Manfred Berg, *Popular Justice: A History of Lynching in America*. Chicago: Ivan R. Dee, 2011, 90-116, 144-164.

21. Richard Polenberg, *War and Society: The United States,*

1941-1945. Westport, CT: Greenwood Press, 1972, 99-130; David M. Kennedy, *Freedom from Fear: The American People in Depression and War*, 1929-1945. Nueva York: Oxford University Press, 2001, 746-797.

22. Cornelius Bynum, *A. Philip Randolph and the Struggle for Civil Rights.* Urbana: University of Illinois Press, 2010; Rawn James Jr., *The Double V: How Wars, Protest, and Harry Truman Desegregated America's Military.* Nueva York: Bloomsbury, 2013.

23. Jeanne Theoharis, *The Rebellious Life of Mrs. Rosa Parks.* Boston: Beacon, 2015.

24. Michael DiBari Jr., *Advancing the Civil Rights Movement: Race and Geography of Life Magazine's Visual Representation, 1954-1965.* Lanham, MD: Lexington Books, 2018.

25. Malcolm X y Alex Haley, *The Autobiography of Malcolm X.* Nueva York: Grove, 1965.

26. Nick Kotz, *Judgment Days: Lyndon Baines Johnson, Martin Luther King Jr., and the Laws That Changed America.* Boston: Mariner, 2005.

27. Martin Luther King Jr., *Why We Can't Wait, with an Afterword by Jesse Jackson.* Nueva York: Penguin, 2000.

28. Martin Luther King Jr., «Beyond Vietnam: A Time to Break Silence» (4 de abril de 1967).

29. George Breitman, ed., *Malcolm X Speaks: Selected Speeches and Statements.* Nueva York: Grove, 1994.

30. «A Visit from the FBI», <http://malcolmxfiles.blogspot.com/2013/06/a-visit-from-fbi-february-4-1964.html> (visitada el 2 de julio, de 2022).

31. Malcolm X, «The Ballot or the Bullet» (1964).

32. Malcolm X, «The House Negro and the Field Negro» (1965).

ÍNDICE ANALÍTICO

Las páginas en *cursiva* remiten a las ilustraciones